종합국력

-국가전략기획을 위한 기초 자료-

황성돈 · 신도철 외 공저

다산출판사

이 저서는 2013년 정부(교육부)의 재원으로 한국연구재단의 지원을 받아 수행된 연구임(NRF-2013S1A5A2A03045207)

서 문

나라가 힘이 없으면 어떻게 되는지를 우리는 역사를 통해 너무나도 잘 알고 있다. 그런데 어찌된 일인지 나라를 힘 있게 하는 일에 별 관심들이 없는 것 같다. 아니 그나마 있는 힘도 쪼개느라 분주하다. 자기 이익 챙기기에 급급하다. 나라가 어떻게 되든 말든, 내 자리 차지하고 지키면 그만이다. 이 점에선 정치인이나 교직에 있는 사람이나 종교계에 있는 사람이나 군인이나 공무원 모두 별 차이가 없어 보인다. 그 자리가 무엇을 위해 있는 자리이고 왜 내가 그 자리에 있어야 하는가에 대한 진지한 자기성찰보다는 그저 그런 자리에 앉는 것 자체가 목적인 사람, 그런 자리를 이용해 부당하게 돈 벌고 인맥 늘리고 기회를 잡으려는 사람들로 넘쳐난다. 그러다 보니 사회 곳곳이 자기 욕심 채우는 아귀다툼으로 가득 차고, 눈먼 돈들이 권력을, 영혼을 잃은 눈먼 권력이 돈을 좇아 서로 엉켜 뒹굴뒹굴 굴러다닌다. 요즘이 단군 이래 우리 민족이 최대로 잘 살게 된 때라며 사회가 흥청거리고 있다. 큰 착각이다. 이러다 정말 큰일 난다.

어떤 나라가 힘 있는 나라인가? 적어도 나랏일을 하고자 하는 사람들이라면 반드시 묻고 확실한 나름의 답을 가지고 있어야 할 질문이다. 미국, 중국, 일본 등에선 이미 오래 전부터 국가가 나서서 종합국력을 측정하고 그 결과를 바탕으로 국가의 중장기 발전 전략과 이를 뒷받침하는 예산집행계획을 수립해 오고 있다. 우리나라에선 그동안 이에 관한 별 노력 없이 정권이 여러 번 바뀌고 국가예산이 지출되어 왔다. 오직 선거에서의 표만 의식한 인기영합적인 국가예산지출이 주종을 이뤄 왔다. 실로 무모하고 안이하기 그지없는 세월을 보냈다. 나라의 장래를 생각할 때 크게 반성해야 할 일이다. 임진왜란을 당하고 병자호란을 당하고, 일제에 나라를 빼앗기는 수모를 당한 것이 모두 이런 무모함과 안이함에서 비롯된 것이 아닌가? 정말로 사회 모든 부분의 지도자들과 미래의 지도자가 될 젊은 지사들이 정신을 버쩍 차리고 허리띠를 졸라매야 할 때다.

2008년 가을 어느 날 한반도선진화재단(한선재단)의 정책위원회는 이런 문제의식하에 종합국력을 핵심 연구 과제 중 하나로 선정하고 이 과제에 대한 담론의 장을 지속적으로 열기로 했다. 적지 않은 학자들과 실천가들이 참여했다. 아무런 경제적 보상도 없이 자발적으로 매주 목요일 오후면 함께 모여 발제하고 토론했다. 견해와 관점, 자료들이 차곡차곡 쌓여 갔다. 우리나라를 포함한 G20 국가들의 종합국력을 비교 측정해 보자는 데 의견이 모아졌다. 교육부가 일부 연구비를 지원해 주기로 결정했다. 연구결과물을 2009년 8월 15일 광복절 기획기사로 다루어 줄 수 있겠느냐는 우리의 제안에 조선일보사 관계자들이 선선히 응해 주었다. 우리의 첫 조사결과가 약속대로 8월 15일자 광복절 특집기사로 대서특필되었고, 8월 17일과 18일에도 추가 내용들이 상세한 특집기사로 실렸다. 많은 분들의 격려와 질문, 추가 제안들이 뒤따랐다. 종합국력 2위로 발표된 중국의 경우 인민일보의 자매 기관지인 환구시보가 사설을 통해 세계 2위의 국력으로 평가된 것은 과장된 평가일 수 있으며, 중국 국민들이 이에 너무 자만해서는 안 되고, 이로 인해 중국에 대한 외국의 견제가 강화되는 분위기가 조성될 수 있다는 우려를 표명했다. 당시 중국의 국가발전 전략인 도광양회의 전형적 모습이었다. 연구자들은 이 연구를 정기적으로 계속할 것을 결의하고, 한 나라의 국력이 단기간에 수시로 변화되는 것이 아니라는 점을 고려하여 5년에 한 번씩 발표하기로 결정했다. 한선재단 내에 한선종합국력연구회라는 조직을 결성하여 관련된 모든 논의와 연구는 이 조직에서 전담하기로 했다. 5년의 추가 연구과정에 연구진이 일부 변화되었고, 종합국력에 관한 이론적 토대가 보다 탄탄해졌고, 연구방법론도 보다 정교하게 되었다. 한국연구재단에 정식 연구과제로 제안되어 채택되었다. 그리하여 그동안의 우리 연구진들의 노력이 단행본 서적으로 정리되어 세상의 빛을 보게 되었다.

이렇게 되기까지 참 많은 분들의 도움이 있었다. 누구보다도 먼저 감사의 말씀을 드려야 할 분은 종합국력의 중요성과 이에 관한 연구와 측정의 필요성을 최초로 제기하며 끊임없이 격려와 지원을 아끼지 않은 박세일 교수님이다. 그리고 1차 연구를 지원해 준 당시 안병만 교육부 장관님과 2차 연구를 지원해 준 당시 한국연구재단의 이승종 이사장님께도 깊이 감사드린다. 또한 연구진이 모일 때마다 회의실 준비에서부터 각종 기자재 준비에 이르기까지 꼼꼼하게 모든 것을 챙겨 준 한선재단 사무국 식구들에게도 깊은 감사를 표한다. 끝으로, 그러나 대단히 중요하게도 이 책의 공적 가치를 알아봐 주시고, 출판 요청에 선뜻 응해 주신 다산출판사의 강희일 사장님과 시원하고 세밀한 편집으로 뜨거운 여름을 함께해 준 양선용 부장님과 원고의 지연에 단 한 번 불평 않고 인내하며 수도 없이 연구실을 찾아와 준 이상호 과장님에게도 깊은 감사를 드린다.

부디 이 책의 출판이 우리나라에서 국력에 관한 다양한 연구들을 촉발하는 계기가 되고, 대한민국의 향후 국가발전 전략 수립에 기여할 수 있게 되길 간절히 소망한다.

2016년 8월 15일

힘 있는 나라, 선진 · 통일 대한민국을 기약하며

저자 일동

차 례

PART 1 총론

PART 2 하드파워

PART 3 소프트파워

PART 1

총론

총론

대한민국의 종합국력: 진단과 처방

1. 배경

2009년 8월 15일, 한반도선진화재단(이하 '한선재단')은 조선일보와 공동기획으로 G20 국가들의 종합국력을 상호 비교하는 연구 결과를 발표한 바 있다. 5년 주기로 연구 결과를 지속적으로 발표하기로 한 당초의 약속에 따라 2014년 또다시 대한민국을 포함한 G20 국가들의 종합국력을 비교 평가한 연구 결과를 발표하게 되었다. 이 연구는 한국연구재단이 제공한 학술연구비로 진행되었으며, 이 책은 이러한 연구결과의 상세보고서이다.

2. 종합국력이란?

국력(國力)은 연구자에 따라 여러 가지로 정의된다.[1] 현대 국력 연구에서 고전에 해당되는 개념 정의는 Morgenthau(1948)의 정의인데, 그는 국력을 "한 국가가 다른 국가(들)와의 갈등에서 승리하고 장애를 극복해 내는 능력"이라고 정의한다. 전쟁이라든가 국가 안보라든가 영토 및 영향 지역 확보를 둘러싼 국가 간 갈등 상황에서 상대 나라를 지배하거나 억제하여 자기 나라의 이익이 훼손되지 않도록 해 내는 능력을 의미한다. 근대 국가의 발생 및 확대 과정과 미-소 간 냉전

1 최근의 국력 연구 동향에 관한 상세한 소개는 Barnett & Duvall(2005)과 Zarghani(2010)를 참고.

시대와 같이 국가 간 상호 대립적 관계 상황을 전제로 한 국력 개념이라고 할 수 있다.

Russet & Starr(1985)는 대립적 상황이라는 국가 간 특정 상황을 전제로 하지 않고 일반적으로 적용될 수 있는 국가의 능력 개념으로 정의한다. 즉 이들은 국력이란 "상황의 불확실성을 통제 또는 줄일 수 있는 국가의 능력"으로서 "목적을 위한 수단적인 것이며", "인과적 설명인자" 즉 "결과 도출 확률에 영향을 미칠 수 있는 능력"이며 "심리적인 것"이고 "돈처럼 저장도 되고 소모도 될 수 있는 것"이라고 국력을 포괄적으로 정의하고 설명한다. 이런 의미에서의 국력의 개념에는 다른 나라와의 전쟁에서 승리 또는 방어하고, 또는 전쟁을 억제할 수 있는 능력뿐만 아니라 외교나 자원 확보, 무역 조건 협상 등 비군사적 분야에서 자국의 이익을 극대화할 수 있는 국가의 능력까지도 포함된다.

최근 "소프트 파워"라는 개념으로 국력 연구 분야에서 주목을 끌고 있는 Nye(2011)는 권력의 자원과 권력 자체는 엄밀히 구분되어야 함을 강조하면서 국력이라는 것은 한 나라가 처한 상황 속에서 정책이나 제도와 같은 각종 기술을 사용하여 각종 자원을 바람직한 결과로 전환할 수 있는 능력("자원으로 정의되는" 국력)일 뿐만 아니라 강압이나 보상, 유인 등의 방법으로 다른 국가에 영향을 미쳐 자국의 이익에 바람직한 결과를 가져다주는 변화를 일으키는 한 국가의 능력("행태적 결과로 정의되는" 국력)이라고 정의한다.

이 연구에서는 '국력'이란 한 국가가 실현코자 하는 것을 실현해 내는 능력을 의미하는 것으로 정의한다. 보다 구체적으로는 한 국가가 강제적이든 평화적이든 다양한 설득 수단과 방법을 동원하여 다른 나라들로부터 지원과 협력을 얻어 자국의 정책과 전략을 실천에 옮겨 소기의 국가 목표와 비전을 실현해 내는 국가의 능력이라고 정의할 수 있다.

'종합국력'이란 한 나라가 이런 의미의 국력을 소지할 수 있게 하는 제반 요소 능력들의 총합이라고 정의할 수 있다. 다시 말해서 자국민의 생명과 재산, 영토를 보호하고, 다른 나라들로부터 협력을 이끌어 내어 평화상태를 유지할 수 있게 하는 한 나라의 종합적인 힘이 바로 종합국력이다. 한국적 상황에 적용하여 정의하면 대한민국의 종합국력이란 한반도를 통일하고 통일된 대한민국의 핵심 국가이익을 추구하는 데 필요한 제반 요소 능력들의 총체라고 할 수 있다.

종합국력이 어떤 요소 능력들로 구성되느냐 하는 것은 종합국력을 정의코자 하는 사람들마다 달리 판단될 수 있다. 한 예로 과거 냉전시대 미국 CIA의 고위

인사로서 미-소 간 권력 균형 정도에 관해 대통령 등 정치지도자들에게 보고하는 업무를 수행했던 Cline(1977)의 경우 국력은 인구와 영토, 경제력과 군사력과 같은 객관적 성격의 자원과 전략 및 의지와 자원 활용 능력과 같은 주관적 성격의 요소 능력들로 이루어진다고 보았다. 그리고 국력의 크기는 다음과 같은 방정식에 의해 결정된다고 보았다.

국력 = (인구+영토+경제력+군사력) ×(전략+의지)

전술한 Morgenthau(1948)의 경우에는 다음과 같은 9종의 요소들을 국력의 주요 요소로 제시하였다.

1. **지리적 특성**
   - 국토 위치 및 크기, 지형, 기후
2. **천연자원**
   - 식량
   - 광물(특히 석유 및 우라늄)
3. **산업역량**
   - 제조공장들의 질과 생산역량
   - 노동자들의 숙련성
   - 엔지니어들의 기술 수준
   - 과학자들의 창조적 천재성
   - 조직관리능력
4. **군사적 준비성**
   - 혁신적 무기제조 기술
   - 군사지도자의 우수성
   - 군사력의 질과 양
5. **인구**
   - 규모와 구성분포
   - 변동 추이

6. 국민성
7. 국민의 사기와 애국심
8. 외교의 질
9. 정부의 질

Russet & Starr(1985)의 경우에는 종합국력을 구성하는 요소를 유형적 요소와 무형적 요소로 나누어 다음과 같은 14가지 요소를 제시하였다.

1. 유형적 역량 요소
   1.1. 인구
   1.2 천연자원
   1.3 GNP 또는 국가의 부(富)
   1.4. 군사역량
2. 무형적 역량 요소
   2.1 정보 및 첩보 활동
   2.2. 외교
   2.3. 정치지도자의 우수성
   2.4. 정부행정기관의 기술과 능률성
   2.5. 국제사회로부터의 평판
   2.6. 경제시스템의 질
      – 자원활용의 효율성
   2.7. 사회시스템의 질
      – 사회적 유대와 단결성
      – 공정성 및 인권을 중시하는 사회가치 시스템
      – 국민의 사기

보다 최근에 군사력과 전투 숙련도에 초점을 맞춘 국력 연구가 미국 RAND 연구소의 Arroyo Center에 의해 이루어진 바 있는데(Tellis 등 5인 공저, 2000), 이 연구에서는 종합국력의 핵심 요소로서 한 국가의 자원(기술, 기업, 인력, 자본, 자연)과 수행능력(외적 구속력, 기반시설, 아이디어), 그리고 이것들을 군사력과 전투숙련도를 제고하는 쪽으로 연결시켜 주는 관리기술 역량 등 3종류의 요소가 제시되었다.

이란의 Zarghani(2010)는 종합국력의 요소로서 다음과 같은 내용의 9가지 요소를 중시한다.

1. **과학기술적 요소** (12개 변수)
   - 인구 100만 명당 R&D 연구자 수
   - 인구 100만 명당 기술자 수
   - 디지털 접근 지수
   - 인구 100만 명당 특허등록 수
   - 인구 100만 명당 과학기술분야 논문 수
   - GDP에서의 R&D 지출 비율(%)
   - ISI Index상의 평균 논문 양
   - ISI Index상의 나노기술 관련 논문 양
   - ISI Index상의 과학기술 전문 잡지 양
   - 하이테크 제품 수출액
   - GNP에서 과학기술산업이 차지하는 비율(%)
   - 원자력 발전 양
2. **경제적 요소** (11개 변수)
   - 1인당 GNI
   - 1인당 GDP
   - 외국인 직접투자(FDI)
   - 총수출에서 제조업 차지 비율(%)
   - 실업률
   - 총수입에서 식품 차지 비율(%)
   - 국가부채총액
   - 총외환보유액
   - GDP 연평균 성장률
   - 전 세계 GDP에서 해당 국가의 GDP가 차지하는 비율(%)
   - 경제자유지수 점수

3. **사회적 요소** (11개 변수)

- 기대수명
- 인구 1000명당 영아(5세 미만) 사망률
- 상수도 보급률
- 위생시설 보급률
- 1인당 지출 의료비
- 인구 1000명당 의사 수
- 15~64세 인구 비율
- 신생아 10만 명당 태아 사망률
- 교육에서의 성평등(초중고 입학생 성비)
- 인간개발지수 점수
- 인구 수

4. **영토적 요소** (11개)

- 면적
- 해안선 길이
- 재생 가능 식수원
- 식량생산지수 점수
- 도로포장률
- 환경지속가능지수 점수
- 철도 길이
- 전략적 핵심 광물자원(보크사이트, 우라늄, 코발트, 금, 구리 등)
- 공항 및 국제 항구
- 석유매장량(bbl)
- 수력발전량

5. **문화적 요소** (10개 변수)

- 보유 세계문화유산 수
- 인구 1000명당 TV 보급대수
- 일간신문(인구 1000명당 일간지 발행부수)
- 인구 1000명당 PC 대수
- 인구 1000명당 일간신문 수

- 국가의 오래된 정도
- GDP 중 공교육지출 비중(%)
- 15세 이상 인구의 문맹률
- 여성 문맹률
- 국제방송기관 수

6. **정치적 요소** (10개 변수)
   - 쿠데타 수
   - 자유지수(Freedom Index) 점수
   - 국민 단결도
   - 국제적 기여
   - 언론 자유지수
   - UN인권회의 인준 및 참여
   - 해당 국가 출신 망명 및 난민자 수
   - 정부효과성 지수 점수
   - 민주주의와 선거
7. **국제적 요소** (10개 변수)
   - 수출B 동반자 (Export B Partners)
   - 전체인구 중 외국 출생자 비율
   - 1인당 국제통화 시간
   - 유엔안전보장이사회 영구 이사국 여부
   - 유엔안전보장이사회 임시 이사국 여부
   - 가입 국제기구 수
   - 획득 올림픽 메달 수
   - 인구 100명당 출국자 수
   - 항공기 출발 횟수
8. **우주적 요소** (3개 변수)
   - 인공위성 수
   - 통신 및 지구과학 연구조사용 위성 수
   - 군사위성 수

9. **군사적 요인** (8개 변수)

- 전투기 대수
- 전체인구 중 군인 수
- 군사비 총액
- GDP에서 군사비 비율
- 무기 수출액
- 해군 수
- 공군 수
- 군사 잠수함 수

한국 학자로서는 박세일(2008) 교수가 드물게 종합국력에 관한 연구의 중요성을 제기하며 핵심 요소로서 다음과 같은 7가지의 역량을 강조한 바 있다.

1. 군사력: 국가존립을 위한 필수적 국력 요소
2. 교육과 과학기술력: 한 나라의 인적 자본의 질과 양을 결정하는 국력요소로서 국가교육제도, 평생학습제도, R&D 및 혁신시스템 등이 해당
3. 경제력: 성장잠재력이 특히 중요하며, 자원 등 생산요소의 부존량, 시장 및 기업제도의 효율성과 공정성, 제조업뿐만 아니라 지식서비스산업에서의 경제력도 중요
4. 국민정신과 사기: 시민정신과 국민윤리, 국민의 활동성, 근면과 신뢰, 애국심과 공동체 의식, 이웃나라에 대한 열린 마음 등
5. 통치와 협치 능력: 특히 지도자들의 리더십(비전 제시 능력, 변화 및 개혁 능력)이 가장 중요하며, 민주정치의 질, 법치주의의 정도, 정부의 정책능력(정책구상능력과 추진능력) 등이 포함됨. 협치능력에는 국가, 시장, 시민사회 간의 의사소통과 가치 공유능력, 협동과 합작 능력이 포함
6. 외교력: 향후 더욱 중요한 국력의 하나가 될 것임
7. 문화와 사상력: 한 나라가 가지는 전통, 역사, 문화, 예술, 학술, 사상의 독창성과 보편성의 힘(한 나라가 고유의 독창력과 특장점을 얼마나 가지면서 동시에 인류의 보편성에 호소력을 갖는가가 중요)

한선재단의 종합국력 연구진의 경우에는 이상에서 살펴본 기존의 견해들을 종합하여 종합국력이란 개념을 다음의 [그림 1]에서 보듯이 13개의 개별 요소 능력으로 구성되는 것으로 이해한다. 그리고 이 13개의 요소 능력들은 크게 두 가지 유형의 국력, 즉 물질적이고 구매 가능한 자원이라고 정의할 수 있는 '하드파워'(그림 1에서 점선으로 묶여 표시됨)와 비물질적이고 구매가 사실상 불가능하며, 하드파워 요소들이 제대로 작동할 수 있게 여건을 조성해 주고 구축된 국력을 타국에 대하여 효과적으로 행사할 수 있게 하는 능력이라고 정의할 수 있는 '소프트파워'(그림 1에서 실선으로 묶여 표시됨)로 대별된다.[2]

그림 1 _ 종합국력 개념도

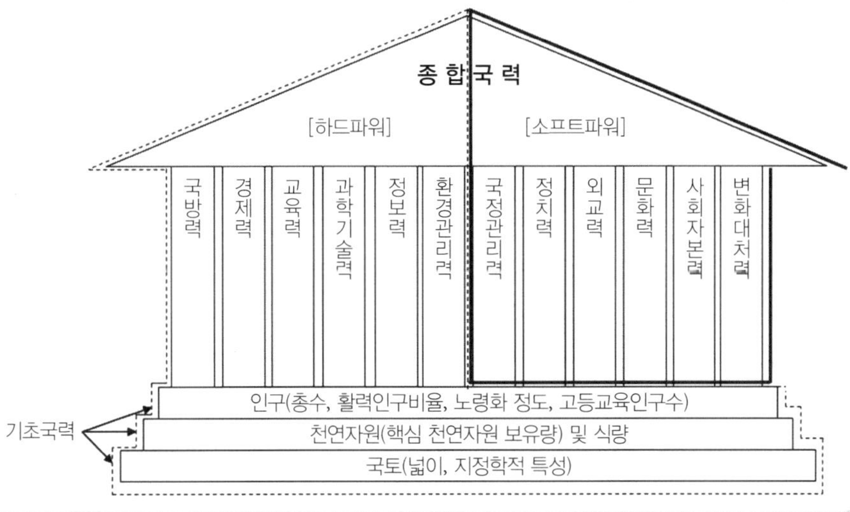

※ 사회자본력 = 타인 및 국가기관 등에 대한 신뢰도
변화대처력 = 복잡계 이론에서 말하는 모든 사회체계의 자율적 요동에 의한 새 질서 창조력

3. 왜 이 시점에 종합국력 논의인가?

대한민국은 지금 세계화, 정보화 등으로 표현되는 21세기 인류문명사적 대전환기를 만나 한반도의 선진화와 통일 등 향후 국운이 걸린 새로운 시대적 과제들

2 각 국력 요소들의 의미와 측정 방법에 관한 상세한 설명은 본서의 해당 각론을 참조.

을 풀어내야만 하는 중차대한 시점에 서 있다. 그런데 문제는 우리 앞에 놓여 있는 시대적 과제들은 그 어느 것 하나 우리가 과거에 익숙했던 방법으로는 해결의 실마리조차 찾기 어렵다는 점이다. 과거 산업화 시대에 우리에게 성공의 감격을 가져다주었던 방법들은 문제 해결에 오히려 방해가 되기조차 한다. 이 점은 이 시대를 사는 전 세계 모든 국가들에게 동일하다. 모두에게 전혀 새로운 시대적 난제로서 어느 나라도 해결의 정답을 아직은 가질 수 없게 되어 있기 때문이다. 이런 지금의 상황은 세계의 모든 나라들이 그동안의 실적과는 무관하게 새로운 출발선상에 다시 모여 이제 막 뛰기 시작한 것과 흡사하다. 바로 여기에 대한민국의 또 다른 기회가 움트고 있는 셈이다.

이런 시점에서 대한민국의 종합국력을 세계 주요국들과 비교 · 측정해 보는 것은 대단히 중요한 의미를 지닌다. 왜냐하면 첫째, 종합국력에 관한 위의 정의가 시사하듯이 제대로 된 종합국력을 가지고 있어야 대한민국이 제대로 된 국가발전 전략을 수립하고 이를 효과적으로 추진할 수 있기 때문이다. 둘째, 종합국력을 체계적으로 측정해 보면 중장기적으로 대한민국의 취약한 부분과 강점인 부분, 승산이 있는 부분과 주력해야 할 부분, 그렇게 하지 않아도 될 부분이 어디인지를 알 수 있게 되고, 이를 바탕으로 중장기적으로 중요한 국가 전략 과제와 효과적인 추진 방법론을 도출해 낼 수 있게 되기 때문이다. 셋째, 시대가 바뀜에 따라 중시되어야 할 국력 요소들과 요소들 간의 우선순위에도 변화가 불가피하기 때문이다. 과거 산업화 시대와 궤를 같이했던 냉전 시절에는 무력과 같이 상대국들에 대한 강제적 설득 수단과 방법을 중시하는 국력 개념이 현실 설명력이 높았다. 하지만 오늘날처럼 국가 간 자본과 노동의 자유로운 이동을 주요 특징으로 하는 세계화, 정보화 시대에서는 그런 강제적 방법보다는 국가 간 호혜적 무역거래나 범지역적 내지는 범지구적, 범인류적 문제에 대한 공동대처의 필요성 등에 입각하여 다른 나라들의 자발적인 지원과 협력을 이끌어 내는 평화적 설득 수단과 방법을 강구할 수 있게 해 주는 국력 요소들(예컨대 외교력, 문화력)이라든가 크고 작은 변화들에 대한 국가대처력 같은 것을 높일 수 있게 해 주는 국력 요소들(예를 들면 복잡계 이론가들에 의해 모든 체계의 생존 조건으로 강조되고 있는 체계의 자율적 요동에 의한 새 질서 창조력)이 더 중요할 수 있다. 또한 건국과 산업화, 민주화라는 국가발전 단계를 거쳐 이제 선진화라는 새로운 국가발전 단계로의 도약을 도모해야 하는 대한민국으로서는 그동안 이룩한 민주화의 결실이 공동체 자유주의[3]의 확대를 위한 밑거름이 될 수 있도록 하는 데 필수적인 국정관리력, 정치력, 신뢰와 같은 사회자본력 같은 요소들이 상당히 중요할 수 있다.

4. 외국에서는?

중국에서는 이미 1980년대 초부터 국가기관인 사회과학원이 중심이 되어 중국, 한국, 미국, 일본, 러시아, 인도 등 10개 이상의 주요 국가들의 종합국력을 측정해 오고 있다.[4] 매번 그 조사 결과는 중국의 국무원을 비롯한 중국의 주요 국가 기구들의 중장기 국가발전 전략의 기초자료로 활용되고 있다. 일본에서는 종합국력 측정 자체가 구 경제기획청의 매우 오래된 기본 업무였다. 2001년 1월 구 경제기획청이 내각부로 폐지·흡수된 이후 이 업무는 상당 부분 중앙 및 지방 정부 예산으로 운영되는 종합연구개발기구(NIRA: National Institute for Research Advancement)가 맡아 계속 수행해 오고 있다. NIRA에서는 현재 인구 감소가 국력 저하의 심각한 요인일 수 있다는 점에 초점을 맞춘 NIRA형 종합국력지표체계를 개발하여 일본, 한국, 미국, 이탈리아 등 총 9개 주요 국가들을 대상으로 국력을 비교하고 있다.[5] NIRA의 조사 결과 역시 중국에서와 마찬가지로 일본의 핵심 정부기관들의 중장기 국가 전략 수립에 귀중한 기초 자료로 활용되고 있다. 미국에서는 전술한 바 있는 CIA 소속 고위 관계자인 Cline의 국력 조사 결과가 대통령을 비롯한 의회의 정치지도자들에게 보고되어 "엄청난 위험 부담과 수십억 달러의 정부 지출이 걸린 중대한 정책 결정에 수차례 영향을 미쳤다."(Nye, 2011, 윤영호 역, 2012: 26). 최근에는 미 육군 정보참모부가 RAND 연구소의 Arroyo Center에 의뢰하여 후기산업화시대의 새로운 국제환경에 걸맞는 국력개념과 측정모형을 개발하여 향후 미국 전략 수립에 변화를 꾀하고 있다(Tellis *et al.*, 2000).

이런 나라들에 비하면 많이 늦은 셈이지만 이제라도 대한민국의 위정자들은 세계화, 정보화와 같은 인류문명사적 거대변화들의 본질에 대한 정확한 이해를

3 이 연구에서 "공동체 자유주의"라는 것은 공동체의 가치를 소중히 하는 자유주의라는 의미로 사용하는데 이에 관한 상세한 논의는 박세일(2008, 2010: 596-616) 참조.

4 중국사회과학원의 국력 연구에 관해서는 왕령(王玲)(2006)을 참조.

5 일본 NIRA의 종합국력 연구에 관해서는 小林陽太郎, 小峰隆夫 編(2004) 참조.

바탕으로 과거와는 전혀 새로운 국가발전 목표와 비전, 정책과 집행 방법들로 구성된 중장기 대한민국 국가발전 전략을 수립하는 데 혼신의 힘을 다해야 한다. 전 세계적으로 일고 있는 근본적인 시대 변화와 우리 대한민국의 발전단계의 특수성을 반영한 새로운 국력 측정 지표 모형에 기초하여 대한민국의 종합국력을 측정해 보는 것은 향후 새로운 국제질서 속에서 대한민국의 진정한 국력 수준을 파악하고 효과적인 중장기 국가발전 전략을 수립 · 실천하는 데 가장 초보적인, 그러나 필수적인 작업이다. 만일 이 작업을 더 늦추거나 시행에 실패한다면 지금까지 우리 대한민국이 이룩한 산업화와 민주화의 성공과 결실들은 파국으로의 밑거름으로 전락하게 될 공산이 크다.

5. 어떻게 측정했나?

(1) '한선 종합국력지수 측정 모형'의 개발

이상에서 설명된 종합국력 개념에 부합하면서 동시에 세계 어느 국가에나 불어닥친 새로운 인류문명사적인 변화와 도전, 그리고 한반도의 특수한 국가발전단계와 국내외 상황을 종합적으로 고려하여 한선재단 종합국력 연구진은 다음의 [그림 2]에서 보는 바와 같이 총 2종의 국력 유형과 13대 국력, 그리고 종합국력

그림 2 _ 한선 종합국력지수 측정 모형

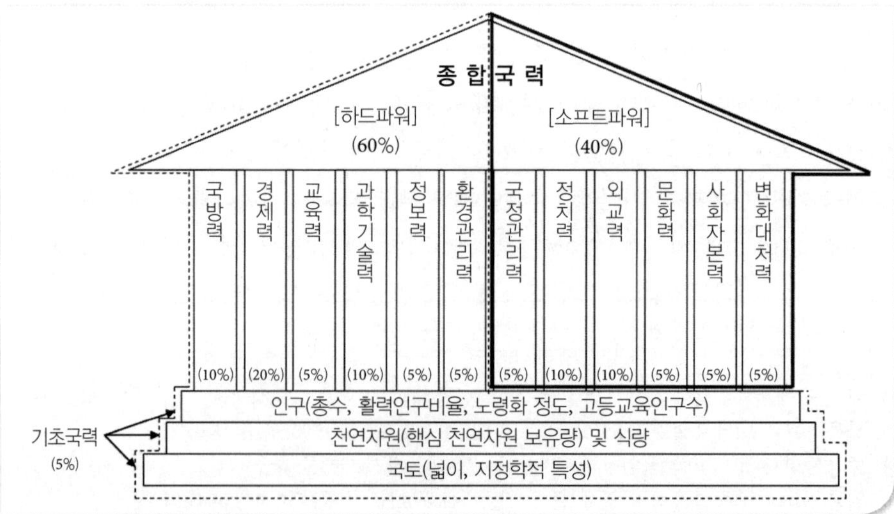

점수 산정 시 적용되는 각 국력 유형 및 국력 측정 부문 간의 상대적 비중이 적시된 '한선 종합국력지수 측정 모형(The Hansun CNP Index: CNP=Comprehensive National Power)'을 개발하여 G20 국가들을 대상으로 적용하였다.

각 국력 요소별 세부 측정 지표들은 〈표 1〉에서 보는 바와 같다.

표 1 _ 2014 종합국력 세부 측정 지표

대분류	요소 국력	지표	세부지표	비고
하드 파워	기초 국력	국토	총면적, 경작가능면적	
		인구	총인구수, 인구노령화 정도, 출생 시 기대수명, 건강기대수명, 인구 1000명당 영아사망률, 국민건강 정도	
		에너지	에너지 자원 확보력, 에너지 생산력(발전량, 신재생에너지 공급량), 에너지 기반시설 우수성, 미래 에너지 확보 정도, 에너지 자급도	
		식량	식량 등 기초 생필품 확보력	
	국방력		국방비, 현역 군인, 예비역, 전차, 대포, 잠수함, 전투함, 전투기, 핵전력	
	경제력		PPPGDP, Growth, Inflation, Gini	
	과학 기술력	지식/정보 창출력	연구개발 인력, 연구개발 투자(총액, GDP 비중), 과학기술논문, 미국특허	
		지식/정보 확산·흡수력	국민의 교육수준, 정보 유통인프라, 지적재산권 보호제도	
		지식/정보 활용력	규제제도의 질, 벤처자본의 가용성, 외국인 직접투자 총액의 GDP 비중, 첨단기술제품 수출 비중	
	교육력	투입	GDP 대비 공공지출, GDP 대비 1인당 교육관련 공공지출, GDP 대비 교육지출(공공부문+사적부문), 교원 1인당 학생 수(초등, 중등), 학급크기(초등, 중등)	
		산출	인구 만 명당 노벨상 수상자 수, 논문 편수(과학), 세계 100대 대학 진입 수, 고등교육 이수율, 고등교육 학생유입, 고등교육 학생유출, PISA/수학, PISA/과학, PISA/읽기, 영어숙달, 비문해율, 기대교육년수	
	환경 관리력	EPI Index	Health Impacts, Air Quality, Water and Sanitation, Water Resources, Agriculture, Forests, Fisheries, Biodiversity and Habitat, Climate and Energy	
	정보력	투입	국가정보예산, 궤도에 있는 인공위성, 인터넷 호스트, 1000명당 인터넷 사용자	
		전환/활용	세계 1000위권 대학 보유, 외국에 대한 직접투자	
		결과	국가안정도	
소프트 파워	국정 관리력		시민의 참여, 정치적 안정성, 정부효과성, 규제의 질, 법치, 부패의 통제	
	정치력		정치시스템의 안정성과 효과성, 국회 입법 활동의 효과성, 국회에 대한 신뢰, 정당에 대한 신뢰, 국민들이 정치인들을 중요한 사회지도자라고 생각하는 정도, 정치인들의 교육 수준, 정치인들의 국제적 경험, 정치인들의 청렴성	

	외교력	영향도	각국의 UN분담금 비율, 자국민이 기관장으로 있는 주요 국제기구의 수, 해외 원조 금액, UN 상임이사국 여부	
		활성도	주요 국제기구들에 해당 국가가 가입하고 있는 기구의 수, 주요 국제기구의 본부가 해당국에 위치하고 있는 기관의 수	
	문화력		국민호감도, 문화호감도, 문화산업(E&M) 경쟁력지수, 체육 경쟁력지수, 관광(T&T) 경쟁력지수	
	사회 자본력	대인신뢰	가족, 이웃, 아는 사람, 처음 만난 사람, 종교 다른 사람, 다른 나라 사람	
		기관신뢰	정부, 기업, NGO, 미디어(신문, TV)	
		네트워크	종교나 교회단체, 스포츠 및 레크레이션, 예술 · 음악 · 교육문화, 노동단체, 정당, 환경보호단체, 전문가 조직, 인권 혹은 자선단체, 소비자 보호단체	
	변화 대처력		기업대처력, 정부대처력, 시민대처력, 미래탐색, 도전에 대한 국민적응력, 시장변화에 대한 기업적응력, 경제 변화에 대한 정부적응력	

각 나라들의 세부 지표별 특성값들은 IMD의 *World Competitiveness Report*, 산업정책연구원(IPS)과 국제경쟁력연구원(NaC)이 공동으로 발간하는 *National Competitiveness Research*, 헤리티지 재단의 *Index of Economic Freedom*, 국제전략연구소(IISS)의 *Military Balance*, UNESCO의 *Global Education Digest*, IMF의 *World Economic Outlook Database*, Barry Turner의 *The Statesman's Yearbook* 등 기존의 다양한 조사 연구 결과들로부터 필요한 관련 자료들을 직접 활용하여 산정하거나, 본 조사의 목적에 맞게 재가공하여 산정했다.

(2) 점수 산정 방법

특정한 나라(i)의 종합국력($ICNP_i$)은 복합지수 점수 산정에 일반적으로 사용되는 다음과 같은 표준지수 산정식을 사용하여 점수화하였다.

$$ICNP_i = \frac{1}{k} \sum_{i=1}^{n} \sum_{j=1}^{k} (Z_{ij} \times 10 + 50)$$

$$Z_{ij} = \frac{X_{ij} - \overline{X}_j}{\sigma_j}$$

$ICNP_i$: 국가 i의 종합국력 지수 점수
X_{ij} : 국가 i의 국력요소 j면에서의 점수
$\overline{X}_j$: 국력요소 j면에서의 측정대상 국가들 전체 평균
σ_j : 국력요소 j면에서의 측정대상국가들 전체 표준편차
Z_{ij} : 국력요소 j면에서의 국가 i의 표준점수

$i = 1, 2, 3, ..., n(n$ = 총 측정 대상 국가 수)
$j = 1, 2, 3, ..., k(k$ = 총 측정 국력 요소 수)

(3) 측정 대상 국가로 G20 국가들을 선정, 그 이유는?

G20 국가란 미국발 금융위기 발생 직후인 2008년 11월 15일 개최된 "금융시장 및 세계경제에 관한 정상회의"에 참석했던 G7 국가(미국, 일본, 영국, 프랑스, 독일, 캐나다, 이태리)와 전 세계의 지역적 안배가 고려되어 초청된 한국, 중국, 인도를 비롯한 12개 개도국, 그리고 초청 대상인 EU의 의장국인 프랑스가 G7 국가에 이미 들어 있으므로 EU의 추천으로 프랑스 대신 초정된 스페인과 네덜란드 중 우리나라와 여러 면에서 유사한 여건을 지닌 스페인을 포함시켜 총 20개국을 종합국력 측정 대상국으로 선정하였다.

이 20개 국가를 대상으로 하게 된 데에는 IMF와 World Bank 등의 개편을 초래하고 있는 세계 금융위기뿐만 아니라 향후의 글로벌 경제위기 및 국제금융체계의 새로운 질서로의 재편에 결정적인 영향을 끼치게 될 국제협력의 중심체로 역할하게 될 것이 바로 이 20개 국가들이라고 판단하였기 때문이다.

6. 측정 결과 어떤 흥미로운 점들이 발견되었나?

측정 결과 2014년도 G20 국가들의 종합국력 점수와 순위는 〈표 2〉에 요약된 바와 같다. 이를 2009년도 평가 결과와 비교한 것이 〈표 3〉이다.

(1) 대한민국의 종합국력 10위권 내로 진입 (2009년 13위에서 2014년 9위로 4단계 상승), 압도적 1위는 여전히 미국

2009년 조사에서 종합국력 13위로 평가되었던 대한민국이 이번 조사에서는 4단계 상승된 9위로 평가되어 10위권 내로 진입하였다. 2009년 평가에서 전체 13개 측정 대상 국력 부문 중 반 이상인 7개 부문에서 1위를 차지하여 여타 국가들과 현격한 격차를 보이면서 종합 순위 1위를 차지했던 미국은 이번 조사에서도 8개 부문에서 1위를 차지하며 종합 순위 1위를 차지했다.

표 2 _ 2014년도 종합국력 점수 및 순위 요약

국가명	종합국력		하드파워									소프트파워							
	점수*	순위	기초국력	국방력	경제력	과학기술력	교육력	환경관리력	정보력	소계 점수	소계 순위	국정관리력	정치력	외교력	문화력	사회자본력	변화대처력	소계 점수	소계 순위
ARGENTINA	43.39	19	19	18	19	19	12	17	14	26.61	18	15	19	9	15	14	20	16.78	18
AUSTRALIA	52.39	5	5	14	18	9	2	1	7	30.16	7	2	2	15	9	9	3	22.22	4
BRAZIL	45.74	15	7	10	9	13	15	16	13	28.15	14	12	18	16	11	12	14	17.58	15
CANADA	52.11	6	4	17	13	6	4	6	6	30.06	9	1	3	11	8	3	8	22.04	5
CHINA	55.92	2	2	2	2	8	13	19	11	35.25	2	19	1	10	10	2	10	20.66	7
FRANCE	52.01	7	6	7	7	5	5	8	5	30.35	6	5	7	2	4	8	12	21.65	6
GERMANY	53.20	4	8	12	5	3	6	2	2	30.94	4	3	4	7	3	11	1	22.25	3
INDIA	48.02	11	11	4	3	17	19	20	19	28.57	13	16	8	6	16	1	17	19.45	9
INDONESIA	44.07	18	18	16	14	20	18	18	20	26.64	17	18	14	19	19	5	15	17.43	17
ITALY	47.74	12	15	13	12	11	8	5	12	28.89	12	10	12	13	6	13	16	18.84	12
JAPAN	51.52	8	12	8	4	2	11	7	4	31.74	3	7	10	5	5	19	5	19.77	8
KOREA	48.42	9	14	5	10	7	10	11	9	29.37	10	9	15	12	13	15	6	19.04	11
MEXICO	45.84	14	16	19	11	15	16	12	17	27.41	15	14	20	4	14	7	11	18.43	13
RUSSIA	46.47	13	3	3	6	14	9	15	8	30.06	8	20	17	14	12	18	19	16.41	19
SAUDI ARABIA	40.40	20	13	11	15	16	#N/A	10	15	25.64	20	17	9	8	#N/A	#N/A	7	14.76	20
SOUTH AFRICA	44.15	17	20	20	20	12	14	14	18	26.55	19	11	16	18	18	10	18	17.59	14
SPAIN	48.21	10	10	15	16	10	7	3	10	29.06	11	8	11	17	7	16	13	19.14	10
TURKEY	44.85	16	17	9	17	18	17	13	16	27.30	16	13	13	20	17	17	9	17.54	16
UNITED KINGDOM	53.56	3	9	6	8	4	3	4	3	30.72	5	4	5	3	2	6	4	22.83	2
UNITED STATES	68.33	1	1	1	1	1	1	9	1	43.87	1	6	6	1	1	4	2	24.45	1

* 종합국력 점수는 기초국력(5%), 국방력(10%), 경제력(20%), 과학기술력(10%), 교육력(5%), 환경관리력(5%), 정보력(5%), 국정관리력(5%), 정치력(10%), 외교력(10%), 문화력(5%), 사회자본력(5%), 변화적응력(5%) 별로 가중치를 두어 산정함.

표 3 _ 종합국력 순위 비교(2009~2014)

국가명	종합국력		하드파워																소프트파워													
	2014	2009	기초국력		국방력		경제력		과학기술력		교육력		환경관리력		정보력		소계		국정관리력		정치력		외교력		문화력		사회자본력		변화대처력		소계	
			2014	2009	2014	2009	2014	2009	2014	2009	2014	2009	2014	2009	2014	2009	2014	2009	2014	2009	2014	2009	2014	2009	2014	2009	2014	2009	2014	2009	2014	2009
ARGENTINA	19	19	19	18	18	19	19	18	19	19	12	13	17	2	14	12	18	17	15	16	19	20	9	13	15	15	14	18	20	15	18	19
AUSTRALIA	5	8	5	2	14	14	18	17	9	9	2	3	1	16	7	7	7	11	2	2	2	2	15	11	9	8	9	3	3	2	4	5
BRAZIL	15	14	7	10	10	12	9	9	13	18	15	14	16	1	13	13	14	13	12	12	18	19	16	17	11	12	12	16	14	6	15	16
CANADA	6	7	4	1	17	16	13	14	6	6	4	4	6	8	6	5	9	8	1	1	3	3	11	7	8	7	3	2	8	3	5	3
CHINA	2	2	2	5	2	3	2	2	8	9	13	18	19	18	11	14	2	2	19	18	1	1	10	9	10	1	2	1	10	12	7	7
FRANCE	7	6	6	6	7	4	7	8	5	5	5	5	8	7	5	6	6	7	5	7	7	9	2	2	4	6	8	10	12	16	6	6
GERMANY	4	5	8	7	12	9	5	5	3	3	6	6	2	4	2	4	4	5	3	3	4	7	7	4	3	3	11	14	1	5	3	4
INDIA	11	11	11	19	4	6	3	4	17	13	19	19	20	3	19	19	13	10	16	15	8	10	6	19	16	16	1	6	17	4	9	11
INDONESIA	18	18	18	16	16	18	14	16	20	20	18	17	18	5	20	20	17	18	18	20	14	12	19	18	19	19	5	12	15	13	17	17
ITALY	12	9	15	14	13	11	12	10	11	11	8	9	5	9	12	8	12	12	10	9	12	13	13	6	6	4	13	13	16	14	12	9
JAPAN	8	3	12	8	8	7	4	3	2	2	11	10	7	6	4	3	3	3	7	6	10	11	5	5	5	10	19	9	5	9	8	8
KOREA, SOUTH	9	13	14	13	5	8	10	11	7	7	10	11	11	15	9	11	10	9	9	10	15	14	12	12	13	13	15	15	6	10	11	12
MEXICO	14	16	16	17	19	17	11	13	15	15	16	12	12	11	17	15	15	15	14	13	20	16	4	14	14	14	7	19	11	17	13	15
RUSSIA	13	12	3	4	3	2	6	7	14	14	9	8	15	17	8	9	8	4	20	19	17	17	14	8	12	11	18	17	19	18	19	18
SAUDI ARABIA	20	20	13	11	11	13	15	19	16	12	–	–	10	20	15	17	20	19	17	17	9	18	8	16	–	20	–	–	7	–	20	20
SOUTH AFRICA	17	17	20	20	20	20	20	20	12	16	14	15	14	19	18	16	19	20	11	11	16	8	18	20	18	18	10	7	18	11	14	13
SPAIN	10	10	10	12	15	15	16	12	10	10	7	7	3	13	10	10	11	14	8	8	11	6	17	10	7	9	16	11	13	19	10	10
TURKEY	16	15	17	15	9	10	17	15	18	17	17	16	13	14	16	18	16	16	13	14	13	15	20	15	17	17	17	8	9	7	16	14
UNITED KINGDOM	3	4	9	9	6	5	8	6	4	4	3	2	4	12	3	2	5	6	4	4	5	5	3	3	2	5	6	4	4	8	2	2
UNITED STATES	1	1	1	3	1	1	1	1	1	1	1	1	9	10	1	1	1	1	6	5	6	4	1	1	1	2	4	4	2	1	1	1

(2) 대한민국 국력의 몇 가지 특징

➔ 특징 #1: 전체 평가 부문의 반이 넘는 부문에서 2009년도에 비해 순위 상승을 보임

순위가 상승한 국력은 변화대처력(10위 → 6위), 환경관리력(15위 → 11위), 국방력(8위 → 5위), 정보력(11위 → 9위), 경제력(11위 → 10위), 교육력(11위 → 10위), 국정관리력(10위 → 9위) 등으로, 전체 13개 평가 부문의 반이 넘는 7개 부문에서 순위가 상승한 것으로 나타났다. 과학기술력과 외교력, 문화력, 사회자본력은 2009년에 비해 아무런 순위 변화가 없는 것으로 나타났으며, 정치력과 기초국력의 경우에는 각각 14위에서 15위, 13위에서 14위로 한 단계씩 하락한 것으로 나타났다.

그림 3 _ 대한민국의 국력 순위 변화(2009년→2014년)

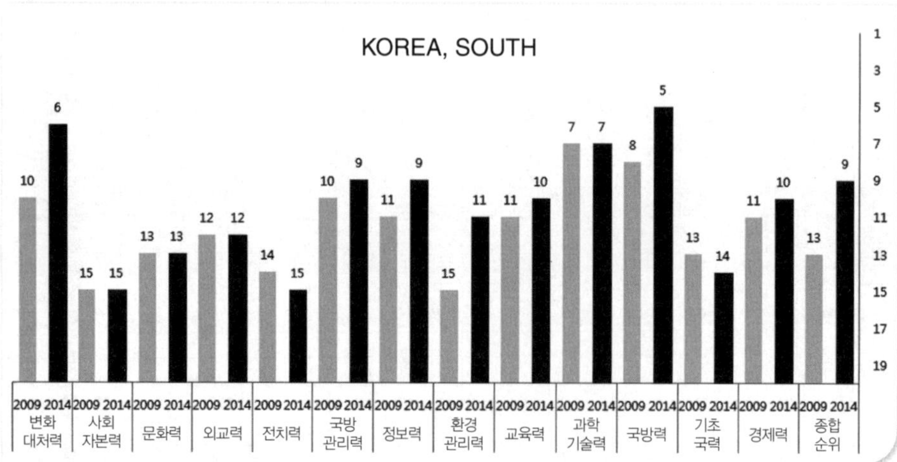

➔ 특징 #2: 여전히 소프트파워보다는 하드파워가 더 강한 국가

전반적으로 볼 때 대한민국의 하드파워는 2009년도에 비해 한 단계 하락한 10위로, 소프트파워는 한 단계 상승한 11위로 평가되었다. 이처럼 전반적으로 볼 때는 대한민국은 하드파워와 소프트파워가 균형을 이룬 듯 보이지만, 다음의 [그림 4]에서 보듯이 개별 요소 국력별 순위를 종합해 보면 2009년도와 마찬가지로 여전히 소프트파워보다는 하드파워가 더 강한 나라인 것으로 분석된다.

그림 4 _ 대한민국의 종합 및 요소 국력 순위패턴 변화(2009년→2014년)

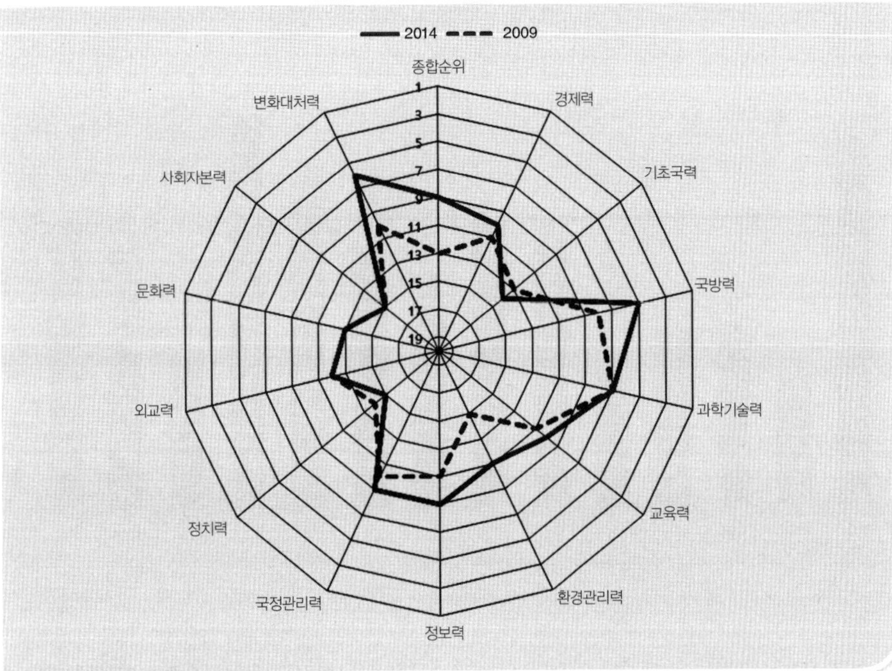

➔ **특징 #3: 대한민국의 종합국력 순위 증진에 기여하는 요소국력은 국방력, 변화대처력, 과학기술력이고, 순위 하락에 특히 기여하는 요소국력은 정치력, 사회자본력, 기초국력, 문화력, 외교력**

한 나라의 종합국력 전체 순위보다 높은 순위로 평가된 요소국력은 그 나라의 종합국력 순위를 증진시키는 데 기여한 요소국력이라고 할 수 있다. 이와는 반대로 그 나라의 전체 종합국력 순위보다 낮은 순위로 평가된 요소국력은 그 나라의 종합국력 순위를 하락시키는 데 요인이 된 요소국력이라고 할 수 있다. 이렇게 볼 때, 대한민국이 종합국력 순위 9위를 차지하는 데 기여하는 요소국력은 국방력(5위), 변화대처력(6위), 과학기술력(7위)이며, 순위 하락에 기여하는 요소국력은 특히 정치력(15위), 사회자본력(15위), 기초국력(14위), 문화력(12위), 외교력(12위)인 것으로 나타났다.

그림 5 _ 2014 대한민국 경제력 순위를 기준으로 한 국력요소 강·약점 비교

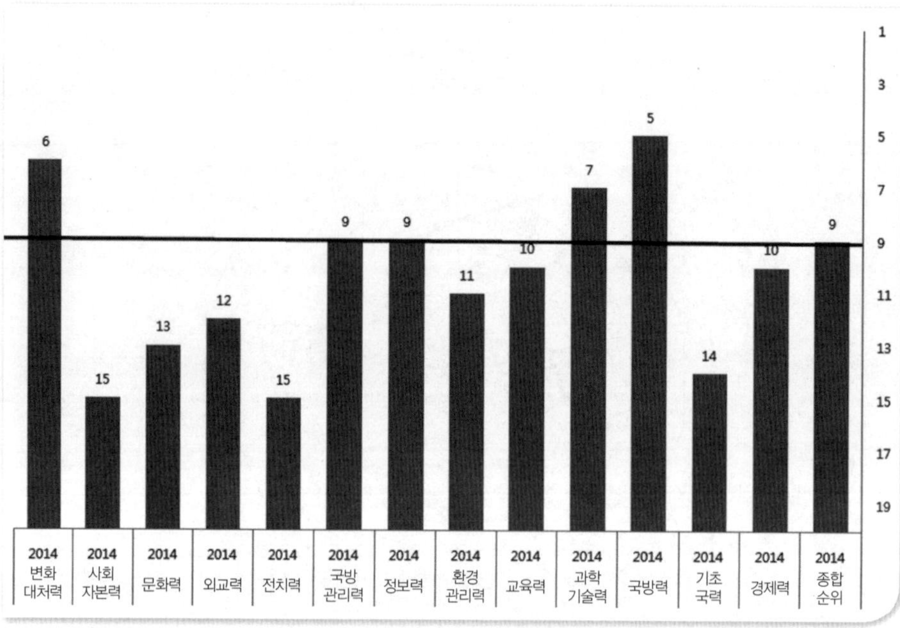

➔ **특징 #4: 대한민국 국력의 강점이 되는 요소국력은 국방력과 과학기술력, 변화대처력이고, 이는 향후 승산 있는 중장기 국가발전 전략 영역**

한 국가가 소지하거나 발휘할 수 있는 국력의 최대 크기는 그 나라가 지닌 경제력의 수준을 넘어서기가 쉽지 않은 것이 일반적이다. 이런 점에서 경제력 수준을 상회하는 순위를 나타낸 요소국력을 그 나라의 강점이라고 할 수 있다. 2014년 대한민국의 경제력 수준(10위)에 비해 월등한 수준을 보인 요소국력들은 국방력(5위), 과학기술력(7위), 변화대처력(6위)인 것으로 나타났다. 바로 이 부분이 향후 중장기 국가발전 전략에 있어 승산 있는 영역이라고 할 수 있다.

➔ **특징 #5: 대한민국 국력의 취약 부분은 기초국력, 사회자본력, 정치력, 외교력, 문화력, 환경관리력으로 이 부문이 바로 향후 국가발전 전략에 있어 분발이 필요한 부분**

대한민국의 경제력 수준에 비해 낮은 순위를 보인 부문은 사회자본력(15위), 정치력(15위), 기초국력(14위), 문화력(13위), 외교력(12위), 환경관리력(11위)인 것으로 나타났다. 향후 국가발전 전략을 구사함에 있어 이 부문에 특히 큰 분발이

있어야 할 부분이다.

(3) 특이한 중국: G2 국가로서의 중국의 종합국력 위상 재확인, 동시에 취약한 국가로서의 모습도 동시에 발견

중국은 소련체제 붕괴 이후 미국과 어깨를 견주는 명실상부한 G2 국가로 부상하기 위해 부단한 노력을 경주해 왔다. 2009년 조사에서 중국은 종합국력 순위 2위를 차지했었다. 당시 이런 조사 결과가 발표되자 중국 공산당 기관지인 인민일보의 자매지인 환구시보(環球時報)는 이 조사 결과가 중국의 국력을 지나치게 높이 평가한 것이라며 중국에 대한 외부의 지나친 견제, 중국 내국인들의 자만을 경계하는 논평을 실었다. 그러나 이번 조사에서도 중국의 종합국력은 G20 국가들 중 2위인 것으로 나타났다. G2 국가로서의 중국의 위상은 경제력과 국방력, 기초국력, 사회자본력 등이 모두 2위로 평가되고 있다는 점에서도 재확인된다.

하지만 미국의 종합국력 점수 총점이 68.33점인 데 비해 중국의 총점은 55.92점으로, 2009년 평가 때와 마찬가지로 아직 미국과 큰 차이를 보이고 있다. 정치력 부문에서 중국은 2009년 평가 때와 마찬가지로 여전히 1위인 것으로 나타났다. 사회자본력과 함께 이 부문에서 중국이 특히 강한 순위를 보이는 이유는 공산당 1당 독재와 모든 것에서 국가기관, 그중에서도 당과 의회 즉 정치력을 우선시 하는 중국 정치체제가 지닌 매우 독특한 특성과 이 정치기구들과 정치인들이 중국의 정치경제발전 과정에서 보인 그동안의 놀라운 역할과 성과가 큰 기여를 했기 때문인 것으로 보인다. 13억 중국 인민을 통치할 미래의 정치지도자들이 사전에 서열이 정해지고 때가 되면 아무런 극단적 대결 없이 물 흘러가듯 국가의 최고지도자로 부상하여 집권하였다가 때가 되면 후임자에게 평화적으로 정권을 이양해 주곤 본인은 후임자에 의해 아무런 보복 없이 영예로운 퇴임 후 생활을 영위해 나가는 사례가 모택동 사후 지금까지 40년 가까이 이어져 내려오고 있는 곳이 바로 중국이다. 중국의 이런 정치력은 결코 만만히 볼 수 없는 실로 무서운 힘이다. 한편, 2009년 평가 때와 마찬가지로 환경관리력과 국정관리력 면에서 모두 바닥권인 19위를 기록했다는 사실은 향후 환경오염 문제를 둘러싼 주변국 및 선진국들과의 마찰과 중국이 지니고 있는 국력 요소들의 작동상 고장이나 비효율이 만만치 않을 것임을 예견케 한다. 또한 중국은 아직까지는 소프트파워(7위)보다는 하드파워(2위) 중심 국가라는 2009년 조사 때의 사실이 여전히 이번 조사에서도 확인된다. 이런 점에서도 중국을 고품질 국가로 보기 어렵다고 할 수 있다.

그림 6 _ 중국의 종합 및 요소 국력 순위패턴 변화(2009년→2014년)

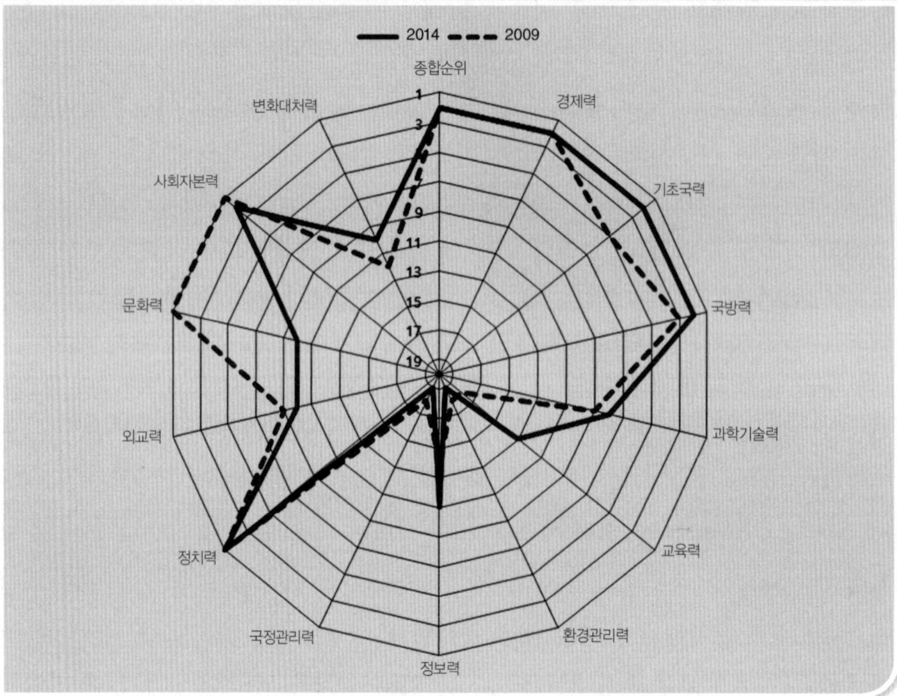

(4) 특이한 일본: 종합국력의 작지 않은 퇴조, 2009년 3위에서 8위로

2009년 조사에서 종합국력 3위였던 일본이 이번 조사에서 8위로 무려 다섯 단계나 하락한 것으로 나타났다.

전체 13개 평가 부문 중 대부분이라고 할 수 있는 총 9개 요소국력 부문에서 모두 조금씩 순위 하락을 보인 결과라고 할 수 있는데 특히 9위에서 거의 최하위인 19위로 추락한 사회자본력 부문에서의 큰 하락이 전체 순위 하락에 크게 영향을 준 것으로 보인다. 이는 오랜 경제 침체와 대형 쓰나미와 원전폭파사고 등의 여파 때문인 것으로 해석된다. 이 와중에도 문화력과 변화대처력이 각각 10위에서 5위, 9위에서 5위로 상승 강화된 것으로 나타났다.

그림 7 _ 일본의 국력 순위 변화(2009년→2014년)

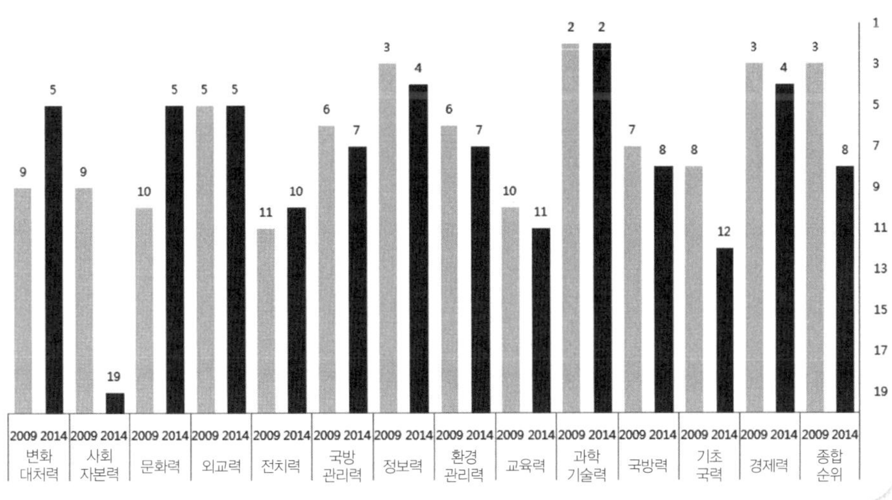

(5) 국력의 퇴조를 벗어나지 못하고 있는 러시아: 2009년 12위에서 2014년 13위로 한 단계 더 하락

인류 문명사에서 한때 미국과 거의 동등한 위치에서 세계사의 변화를 주도했던 나라가 소련이었고, 그 핵심에 러시아가 있었다. 이런 러시아의 종합국력이 2009년 12위에서 이번 조사에서 13위로 한 단계 더 하락하여 여전히 중하위권으로 밀려나 있는 것으로 조사되었다. 국방력은 3위로 여전히 강한 것으로 확인되지만 기초국력을 제외한 여타 부문에서 과거의 영광을 찾을 수 없게 2009년에 이어 여전히 퇴조해 있다.

그중에서도 특히 국정관리력(20위), 변화대처력(19위), 정치력(17위), 사회자본력(18위) 등이 2009년 조사 때와 마찬가지로 최하위 내지 거의 바닥권이라는 사실은 그 쇄락의 원인이 어디에 있는지를 단적으로 알려주고 있다. 이는 그야말로 특단의 조치가 없는 한 이런 쇄락의 경향은 향후 장기간에 걸쳐 지속될 것이라는 점을 시사해 주는 것이라고 할 수 있다. 그동안 러시아의 큰 강점인 것으로 알려져 있던 과학기술력조차 이번에도 여전히 하위권인 14위에 불과한 것으로 나타났다. 러시아 국력의 또 다른 특징으로서 이 나라가 매우 강한 하드파워 편향성을 보인다는 점이 2009년에 이어 이번 조사에서도 확인되었다.

그림 8 _ 러시아의 종합 및 요소 국력 순위패턴 변화(2009년→2014년)

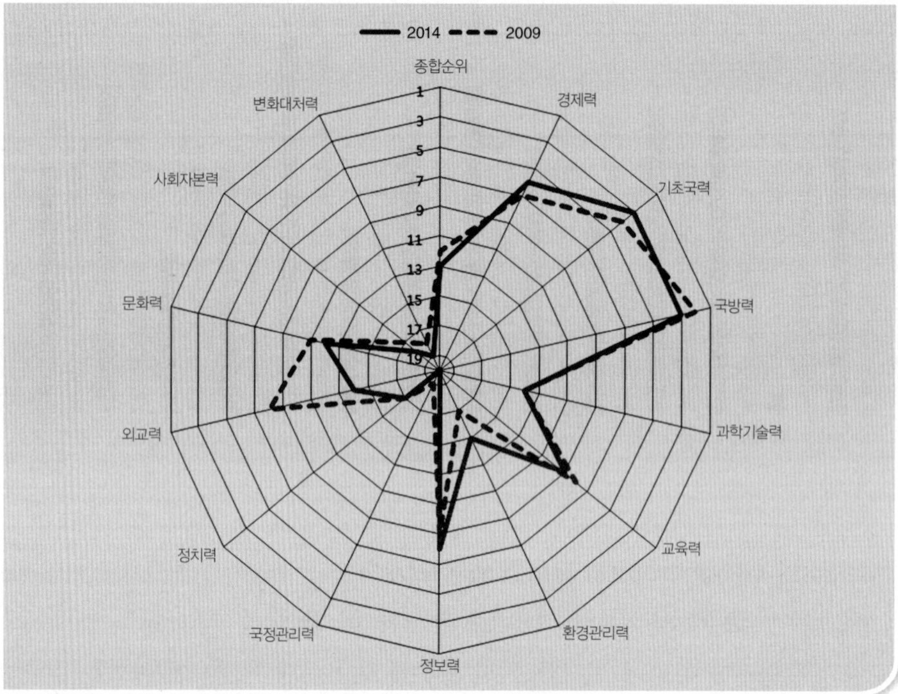

(6) 정통 서구 강국들의 변함없는 상위 국력 순위 및 하드파워와 소프트파워 간의 관계로 본 흥미로운 발견

3위에서 7위까지는 전통적인 서구의 강국들인 영국, 독일, 호주, 캐나다, 프랑스 순으로 차지하였는데, 이 나라들 사이에 점수 차이가 크게 나지 않아 이 나라들 사이의 순위 차이는 크게 의미가 없다고 할 수 있다. 여기서 특이한 점은 이 중 대부분의 나라들이 소프트파워가 하드파워보다 더 우위이거나 아니면 양자의 순위가 동일한(프랑스) 이른바 '세련되게 강한' 고품질 나라로서의 특성을 가지고 있는 것으로 나타났다는 점이다.

이와는 대조적으로 일본과 중국은 전술하였듯이 하드파워와 소프트파워가 모두 강한 나라이지만, 하드파워가 소프트파워보다 상대적으로 강한 이른바 '거칠게 강한' 나라인 것으로 평가되었으며, 러시아는 하드파워 쪽으로의 편향성이 지나칠 정도로 큰 나라인 것으로 평가되었다. 이 점에서 우리나라는 하드파워와 소프트파워 모두가 중간 정도 수준의 나라로서 러시아처럼 하드파워 쪽으로서 편향성이 극단적이진 않지만 전술하였듯이 소프트파워보다는 하드파워가 상대적으로 더 강한 나라인 것으로 확인되었다. 이와는 반대로 인도는 하드파워는 중하위권에 속하나 소프트파워는 중상위권인 나라인 것으로 확인되었다.

그림 9 _ 소프트파워 및 하드파워 국가별 순위(2014년)

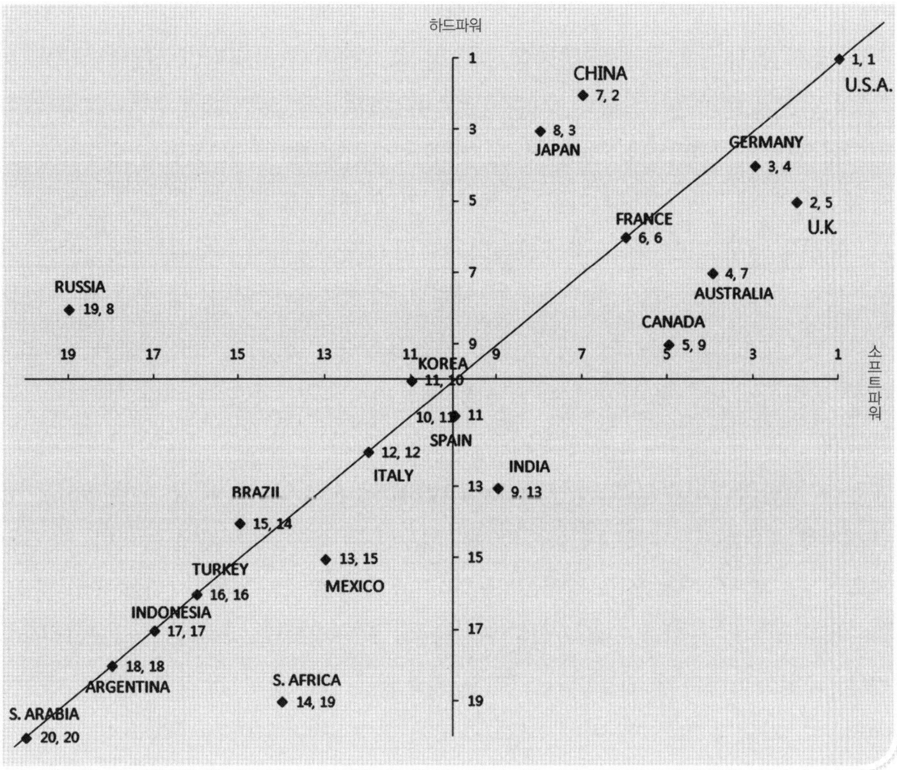

7. 한선 종합국력지수(Hansun CNP Index) 조사의 주요 특징과 유사 지수 조사들과의 차이점

1) 한선 종합국력지수의 특징

한선 종합국력지수는 "한 국가가 자국이 추구하는 목표나 비전을 실현하기 위해 수립한 정책이나 전략을 실제로 구현해 내는 능력으로서, 필요시 다른 국가들로부터 지원과 협력을 얻어낼 수 있는 능력"으로 정의되는 국력의 국가 간 상대적 크기 및 이에 영향을 미치는 요소들의 크기와 질적 수준 차이를 측정하는 데 초점을 맞춘 지수이다. 따라서 국민의 삶의 방식이나 질적 수준에 초점을 맞춘 예컨대 한선재단의 '국가선진화지수' 같은 측정도구들과는 지표의 구성이 다르다. 한선 종합국력지수의 경우엔 국방력이라든가 외교력, 정치력처럼 국력의 크기나 국력 행사의 효과성에 영향을 미치는 요소들이 고려되지만 선진화지수에서는 이런 요소들이 빠져 있다. 사람으로 비유하면 '국가선진화지수'는 그 사람이 얼마나 건강한 사람이냐를 측정하는 것에 해당한다면, '한선 종합국력지수'는 그 사람이 얼마나 강한 사람이냐를 측정하는 것에 해당함. 건강한 사람과 강한 사람은 개념이 서로 다르듯이, 국가선진화지수와 한선 종합국력지수는 성격이 다르다. 실제 측정 결과 국가들의 순위도 상당히 다르게 나타난다. 예컨대 중국 같은 경우, 한선 선진화지수 조사에서는 조사대상국 중 최하위인 40위로 나타나지만, 한선 종합국력지수 조사에서는 조사대상국 20개 나라 중 2위로 나타났다. 국력은 총량 개념이 중심이고 선진화지수는 1인당 양과 질적 수준에 중심을 둔다.

한선 종합국력지수는 외국의 IMD와 WEF, 국내의 IPS 등이 조사 발표하는 국가경쟁력지수들과도 다르다. 국가경쟁력지수들은 국가들 사이에 발생할 수 있는 거의 모든 '경쟁' 부문을 포괄하고 있으나 한선 종합국력지수는 위에 정의한 것과 같은 국력에 직접적으로 관련된 요소들에만 한정하여 국가들을 비교한다. 예컨대, 국방력이라든가 외교력과 관련된 지표들은 대부분 이런 국가경쟁력지수들에서는 고려되지 않는 데 반해, 국력 측정에 초점을 맞춘 한선 종합국력지수에서는 주요 부문으로 고려된다. 또한 국력 결정 요소로서 한선 종합국력지수에서는 중요시되는 '사회자본력', '거시변화 대처력' 같은 분류체계는 이런 국가경쟁력지수들에는 없다.

2) 중국사회과학원과 일본의 종합연구개발기구(NIRA) 등이 수행하고 있는 국력지수 조사와의 차이점

(1) 중국사회과학원의 국력지수 조사와의 차이점

중국사회과학원의 국력지수는 주로 하드파워 중심으로 지표들이 구성되어 있는 반면(소프트파워에 해당하는 정부통제력과 외교력은 전체 9개 국력 요소 중 2개로 포함), 한선 종합국력지수에는 하드파워뿐만 아니라 정치력, 사회자본력, 거시변화 대처력, 국정관리력, 외교력, 문화력 등의 소프트파워에 해당하는 것들도 보다 다양하게 고려하고 있다. 또한 중국사회과학원의 국력지수 조사는 조사의 목적과 시점에 따라 조사대상국이 달라지고, 최근의 조사에서는 10개국(미국, 프랑스, 독일, 영국, 러시아, 인도, 일본, 한국, 중국, 캐나다)에 한정되나, 한선 종합국력지수 조사에서는 G20 관련 20개 국가가 조사대상국으로 중국사회과학원 조사대상인 10개 국가에 더해 남아프리카공화국, 멕시코, 브라질, 사우디아라비아, 스페인, 아르헨티나, 이태리, 인도네시아, 터키, 호주 등 10개 국가가 포함된다.

(2) 일본 종합연구개발기구(NIRA)의 종합국력지수 조사와의 차이점

일본 NIRA의 종합국력지수는 국력 개념 자체가 한선 종합국력지수에서의 국력 개념과 다르다. NIRA의 종합국력지수에서는 각 나라의 국력을 시민생활 향상력, 경제가치 창조력, 국제사회 대응력으로 분류하여 측정하고 있다. 이는 기본적으로 국가가 수행해야 할 기본 임무 내지 기능을 고려한 것이지만, 국력을 이렇게 정의함으로써 기존의 선진화지수라든가, 국가경쟁력지수들과의 차이를 나타내기 어렵게 되어 있다. 또한 일본 NIRA의 종합국력지수 조사는 9개국 대상이지만, 한선 종합국력지수 조사는 NIRA의 조사대상국이 모두 포함된 20개국을 대상으로 한다.

(3) 한국적 특수상황에 대한 고려

한선 종합국력지수는 세계화와 정보화 등 과거 산업화시대와는 전혀 다른 국가생존전략을 전 세계 모든 나라들에 요구하는 인류문명사적 변화를 고려할 때 새롭게 중시되어야 할 국력 구성요소들을 도출하고 이것들 중 특히 남북 분단 및 통일 대비, 강대국들로 둘러싸인 지정학적 특징 등 대한민국의 독특한 특성을 고려할 때 중요하다고 판단되는 국력 요소들에 한정된 지표들로 구성되어 있다. NIRA의 종합국력지수에서는 일본의 인구감소라는 문제의식이 지수를 구성하는 지표 선정에 반영되어 있다. 여타의 국가경쟁력지수들과 중국사회과학원의 종합국력지수들에는 이런 문제의식이 반영되어 있지 않다.

PART 2

하드파워

종합

H1. 기초국력

H2. 국방력

H3. 경제력

H4. 과학기술력

H5. 교육력

H6. 환경관리력

H7. 국가정보력

하드파워 종합

한 국가가 실현코자 하는 것을 실현해 내는 능력으로서의 종합국력을 우리는 크게 하드파워와 소프트파워로 나누어서 살펴보고 있다. 종합국력 지표는 하드파워에 60%, 소프트파워에 40%의 비중을 두면서 가중 평균하여 구한다. 국력의 물적 · 기술적 기초를 이루는 하드파워는 다시 기초국력(5%), 국방력(10%), 경제력(20%), 과학기술력(10%), 교육력(5%), 환경관리력(5%), 정보력(5%)을 포괄하는 개념이다(한편, 소프트파워는 국정관리력, 정치력, 외교력, 문화력, 사회자본력, 거시변화대처력 등 6개 부문으로 이루어져 있다.). 연구진은 교육력, 환경관리력, 정보력 등이 소프트파워에 속하는 측면도 있음을 인정하면서도 5년 전 연구에서와 마찬가지로 하드파워 분야에서 다루는 것이 보다 적절한 것으로 판단했다.

〈표 1〉은 G20 국가들의 하드파워 분야 순위를 나타내고 있다. 2013년 기준으로 우리나라의 하드파워는 미국, 중국, 일본, 독일, 영국, 프랑스, 호주, 러시아, 캐나다에 이어 10위를 차지하고 있다. 러시아가 2009년 4위에서 2013년 8위로 추락하였고, 호주가 11위에서 7위로 부상한 것이 눈에 띈다. 가장 큰 순위변동을 보이고 있는 분야로 환경관리력을 꼽을 수 있는데, 이는 나중에 설명하겠지만 지난번 연구와 이번 연구 사이에 환경관리력을 측정하는 항목이 대거 변화되었기 때문이다. 호주의 경우 환경관리력은 16위에서 1위로 부상하였는데, 이는 그동안 호주의 환경관리력이 크게 향상되었다기보다는 이러한 지표측정 방법의 차이에 기인한 것이라 할 수 있다. 호주의 하드파워 종합점수가 2009년 11위에서 2013년 7위로 뛰어오른 것도 주로 이러한 요인에 의한 것으로 보인다. 이와 함께 우리나라의 하드파워 순위도 호주에 밀려 9위에서 10위로 뒷걸음질 친 것으로 나

표 1 _ 하드파워 분야별 순위: 2013년과 2009년 비교

분야 / 국가	기초국력 (5%)		국방력 (10%)		경제력 (20%)		과학기술력 (10%)		교육력 (5%)		환경관리력 (5%)		정보력 (5%)		하드파워종합 (60%)	
	'13	'09	'13	'09	'13	'09	'13	'09	'13	'09	'13	'09	'13	'09	'13	'09
ARGENTINA	19	18	18	19	19	18	19	19	12	13	17	2	14	12	**18**	17
AUSTRALIA	5	2	14	14	18	17	9	9	2	3	1	16	7	7	**7**	11
BRAZIL	7	10	10	12	9	9	13	18	15	14	16	1	13	13	**14**	13
CANADA	4	1	17	16	13	14	6	6	4	4	6	8	6	5	**9**	8
CHINA	2	5	2	3	2	2	8	9	13	18	19	18	11	14	**2**	2
FRANCE	6	6	7	4	7	8	5	5	5	5	8	7	5	6	**6**	7
GERMANY	8	7	12	9	5	5	3	3	6	6	2	4	2	4	**4**	5
INDIA	11	19	4	6	3	4	17	13	19	19	20	3	19	19	**13**	10
INDONESIA	18	16	16	18	14	16	20	20	18	17	18	5	20	20	**17**	18
ITALY	15	14	13	11	12	10	11	11	8	9	5	9	12	8	**12**	12
JAPAN	12	8	8	7	4	3	2	2	11	10	7	6	4	3	**3**	3
KOREA, SOUTH	14	13	5	8	10	11	7	7	10	11	11	15	9	11	**10**	9
MEXICO	16	17	19	17	11	13	15	15	16	12	12	11	17	15	**15**	15
RUSSIA	3	4	3	2	6	7	14	14	9	8	15	17	8	9	**8**	4
SAUDI ARABIA	13	11	11	13	15	19	16	12	–	–	10	20	15	17	**20**	19
SOUTH AFRICA	20	20	20	20	20	20	12	16	14	15	14	19	18	16	**19**	20
SPAIN	10	12	15	15	16	12	10	10	7	7	3	13	10	10	**11**	14
TURKEY	17	15	9	10	17	15	18	17	17	16	13	14	16	18	**16**	16
U.K.	9	9	6	5	8	6	4	4	3	2	4	12	3	2	**5**	6
U.S.	1	3	1	1	1	1	1	1	1	1	9	10	1	1	**1**	1

타난다. 그러나 이러한 순위 변화가 우리나라 하드파워의 실제적인 약화를 드러내는 것은 아니라는 판단이다. 오히려 하드파워를 구성하는 개별 분야의 순위는 향상된 경우가 더 많았다.

우리나라의 하드파워 분야별 순위를 보면, 기초국력은 2009년 13위에서 2013년 14위로 한 계단 밀리게 되었는데, 이는 인도가 19위에서 11위로 부상하였기 때문이다. 국방력은 8위에서 5위로 올라서게 되었는데, 이는 우리나라의 국방력이 그동안 영국, 프랑스, 일본을 능가하게 된 것으로 나타났기 때문이다. 경제력은 그동안 이탈리아를 추월하여 11위에서 10위로 되었고, 과학기술력은 7위를 그대로 유지하였으며, 교육력은 일본과 순위를 바꾸어 11위에서 10위로 한 계단 올라섰다. 환경관리력은 주로 지표측정 방법상의 변화에 기인하는 것이겠지만

15위에서 11위로 되었고, 정보력은 그동안 스페인과 이탈리아를 넘어서게 되어 11위에서 9위로 향상되었다.

1. 기초국력

그 나라의 국토와 그 국토에 속한 인적 자원과 물적 자원의 양과 질 등과 같이 한 나라의 국력을 구성하는 요소 중에는 인위적으로 어떻게 해 볼 수 없는 주어진 운명과도 같은 것이 있다. 이런 요소들은 한 나라가 지닐 수 있는 최대 국력의 크기에 제약 요인으로 작용할 수도 있고 기회 요인으로 작용할 수도 있다. 그래서 우리는 한 나라의 종합국력을 측정함에 있어 이것을 국가의 '기초국력'이라고 부르기도 하고 '기본조건'이라고 부르기도 한다.

국토는 그 크기도 중요하지만, 경작가능면적과 같은 국토의 질도 그 나라의 국력에 중요한 영향을 미친다. 인적 자원으로서의 인구 역시 총 인원수와 같은 양적 규모도 중요하지만 인구의 질적인 측면, 즉 그 나라의 인구가 얼마나 생물학적으로 건강한 사람들로 넘쳐나는가도 그에 못지않게 중요한 요소가 된다. 물적 자원으로는 석유나 천연가스, 전력과 같은 에너지 자원과 식량 등 기초 생필품들을 얼마나 용이하게 확보할 수 있느냐가 중요한 요소가 된다.

이런 점들을 고려하여 국력의 기본조건을 측정했다. 그 결과 우리나라의 기본조건은 G20 국가 중 14위인 것으로 나타났다. 우리나라 국토의 전체 크기와 경작가능면적은 가장 작은 열악한 조건을 가지고 있다. 다만 인구 측면에서 7위, 에너지 측면에서 13위, 식량 등 기초 생필품 확보 측면에서 11위로 국토의 열악성을 다른 기본조건 요소들에서의 선전으로 다소 극복하고 있다. 하지만 2009년과 비교할 때, 경작가능면적은 19위에서 20위로 하락하였고 인구의 양적 측면인 총 인구수는 16위에서 15위로 상승하였으나 질적인 측면을 포함한 인구 측면의 순위는 5위에서 7위로 하락하였다. 또한 에너지 분야 역시 대부분의 지표에서 하락을 보이며 10위에서 13위로 순위가 낮아졌으며 식량 등 기초 생필품 확보력도 8위에서 11위로 하락하여 기초국력 전체적으로도 2009년 13위에서 14위로 한 단계 하락한 것으로 나타났다.

이런 변화들을 놓고 볼 때, 향후 중장기 국가발전 전략 수립에 있어 국가의 기본조건 신장과 관련하여 특히 신재생에너지 개발이라든가 해외에서의 자원 확보 외교, 그리고 기존 에너지 시스템의 고효율화와 에너지 절약 노력이 실로 중요한 과제로 부각된다. 또한 지나친 전체 인구 감소로 이어질 정도로까지 심각한 수준에 와 있는 낮은 출생률을 높이기 위한 행·재정적 노력과 노령화 사회에 대비한 다양한 사회 활력 회복 프로젝트들도 중요한 전략적 과제가 된다.

2. 국방력

국방력 분야에서는 2009년도의 측정 지표를 그대로 사용하였다. 국방예산, 현역 및 예비역의 숫자, 육군의 경우 탱크와 야포, 해군의 경우 전투함과 잠수함의 숫자, 공군의 경우 전투기의 숫자를 산정하였다. 핵무기를 포함시킴으로써 핵시대의 국방력 측정이 가능하도록 하였다. 지표의 가중치에 있어서 투입으로 봐서 국방예산에 50%의 가중치를 부여하였고, 산출 분야에서는 각 항목을 동일한 비율로 나누되, 핵무기의 경우에는 다른 요소에 비해서 2배의 가중치를 부여하였다.

2009년의 국방력 평가와 5년 후인 2014년의 국방력 평가를 비교해 볼 경우 미국의 압도적인 우위는 여전히 지속되고 있고, 중국이 3위에서 2위로 상승하면서 러시아와의 순위가 바뀌었다. 프랑스는 4위에서 7위로, 독일은 9위에서 12위로, 이탈리아는 11위에서 13위로, 스페인은 15위를 유지하였고, 영국은 5위에서 6위로 순위가 낮아졌다. 인도의 경우에도 꾸준히 군비증강을 추진하여 2009년에는 6위였으나 2014년에는 4위로 상승하였고, 사우디아라비아 또한 14위에서 11위로 상승하였다. 전체적으로 볼 때 2009년에 비해서 2014년에는 유럽이 하락하고, 아시아 국가들이 부상하는 경향을 보이고 있다.

한국의 경우 2009년의 8위에서 2014년에는 6위로 격상되었다. 국방비 측면에서는 11위로 2009년의 13위에서 2단계 상승하였고, 현역군인과 예비군의 경우 숫자는 일부 감소되었으나 순위는 5위로 동일하며, 전차와 야포는 계속적으로 강화되어 6위에서 5위, 5위에서 2위로 상승하였다. 잠수함과 전투함 측면에서는 세계적 순위는 4위, 5위로 2009년과 동일하고, 전투기의 숫자도 2009년에는 5위였으나 2014년에는 6위로 큰 변화가 없다.

G20 국가에 한국과 북한을 포함시켜 비교하였을 경우 북한은 4위, 한국은 6위라는 결과가 도출되었다. 북한의 경우 현역군인의 숫자, 예비역의 숫자, 전차의 숫자, 대포의 숫자, 잠수정의 숫자에서는 세계적인 수준이고, 무엇보다 핵무기를 보유하고 있기 때문이다. 다만, 질적인 사항을 고려할 경우 북한은 무기 및 장비의 숫자가 많기는 하나 노후화 정도가 심하고, 탄약 등의 전투지속력도 충분하지 않을 것으로 판단된다.

3. 경제력

경제력을 결정하는 투입요소 중 많은 것은 종합국력의 다른 구성요소에서 다루어지므로, 여기에서는 이들 투입 측면의 지표를 제외하고서 GDP 등 산출 측면의 지표를 사용하여 국가들의 경제력을 측정한다. GDP가 가장 중심적인 산출지표라 하겠지만, 경제의 성장성, 안정성, 소득분배 상태 등을 나타내는 산출지표도 일정 정도 반영하여 경제력 지수를 산출한다.

우선 좀 더 장기적인 시각에서 우리나라 경제력의 대체적인 추이를 알아보기 위해 1980년 이후 지금까지 G20 국가들의 GDP 순위가 어떻게 변화해 왔는지를 살펴보면, 우리나라의 GDP 규모는 1980년에는 비교대상으로 삼고 있는 20개국 중 최하위였으나, 현재에는 미국, 중국, 인도, 일본, 독일, 러시아, 브라질, 영국, 프랑스, 멕시코, 이탈리아에 이어 12번째로 부상하게 되었다. 중국은 1980년 13위를 차지했으나 2008년 이후에는 2위를 차지하게 되었고, 인도의 경제규모도 1980년 9위에서 2013년 3위로 뛰어올랐다. 인도네시아의 상대적 지위 향상도 눈여겨볼 만하다. 한편, 이탈리아는 1980년 이후 지금까지 5위에서 11위로, 프랑스는 4위에서 9위로, 일본은 2위에서 4위로 그 상대적 위상이 낮아졌다.

남북한 통일이 이루어지면 현재 남한의 인구 50,236,000명과 북한의 인구 24,427,000명을 합쳐 74,663,000명에 이르게 되는데, 이들 인구가 평균적으로 남한의 2013년 PPP 환산 1인당 GDP인 33,155달러를 향유한다면, 통일한국의 PPP 환산 GDP 규모는 2조 4,755억 달러에 달하게 되어 미국, 중국, 인도, 일본, 독일, 러시아에 이어 (그리고 이탈리아, 멕시코, 프랑스, 영국, 브라질의 GDP 규모를 능가하여) 7번째로 된다. 통일 후 북한 지역의 경제가 빠른 속도로 성장할 것임을 감안하면, 이러한 계산은 통일 한국이 머지않은 장래에 10위권 이내의 경제대국으로 자리매김 할 수 있을 것임을 시사한다.

GDP 규모뿐만 아니라 최근 5년간의 성장률, 최근 5년간의 물가상승률 및 소득분배의 지니계수도 반영한 경제력을 보면, 2013년 기준으로 우리나라 경제력 순위는 G20 국가들 중에서 10위를 차지하는 것으로 나타난다(2008년의 경우 11위). 우리나라 GDP 규모의 순위가 12위인 데 비해 경제력 순위가 다수 높게 나타난 것은, 최근 5년간의 성장률이 G20 국가들의 평균보다 다소 높고 물가상승률이 평균보다 다소 낮은 데 기인한다. 한편, 멕시코는 GDP 규모는 10위였으나 지니 점수와 성장률 점수가 다소 낮아 경제력은 11위로 나타나고, 이탈리아의 경우 재정상황이 취약한 상태에서 세계 경제위기를 겪으면서 지난 5년 동안 최하점의 성장률 점수를 받아 GDP 규모는 11위였으나 경제력은 12위를 점하는 것으로 나타난다.

경제력 신장을 위해서는 무엇보다도 성장잠재력을 결정하는 인적, 물적 자본의 축적과 기술혁신이 원활하게 이루어질 수 있도록 민간의 활력을 북돋울 필요가 있다. 재산권이 보장되고 질서가 유지되어야 한다. 시장질서가 확립되고 기업환경과 투자여건이 개선되어 자원배분이 효율화되고 시장주도의 구조조정이 상시로 일어날 수 있어야 한다. 노동을 하고자 하는 인센티브를 손상시키지 않도록 생산적 복지제도를 만들고 노사관계를 개선하여 파업 등으로 인한 노동 손실을 최소화하여야 한다. 사회적으로는 부정부패가 척결되고 사회통합이 이루어져야 한다.

4. 과학기술력

2014년 과학기술력 평가 결과, 한국은 평가 대상 20개국 중 7위로 나타났다. 5년 전 평가와 같다. 이를 내용별로 보면 한국은 과학기술 지식/정보 창출력에서 7위, 흡수/확산력에서 6위, 그리고 활용력에서도 7위로 평가되었다. 비교대상국 중 과학기술력 1위는 미국, 2위 일본, 3위 독일, 4위 영국 등 대략 예상대로의 순위이다. 한국의 상대적으로 짧은 연구개발 역사를 고려할 때 상당히 놀라운 성과라고 할 수 있다.

한국이 비교적 강세로 나타난 데는 몇 가지 요인이 있다. 첫째, 연구개발 투자이다. 한국의 연구개발 투자는 규모면에서 비교대상국 중 7위, 대 GDP 비중으로는 2위이다. 둘째, 한국의 미국특허 등록건수가 전체의 4위로서 과학기술 지식/정보 창출력을 높인 요인으로 작용하였다. 셋째, 인터넷 이용률은 전체의 2위로서, 과학기술 지식/정보 흡수/확산력에 크게 기여하였다. 넷째, 첨단기술제품 수출이 제조상품 수출의 32%로서 비교대상국 중 가장 높았기 때문이다.

한국이 취약한 부문도 있다. 첫째, 과학기술 연구의 성과로서 논문발표의 양적, 질적 수준이 아직 다른 나라에 뒤지고 있다. 둘째, 연구 결과의 활용에 중요한 영향을 미치는 기업환경이 문제이다. 우리나라에서 창업하는 데 소요되는 기간은 5년 전 17일에서 7일로 크게 개선되었으나 전반적인 규제환경은 비교대상국 중 평균에도 미치지 못하는 상황이다. 셋째, 우리나라의 투자환경이 문제이다. 투자환경을 설명하는 변수로서 외국인 직접투자의 대 GDP 비중을 비교하였다. 한국에 유입된 외국인 직접투자는 GDP의 0.9%로서 비교대상국 중 16위에 불과하다.

전체적으로 결과는 예상을 크게 벗어나지 않는다. 그러나 예상 밖의 결과도 있다. 러시아, 중국, 인도의 경우 과학기술력이 매우 강한 것으로 알려져 있고 실제 매우 강한 나라이지만, 과학기술적 성과가 논문, 특허 등에 제대로 나타나지 않고 있으며, 또한 국내 정치, 사회, 경제적 제도가 제대로 정비되지 못해 과학기술 정보/지식의 확산 및 활용체제가 미흡하여 과학기술력이 낮게 평가되었다. 주목하여야 할 것은 미국의 독주이다. 표준화된 지표를 보더라도 미국은 2위와 경쟁이 되지 않는 부동의 1위로 평가되었다. 크게 앞선 1위 미국 그리고 일본, 독일, 영국, 프랑스 중심의 세계 과학기술 체제는 앞으로도 계속될 것으로 보인다. 중국, 인도, 러시아 등이 물적, 제도적 과학기술 기반을 강화하는 데 성공한다면 과학기술력의 판도에 큰 변화 요인이 될 수 있을 것이나 그렇지 않는 한 지금의 구조는 상당 기간 유지될 전망이다.

5. 교육력

2014년 현재 대한민국 교육력은 G20 국가 19개국 중 투입 면에서는 11위, 산출면에서는 9위로 추정되었으며, 양쪽을 종합하면 10위로 추정되며, 2009년과 비교해서 종합순위는 11위에서 10위로 한 단계 높아졌다. 교육력을 하위 부문별로 보면, 투입부문의 교육력은 2009년 13위에서 2014년 11위로 2계단 상승한 반면, 산출부문의 교육력은 2009년 8위에서 2014년 9위로 한 계단 하락한 것으로 나타났다.

투입부문 지표의 상승은 추가적인 노력이나 성장으로 이루어졌기보다는 인구와 학생수 감소 때문이며 투입지표의 상승만큼 산출지표는 상응하지 못하여 교육체제 개혁의 필요성을 시사한다. 산출지표는 PISA의 수학, 과학, 읽기 등 질적 지표들에서 강점을 보이고 있고, 25~34세 고등교육이수율과 교육기대연수 등의 양적 지표들도 강점을 보였으나, 가장 취약한 해외학생유출지표는 18위로 나타났고, 영어숙달도와 노벨상수상자 수도 각 14위로 매우 취약하였다.

한편, 우리나라의 높은 사적교육투자력은 국제자료의 한계상 산입되지 못했는데 이를 공공분야로 흡수한다면 새로운 국력상승의 지렛대가 될 수 있을 것이며, 통일을 대비한 북한지역 교육력 강화전략이 필요한 시점이다. 무엇보다도 통일 후 자유민주주의적 가치를 가르칠 수 있는 교원인력의 확보가 최대이슈이며, 이는 북한 교사 재교육보다는 남한의 예비교원 인력을 대체 투입하는 것이 합리적이라 판단된다.

6. 환경관리력

종합국력의 한 구성요소로서의 환경관리력을 우리는 2014 Environ-mental Performance Index에 의거하여 측정한다. EPI는 각국이 환경적 위해로부터 인간의 건강을 얼마나 잘 지켜내는지(Environmental Health), 그리고 생태계의 활력을 얼마나 잘 보호하고 자원을 얼마나 잘 관리하는지(Ecosystem Vitality)를 측정하고자 한다. Environmental Health 영역은 영아사망률로 측정되는 Health Impacts, 대기와 실내공기의 오염도를 나타내는 Air Quality, 음용식수의 가용성과 하수시설의 보급정도를 측정하는 Water and Sanitation 등 3개 정책 범주를 포괄하고, Ecosystem Vitality 영역은 하수의 정화 정도로 측정되는 Water Resources, 환경에 압박요인으로 작용하는 농업보조금의 정도와 농약 관련 규제의 적절성을 측정하는 Agriculture, 임야면적의 변화를 측정하기 위한 Forests, 연안 고기잡이가 바다생태계에 미치는 영향을 측정하는 Fisheries, 생물 다양성과 서식지 보호를 측정하기 위한 Biodiversity and Habitat, 이산화탄소 배출 감축 능력을 측정하기 위한 Climate and Energy 등 6개 정책 범주를 포괄한다.

우리나라의 2014년 EPI 종합점수는 63.79로서 178개국 중 43위, 우리가 비교대상으로 삼고 있는 G20 국가들 중에서는 순위가 높은 순으로 호주, 독일, 스페인, 영국, 이탈리아, 캐나다, 일본, 프랑스, 미국, 사우디아라비아에 이어 11위를 차지하고 있다. 반면 인도와 중국 등의 EPI 점수는 좋지 않은 것으로 나타난다.

정책 범주별로 우리나라의 G20 국가들 중에서의 순위를 보면, Water Resources(7위), Fisheries(8위), Health Impacts(8위), Water and Sanitation(9위), Forests(11위) 등의 분야는 비교적 좋은 점수를 받았으나, Agriculture(17위), Biodiversity and Habitat(17위), Air Quality(18위), Climate and Energy(18위) 등의 분야는 좋지 못한 점수를 받은 것으로 나타난다.

5년 전에 종합국력 연구의 일환으로 제시된 환경력과 여기에서 제시하는 환경관리력의 국가별 순위를 직접 비교하는 것은 지수의 구성요소와 획득 가능한 지표 등의 측면에서 현저한 차이가 있어 적절하지 못하다. 2009년 연구에서는 측정치가 누락된 경우가 많았고, 종합점수도 측정치를 구할 수 있는 항목의 평균점수로 산출되었다. 그리하여 예컨대 브라질은 온실가스 배출량 점수만으로 종합점수가 산출되어 환경관리력 분야에서 1위를 차지하게 되었다. 이에 비해 여기에서 제시하는 EPI 지수는 그 구성요소의 적절성, 통계치 가용 국가의 범위, 지수산정 방법의 엄밀성, 연구 결과의 정책적 함의 등의 측면에서 보다 나은 지표를 제공할 것으로 사료된다.

7. 정보력

종합국력 관점에서의 '국가정보력'은 자국의 정책과 전략을 타국이 알 수 없도록 '비밀'을 유지하며 실현해 내는 능력이다. 그러나 기존 '정보력' 측정은 'intelligence power'가 아닌 'ICT Power(information communication telecommunication)' 즉 정보통신력을 측정했다. 기존 정보통신력만으로는 '비밀파워'를 측정할 수 없다. '비밀파워'는 국력을 구성하는 정치, 경제, 외교, 문화, 정보통신 및 과학기술 그리고 국방력 등 여러 영역에 분포하고 있으나 '비밀파워' 성격 자체가 비공개이며 측정하기 어렵다는 특성을 가진다. 이를 극복하기 위해 휴리스틱(heuristic) 방법론으로 간접지표를 선정하여 측정했다.

우리나라의 국가정보력은 2009년 11위에서 2014년 9위로 2단계 상승했다. 2단계 올라간 이유는 인터넷 호스트의 수를 제외한 모든 지표가 상승했기 때문이다. 중국은 국방비의 2.4배 증액(정보예산 추정에 사용)과 인공위성 1.9배 증가와 세계 1000위권 대학수 5.3배 증가폭에 힘입어 2009년 14위에서 11위로 3단계 상승했다. 일본은 2009년 3위에서 2014년 4위로 1단계 하락했다. 이유는 2011년 3월 11일 발생한 쓰나미 피해와 후쿠시마 원전사고로 국가안정도가 낮아졌기 때문이다. 러시아는 2009년 9위에서 2014년 8위로 1단계 상승했다. 러시아는 전 지표의 상승에도 불구하고 과거 미국에 필적할 국가정보력을 보유하지 못하고 있다.

2009년 평가 이후 정보의 수집과 배포 그리고 분석에 있어 스마트폰과 SNS 그리고 빅데이터(Big Data)의 역할이 중요해졌으나 신뢰할 수 있는 기관의 자료를 얻을 수 없어 2014년 평가에서는 제외됐다.

한반도 주변 강대국은 대한민국 통일 진행과정에서 자국 이익을 극대화하기 위해 통일문제에 개입하려 하고 있는 것으로 관측되고 있다. 바로 지금이 선견지명의 지혜가 필요한 시기다. 우리나라의 운명을 우리가 결정하기 위해선 주변 강대국의 의도를 파악할 수 있어야 한다. 그래야 통일을 우리가 원하는 방식으로 이룩할 수 있다. 그러기 위해 대통령에게 통일의 큰 그림을 보여줄 수 있는 '통일정보'를 전담할 수 있는 '통일정보협의회(UIC: Unification Intelligence Council)'를 신설할 필요가 있다. '통일정보협의회'에서는 국가정보기관과 학계전문가가 함께 정보를 종합판단하고 이를 토대로 '통일정보협의회 의장'이 '통일전략정보보고서'를 작성하여 대통령에게 '대면보고' 할 수 있도록 해야 한다.

하드파워

H1. 기초국력

그 나라의 국토와 그 국토에 속한 인적 자원과 물적 자원의 양과 질 등과 같이 한 나라의 국력을 구성하는 요소 중에는 인위적으로 어떻게 해 볼 수 없는 주어진 운명과도 같은 것이 있다. 이런 요소들은 한 나라가 지닐 수 있는 최대 국력의 크기에 제약 요인으로 작용할 수도 있고 기회 요인으로 작용할 수도 있다. 그래서 우리는 한 나라의 종합국력을 측정함에 있어 이것을 국가의 '기초국력'이라고 부르기도 하고 '기본조건'이라고 부르기도 한다.

국토는 그 크기도 중요하지만, 경작가능면적과 같은 국토의 질도 그 나라의 국력에 중요한 영향을 미친다. 인적 자원으로서의 인구 역시 총 인원수와 같은 양적 규모도 중요하지만 인구의 질적인 측면, 즉 그 나라의 인구가 얼마나 생물학적으로 건강한 사람들로 넘쳐나는가도 그에 못지않게 중요한 요소가 된다. 물적 자원으로는 석유나 천연가스, 전력과 같은 에너지 자원과 식량 등 기초 생필품들을 얼마나 용이하게 확보할 수 있느냐가 중요한 요소가 된다.

이런 점들을 고려하여 국토, 인구, 에너지, 식량 측면에서 국력의 기본조건을 측정했다. 우선 국토 측면에서는 ① 총면적, ② 경작가능면적 두 가지를 지표로 하였고, 인구 측면에서는 ① 총인구, ② 65세 이상 인구 비율(노령화 정도), ③ 출생시 기대수명, ④ 건강기대수명, ⑤ 인구 1000명당 영아사망률, ⑥ 국민건강 정도 등 여섯 가지를 지표로 정하였다. 그리고 에너지 측면에서는 ① 에너지 자원 확보력(the global 2000의 oil&gas 기업 중 해당국 소속수), ② 에너지 생산력(발전량, 신재생에너지 공급량), ③ 에너지 기반시설 우수성, ④ 미래 에너지 확보 정도, ⑤ 에너지 자급도 등 다섯 가지를 지표로 하였고 식량 측면에서는 ① 식량 등 기초 생필품 확보력을 지표로 삼았다.

측정 결과 우리나라의 기초국력은 G20 국가 중 14위인 것으로 나타났다. 우리나라 국토의 전체 크기와 경작가능면적은 가장 작은 열악한 조건을 가지고 있다. 다만 인구 측면에서 7위, 에너지 측면에서 13위, 식량 등 기초 생필품 확보 측면에서 11위로 국토의 열악성을 다른 기본조건 요소들에서의 선전으로 다소 극복하고 있다. 전체적으로 미국이 1위로 나타났으며 중국과 러시아가 2위와 3위를 차지했다. 2009년 조사에서 1위와 2위에 올랐던 캐나다와 호주는 각각 4위와 5위에 랭크된 것으로 나타났다. 그리고 인도네시아가 18위, 아르헨티나가 19위, 남아프리카공화국이 20위로 나타났다.

2009년과 비교하면, 인위적으로 어떻게 하기 힘들다는 기초국력이라는 특성상 큰 순위변동은 거의 보이지 않지만, 인도의 강화와 일본의 약화가 부각된다. 2009년에 19위였던 인도는 15위에서 2위로 상승한 경작가능면적의 증가에 기인하여 본 조사에서 11위로 수직 상승하였다. 반면에 8위였던 일본은 에너지 기반시설 우수성이 2위에서 13위로 하락하고 미래에너지 확보 정도가 3위에서 16위로 하락하여 전체 기초국력 순위가 12위로 크게 하락한 것으로 나타났다.

우리나라는 2009년과 비교할 때, 경작가능면적은 19위에서 20위로 하락하였고 인구의 양적 측면인 총 인구수는 16위에서 15위로 상승하였으나 질적인 측면을 포함한 인구 측면의 순위는 5위에서 7위로 하락하였다. 또한 에너지 분야 역시 대부분의 지표에서 하락을 보이며 10위에서 13위로 순위가 낮아졌으며 식량 등 기초 생필품 확보력도 8위에서 11위로 하락하여 기초국력 전체적으로도 2009년 13위에서 14위로 한 단계 하락한 것으로 나타났다.

이런 변화들을 놓고 볼 때, 향후 중장기 국가발전 전략 수립에 있어 국가의 기본조건 신장과 관련하여 특히 신재생에너지 개발이라든가 해외에서의 자원 확보 외교, 그리고 기존 에너지 시스템의 고효율화와 에너지 절약 노력이 실로 중요한 과제로 부각된다. 또한 지나친 전체 인구 감소로 이어질 정도로까지 심각한 수준에 와 있는 낮은 출생률을 높이기 위한 행·재정적 노력과 노령화 사회에 대비한 다양한 사회 활력 회복 프로젝트들도 중요한 전략적 과제가 된다.

표 1 _ 기초국력

국가명	종합점수 및 순위		1.1. 국토				1.2. 인구[a]											
			1.1.1. 총면적 (천km²)		1.1.2. 경작가능면적 (m²)		1.2.1. 총 인구수 (백만명)		1.2.2. 인구 노령화 정도 (65세 이상 인구 %)		1.2.3. 출생시 기대 수명(세)		1.2.4 건강기대 수명(세)		1.2.5. 인구 1000명당 영아사망률		1.2.6. 국민건강 정도[b]	
	지수	순위	점수	순위	점수	순위	점수	순위	점수	순위(역산)	점수	순위	점수	순위	점수	순위(역산)	점수	순위
ARGENTINA	42.22	19	2780	8	380.5	8	41.98	17	10.80	8	76.1	12	67.1	14	14.0	12	6.13	13
AUSTRALIA	55.50	5	7741	6	476.8	6	22.68	20	14.20	12	82.0	2	74.0	4	5.0	6	6.98	7
BRAZIL	50.46	7	8515	5	719.3	5	193.95	5	7.20	5	73.8	15	66.0	16	16.0	15	4.96	18
CANADA	57.69	4	9985	2	429.7	7	34.72	18	14.80	13	81.1	6	73.6	6	6.0	9	6.92	8
CHINA	58.19	2	9600	4	1116.0	4	1354.04	1	10.60	7	73.7	16	67.6	13	15.0	13	5.89	16
FRANCE	51.55	6	549	14	183.7	12	63.25	11	17.30	15	81.7	4	72.8	7	4.0	2	8.00	2
GERMANY	49.35	8	357	17	118.8	15	81.90	9	20.70	18	80.6	8	73.7	5	4.0	2	8.20	1
INDIA	48.45	11	3287	7	1573.5	2	1232.40	2	5.10	2	65.8	19	58.2	19	61.0	20	6.00	14
INDONESIA	46.13	18	1905	11	235.0	10	247.21	4	5.70	3	69.8	17	62.0	18	32.0	18	5.85	17
ITALY	46.59	15	301	18	68.0	16	60.52	13	20.60	17	82.0	2	74.9	2	4.0	2	7.05	6
JAPAN	48.33	12	378	16	42.5	18	127.50	7	24.20	20	83.6	1	76.3	1	3.0	1	7.61	5
KOREA, SOUTH	46.76	14	100	20	14.9	20	50.00	15	11.80	9	80.7	7	72.3	8	5.0	6	6.55	11
MEXICO	46.41	16	1964	10	254.9	9	116.90	8	6.60	4	77.1	11	67.9	11	16.0	15	5.94	15
RUSSIA	57.87	3	17098	1	1215.0	3	143.06	6	22.20	19	69.1	18	62.3	17	12.0	11	4.63	19
SAUDI ARABIA	46.86	13	2150	9	31.1	19	28.29	19	13.28	10	74.7	13	67.7	12	18.0	17	6.44	12
S. AFRICA	40.51	20	1219	12	120.3	14	51.80	14	4.90	1	53.4	20	50.0	20	47.0	19	2.71	20
SPAIN	48.45	10	506	15	125.1	13	47.27	16	17.40	16	81.6	5	74.5	3	4.0	2	7.72	4
TURKEY	46.24	17	784	13	205.4	11	74.86	10	7.50	6	74.2	14	66.3	15	15.0	13	7.75	3
UK	48.92	9	244	19	60.6	17	62.91	12	17.00	14	80.3	9	72.1	9	5.0	6	6.85	9
USA	63.72	1	9832	3	1601.6	1	314.31	3	13.70	11	78.8	10	70.8	10	8.0	10	6.71	10

자료: World Bank, World Development Indicators(2014).

a) 2009 인구센서스 자료임.

b) 10점 척도 설문조사 자료.

표 2 _ 기초국력

국가명	1.3. 에너지												1.4. 식량 등 기초 생필품 확보력[f)]	
	1.3.1. 에너지 자원 확보력[a)]		1.3.2. 에너지 생산력[b)] 1.3.2.1. 발전량 (GWh)		1.3.2. 에너지 생산력[b)] 1.3.2.2. 신재생 에너지 공급량 (천toe)		1.3.3. 에너지 기반시설 우수성[c)]		1.3.4. 미래 에너지 확보 정도[d)]		1.3.5. 에너지 자급도[e)]			
	점수	순위	점수	순위	점수	순위	점수	순위	점수	순위	점수	순위	점수	순위
ARGENTINA	0	16	125.3	20		N/D	1.88	20	1.69	20	105.6	7	4.97	20
AUSTRALIA	2	9	241.5	16	7487.00	11	6.45	7	6.73	4	249	1	8.86	6
BRAZIL	3	8	515.7	9		N/D	3.72	17	3.79	17	92.8	8	7.02	15
CANADA	8	2	607.8	7	46211.00	2	8.44	2	8.28	1	158	4	8.98	5
CHINA	5	7	4208.3	2		N/D	6.39	9	5.84	5	91.4	10	8.09	9
FRANCE	2	9	564.3	8	19608.00	5	9.06	1	7.63	2	51.7	14	9.32	1
GERMANY	0	16	622.1	6	38733.00	3	6.87	5	5.84	5	40.1	15	9.11	4
INDIA	6	5	959.9	5		N/D	3.07	18	3.28	18	74.9	12	5.00	19
INDONESIA	0	16	169.8	19		N/D	4.73	15	5.38	9	183.5	3	6.42	17
ITALY	2	9	298.8	13	20304.00	4	5.58	11	5.11	13	17.5	20	8.05	10
JAPAN	8	2	1110.8	3	17135.00	7	5.24	13	3.90	16	19.5	18	9.17	3
KOREA, SOUTH	1	13	469.7	10	4097.00	12	6.99	4	5.47	8	18	19	8.03	11
MEXICO	0	16	271	14	17420.00	6	5.15	14	5.22	11	127.1	5	6.50	16
RUSSIA	8	2	1036.1	4		N/D	4.71	16	5.34	10	184.3	2	7.06	14
SAUDI ARABIA	1	13	240.1	17		N/D	5.60	10	5.16	12	91.63	9	7.69	12
S. AFRICA	1	13	256.6	15		N/D	2.62	19	3.16	19	118.7	6	5.30	18
SPAIN	2	9	299.9	12	14541.00	8	6.47	6	5.62	7	26.8	17	8.68	7
TURKEY	0	16	211.2	18	11737.00	9	5.33	12	4.51	14	30.7	16	7.64	13
UK	6	5	378	11	8200.00	10	6.40	8	4.26	15	73.5	13	9.25	2
USA	30	1	4354.4	1	138147.00	1	7.25	3	6.98	3	77.8	11	8.66	8

a) *Forbes*(2014).

b) International Energy Agency, *World Energy Statistics*(2013).

c), d), e), f) International Management Development, *World Competitiveness Report*(2014).

c), d), f) 10점 척도 설문조사 자료.

하드파워

H2. 국방력

1. 국방력의 정의

국방력은 특정 국가가 외부의 침략으로부터 국가의 독립을 유지하고, 영토와 주권을 보전하며, 국민들의 생명과 재산을 보호할 수 있는 능력이다. 한국의 경우 국방목표가 "외부의 군사적 위협과 침략으로부터 국가를 보위하고, 평화통일을 뒷받침하며, 지역의 안정과 세계평화에 기여"하는 것이라면,[1] 그것을 구현할 수 있는 능력이 바로 국방력이라고 할 수 있다.

이러한 국방력은 평소에는 잘 활용되지 않는다. 그러나 국가의 이익이나 정책이 극단적으로 충돌되었을 경우, 특히 전쟁과 같은 극단적인 위기사항이 발생하였을 경우에는 그 우열이 국가의 존망을 좌우한다. 그리고 대부분의 경우 전쟁이 어떤 상황에서 발생할지 사전에 확신하기 어렵고, 국방력은 단기간에 증강되는 것이 아니기 때문에 모든 국가들은 평소부터 충분한 국방력을 유지하고자 노력한다.

국방력에 대한 객관적인 평가나 비교도 쉽지는 않지만, 그러한 것이 존재한다고 하더라도 절대적인 의미를 두기는 어렵다. 국방력의 경우 계량화가 어려운 질적인 측면이 차지하는 비중이 적지 않고, 실제적인 강약은 전쟁이 발생하여 군사작전이 수행된 결과가 나타나야 궁극적으로 판별되는 것이기 때문이다. 전쟁사를 보면 양적 군사력에서 미흡한 국가가 승리한 경우도 적지 않고, 수적으로 열

1 국방부, 『국방백서』(서울: 국방부, 2012), p.36.

세한 부대가 승리하기도 한다. 국가마다 무기 및 장비의 종류와 질이 다양하여 양적인 비교가 쉽지 않고, 지휘관의 지략이나 장병들의 훈련 정도와 같은 질적인 요소를 고려하면 비교는 더욱 어려워진다. 총력전의 상황에서는 국민들의 안보의식 등 측정하기 어려운 사항도 국방력에서 차지하는 비중이 적지 않다.

그럼에도 불구하고 국방력에 대한 평가나 국가별 비교를 위한 기초자료로서 양적인 비교의 유용성을 전혀 무시할 수는 없다. 단정적인 결론을 내리기는 어렵고, 계량화의 오류가 적지 않은 것은 아니지만, 어느 정도의 윤곽이나 흐름은 파악할 수 있기 때문이다. 특히 수년에 걸쳐 점진적으로 보완해 나가면서 일관성 있게 평가나 비교할 경우 유용성은 더욱 커질 수 있다. 국방에 대한 양적 평가는 과신해서도 곤란하지만, 지나치게 부정할 필요도 없다고 할 것이다.

2. 국방력과 국가의 종합국력 간의 연계성

국가의 기본적인 사명 중의 하나가 외침으로부터 국토를 보전하고, 국민들의 생명과 재산을 보호하는 것이기 때문에 전체 국력에서 국방력이 차지하는 비중은 당연히 적지 않다. 외국의 침략을 받을 경우 국방력이 열세하면 다른 분야가 아무리 강해도 소용이 없기 때문이다. 전쟁이 발생하거나 임박하였다고 할 경우 국방력은 국력과 거의 동일시될 수 있다.

그렇기 때문에 전체 국력에서 국방비가 차지하는 비중은 특정 국가가 처한 안보위협의 정도에 따라서 달라진다. 안보위협이 크면 국방력의 비중이 커져야 할 것이고, 반대면 국방력의 비중이 작아져야 할 것이다. 다만, 다수의 국가들을 비교하고자 할 경우 국방력의 비중을 국가마다 다르게 할 수 없기 때문에 통일된 비율을 적용할 뿐이다. 그리고 세계적으로 볼 때 현재의 상황이 전쟁에 의존하는 정도가 크지는 않다고 볼 수 있지만, 전쟁이나 전쟁의 위협이 상존하고 있는 점 또한 사실이다. 따라서 어떤 상황에서도 국방력은 국력 중에서 가장 높은 비중을 갖는 분야 중의 하나여야 할 수밖에 없다.

현대의 국방력은 국가의 경제적 능력과 상당한 관련을 갖는다. 국방의 핵심이라고 할 수 있는 군대의 유지, 무기 및 장비의 획득, 훈련 등에 막대한 비용이 소요되기 때문이다. 특히 산업화와 자본주의 시장경제가 발전함에 따라서 국방력 유지에 관한 국방예산의 연관성은 더욱 높아지고 있다. 이러한 점에서 병력, 무기 및 장비를 국방분야의 산출(output)로 본다면, 국방예산을 투입(input)으로 봐도 큰 무리가 없다고 판단된다.

이 외에도 국방력은 국가의 영토와 인구를 비롯한 국가의 기초국력과 긴밀한 관련을 갖고, 결국 국가 간의 문제를 해결하는 수단이라는 측면에서 외교와도 밀접한 관련을 갖는다. 다만, 사회나 문화를 비롯한 그 외의 분야와는, 전혀 관련이 없는 것은 아니지만, 상관관계가 작다고 할 것이다.

3. 국방력 측정 지표에 대한 설명

이번 국력측정은 2009년도 측정한 결과와 비교하는 사항도 중요하게 고려하여야 하기 때문에 가능하면 그 당시에 사용하였던 측정 지표를 그대로 사용하였다. 가장 중요한 요소로서는 경제력과 상관이 있는 것으로서 국방예산을 포함시켰고, 그 다음으로는 현역 및 예비역의 숫자를 고려하였다. 육군의 경우에는 탱크와 야포, 해군의 경우에는 전투함과 잠수함의 숫자, 공군의 경우에는 전투기의 숫자를 산정하였다. 그리고 핵무기를 포함시킴으로써 핵시대의 국방력 측정이 가능하도록 하였다. 이러한 지표들이 최선의 대표치는 아닐지라도 양적으로 드러나 비교가 쉽고 전체 국방력은 표시하는 데도 유의미할 수 있다고 판단된다.

지표의 가중치에 있어서 투입으로 본 국방예산에 50%의 가중치를 부여하였다(2009년의 연구에서는 75%를 부여하였으나 이를 조정하였다). 그리고 산출분야에서는 각 항목을 동일한 비율로 나누되, 핵무기의 경우에는 최근 핵무기가 점차 확산되고 있을 뿐만 아니라 보유 자체로 국가의 국제적 위상이 변화되는 현실을 고려하여 다른 산출요소에 비해서 2배의 가중치를 부여하였다. 특히 핵무기의 지표 계산에 있어서는 로그(log)를 사용하여(0의 경우는 그대로 하면 −무한대가 되므로 0.01을 부여) 보유와 미보유의 격차가 크게 나타나도록 하였다.

이번 분석에서 2009년도와 다르게 접근해 보고자 하는 의욕이 없었던 것은 아니다. 예를 들면, 국내총생산(GDP)과 유사한 시각에서, 즉 외국인에 의한 것이라도 자국 영토 내에서 생산되는 것은 자국의 경제력을 강화시키는 것과 마찬가지로, 외국군이라도 자국의 영토 내에 주둔할 경우는 자국의 국방력을 강화시킬 것

아니냐는 문제의식이 그것이다. 다시 말하면, 자국에 주둔하고 있는 외국군도 국방력 평가에 계산시킬 필요가 있다는 시각이다. 외국군이라도 자국 영토에 존재할 경우 상당한 억제효과를 내는 것이 사실이고, 유사시에도 바로 투입된다는 점에서 이러한 주장도 충분히 일리가 있다. 동일한 군사력이라도 군사적으로 강력한 국가, 특히 미국과 같은 국가와 동맹관계를 맺고 있을 경우 실제적인 국방효과는 더욱 클 것이다. 다만, 주둔하는 외국군이나 동맹관계를 어떤 식으로 반영할 것이냐에 대하여 충분한 토의가 선행될 필요가 있어서 이번 분석에서는 문제만 제기하고 반영하지 않았다.

결국, 이번 분석에서는 비교의 일관성을 중요시하여 기본적으로는 2009년 적용한 계산방식을 적용하되, 국방비의 가중치를 75%에서 50%로 조정하였고, 핵무기의 가중치를 2배로 증대시켰으며, 핵무기의 산출 방식을 부분적으로 변화시켰다. 국방비라는 투입이 차지하는 비중이 너무 크게 반영되어 있고, 핵무기의 비중은 상대적으로 작게 반영되었다는 문제제기가 있었기 때문이다. 또한 2009년에는 해병대가 보유하고 있는 전차와 야포, 해군이 보유하고 있는 항공기 등은 합산하지 않은 경우가 있었는데, 이번에는 그것들을 포함시켰고, 몇 가지 오류가 있었던 부분은 교정하였다.

이번의 분석에서 사용한 숫자는 영국의 IISS(International Institute of Strategic Studies)에서 발간한 Military Balance 2013에서 발췌한 것이다. 이 외에도 국방력에 관한 자료는 미국의 CIA가 유지하고 있는 World Factbook, 스웨덴의 SIPRI(Stockholm International Peace Research Institute)에서 발간하는 SIPRI Yearbook: Armaments, Disarmament and International Security가 있고, GFP(Global Firepower)에서도 매년 세계 각국의 군사력 순위를 발표한다. 이러한 자료들을 종합할 수도 있으나 IISS의 자료가 일관성이 높을 뿐만 아니라 2009년 분석에서도 사용되었기 때문에 이번에도 그것을 사용하였다. 핵무기의 경우에는 다양한 출처가 있으나 그중에서 Federation of American Scientists에서 Bulletin of the Atomic Scientists, SIPRI Yearbook 등을 종합하여 2013년에 최신화한 Status of World Nuclear Forces의 자료를 사용하였다.

4. 주요 발견

1) 국방력에 대한 세계적 추세

현재 세계에서 가장 강력한 국방력을 보유하고 있는 국가는 미국이다. 미국은 지구 전체에 군사력을 전진배치해 두고 있고, 막강한 핵전력을 보유하고 있으며, 10여 척의 항공모함 세력들이 5대양을 누비고 있다. 미국은 다수의 국가들과 동맹관계를 맺고 있고, 세계 대부분의 국가들은 미국과의 동맹 및 협력관계를 활용하여 국가안보를 도모하고 있다. 비록 최근 재정적자 축소의 일환으로 국방예산이 감축되고 있어 전력증강 및 준비태세에 지장을 초래하고 있지만, 미군의 압도적 위력은 계속되고 있다.

냉전이 종식된 이후 세계의 군비증강이 둔화된 것이 사실이다. 유럽국가들의 경우 복지를 최우선시하면서 국방에 대한 투자를 최소화해 왔고, 이러한 경향은 아직도 지속되고 있다. 실제로 1991년에 쿠웨이트를 침공한 이라크를 응징하기 위한 걸프전쟁(Gulf War), 2001년 9·11 사태 이후 대테러전쟁 차원에서 미국이 이라크와 아프가니스탄에서 수행한 전쟁 이외에 선진국들이 관여된 전쟁은 거의 발생하지 않았다. 따라서 유럽국가들의 국방력 순위는 공통적으로 낮아지고 있다.

반면에 급성장한 경제력을 배경으로 중국은 수년 동안 군비증강에 노력해 왔고, 최근 그 성과가 드러나고 있다. 이에 위협을 느낀 중국의 주변 국가들이 군사력 증강을 추진함으로써 아시아를 중심으로 군비증강이 재현되는 현상을 보이고 있다. 제2차대전의 패전국이라서 소위 '평화헌법'에 의하여 교전권이 부정되었던 일본마저 '집단자위권 행사'나 '적극적 평화주의'를 주창하면서 군사적 역할을 확대하고 있고, 첨단 무기와 장비의 증강에 박차를 가하고 있다.

지금은 그 영향이 많이 감소되었지만, 기간 중 세계적인 국방발전 추세에 가장 큰 영향을 끼친 것은 2001년에 발생한 9·11 사태였다. 9·11 사태는 국가적 위협에 치중하던 위협인식을 초국가적 또는 비정부단체로부터의 위협으로 확대시켰고, 정규전 위주의 대비에 테러와 같은 비정규전 대비를 결합시키도록 하였으며, 결과적으로는 군대와 경찰의 역할을 혼란스럽게 만들었다. 그동안 비대칭 위협(asymmetrical threat)이나 제4세대전(4GW: the Forth Generation of War)과 같은 용어가 사용되면서 새로운 유형의 전쟁이 도래할 것으로 예상되기도 하였다. 다만, 최근 중국의 군사력 증강과 이를 위협으로 인식하는 국가가 등장하면서, 위와 같은 인식의 비중은 줄어들고 있고, 정규전에 대한 대비와 정규 군사력 중시 경향으로 환원되는 추세를 보이고 있다고 할 것이다.

기간 중 국가별 국방력의 순위 변화에 영향을 끼친 결정적인 요소는 세계경제의 불안정이다. 복지에 치중하던 유럽국가들의 경우 경제불황으로 재정적자가 늘어남에 따라 국방에 대한 지속적인 투자가 어려워졌고, 그 결과 이들 국가들의 국방력 순위가 저하되고 있다. 유럽국가들의 오랜 군사적 전통, 군대의 질적인 측면, 유사시 기대되는 동원의 질을 고려할 때 계량적 순위의 변동을 그대로 수용할 수는 없지만, 장기간 지속될 경우 질적인 측면마저도 퇴화될 가능성이 존재한다.

2) 이전 연구와의 비교

2009년의 국방력 평가와 5년이 지난 2014년의 국방력 평가를 비교해 볼 경우 미국의 압도적인 우위는 여전히 지속되고 있다. 2009년 분석에 비해서 중국의 순위가 3위에서 2위로 상승하면서 러시아와의 순위가 바뀌었다. 중국의 지속적인 경제성장으로 국방비가 증대되었고, 미국을 염두에 두어 목표지향적인 군사력 증강에 노력해 왔기 때문이라고 판단된다. 러시아는 지원병제의 부분적 도입 등으로 병력을 감축하면서 주요 장비의 정예화를 추구한 결과로 전체 전력은 약화되지 않았을 수도 있으나 계량화된 평가에서는 순위가 낮아졌다. 기간 중 핵전력을 감축하거나 정체시켜 온 미국이나 러시아에 비해서 중국은 핵전력도 괄목할 정도로 증대시켰다.

기간 중 유럽국가의 국방력 퇴조가 눈에 띈다. 프랑스는 4위에서 7위로, 독일은 9위에서 12위로, 이태리는 11위에서 13위로, 스페인은 15위를 유지하였고, 영국은 5위에서 6위로 순위가 낮아졌다. 그 근본원인은 적정한 규모의 국방비를 편성하지 못하였고, 상당수의 유럽국가들이 현역병력의 수를 감축하였으며, 그에 따라 주요 무기 및 장비도 감축되었기 때문이다. 프랑스와 영국의 경우는 핵무기에 대한 가중치를 새로 부여한 결과로 순위의 저하가 다소 적었다. 질적인 측면이 포함되지 않아서 속단하기는 어려우나 유럽국가들의 상비 국방력은 감소되었다고 볼 수밖에 없다.

인도의 경우에도 꾸준히 군비증강을 추진하고 있는 것으로 판단된다. 기간 중 주요 전투함정의 수가 2배 정도로 증가하였을 정도로 해군력이 늘어났고, 대부분의 방면에서 전투력을 증대시켰다. 그 결과로 2009년에는 6위였으나 2014년에는 4위로 상승하였다.

일본의 경우에는 2009년도의 7위에서 8위로 낮아진 것으로 순위가 나왔는데, 이것은 이번 국방력 평가에서 국방비의 비중을 75%에서 50%로 낮추고, 핵무기에 대한 가중치를 부여하였기 때문이다. 다만, 일본의 경우 현재의 국방비가 GDP의 1%에 불과하다는 점에서 마음만 먹을 경우 금방 국방예산을 증대시켜 군사력 수준을 높일 수 있고, 특히 대규모 플루토늄을 보유하고 있다는 점에서 핵잠재력이 크다. 따라서 일본의 경우 현재 나타난 순위만으로 군사력을 평가해서는 곤란할 것이다. '집단자위권 행사'나 '적극적 평화주의'에서 보듯이 최근 일본은 군사적 역할을 확대하고자 노력하고 있고, 미국으로부터 첨단 무기 및 장비를 지속적으로 획득하고 있다.

사우디아라비아 또한 14위에서 11위로 상승하였다. 이는 유럽국가들의 퇴조에 의한 상대적 순위격상이기도 하지만, 경제이 지속적 성장으로 국방비가 상당할 정도로 증대되었고, 현역의 규모와 그를 위한 무기 및 장비를 유지하고 있는 결과라고 판단된다.

전체적으로 볼 때 2009년에 비해서 2014년에는 유럽과 아시아 국가들의 부침이 대조를 이룬다. 미국과의 전략적 경쟁 환경하에서 중국이 군비를 증강하고, 이를 불안하게 생각하여 주변의 아시아국가들도 군비를 늘리고 있는 군비증강의 상호작용이 아시아국가에서 나타나고 있다.

표 1_ 국방력 비교(G20)

국가명	종합		2.1. 국방비(bUSD)			2.2. 현역 군인(천명)			2.3. 예비역(천명)			2.4. 전차(대)		
	지수	순위	수량	지수	순위	수량	지수	순위	수량	지수	순위	수량	지수	순위
ARGENTINA	45.08	18	4.3	45.77	20	73	42.92	17	0	46.71	19	436	45.61	10
AUSTRALIA	45.69	14	25.1	47.20	12	57	42.65	20	23	46.76	16	59	43.95	18
BRAZIL	46.93	10	35.3	47.90	10	318	47.10	8	1,340	49.70	3	609	46.38	8
CANADA	45.46	17	18.4	46.74	14	66	42.80	18	31	46.77	14	120	44.22	17
CHINA	61.01	2	102.0	52.48	2	2,285	80.60	1	510	47.84	6	9,704	86.54	1
FRANCE	49.39	7	48.1	48.78	7	229	45.58	12	30	46.77	15	254	44.81	15
GERMANY	46.55	12	40.4	48.25	8	196	45.02	13	40	46.80	12	322	45.11	13
INDIA	52.46	4	38.5	48.12	9	1,325	64.25	3	1,155	49.28	4	3,274	58.15	3
INDONESIA	45.47	16	7.7	46.01	17	396	48.42	7	400	47.60	7	405	45.48	11
ITALY	46.11	13	23.6	47.10	13	181	44.77	14	18	46.75	17	320	45.10	14
JAPAN	48.82	8	59.4	49.56	5	247	45.89	10	56	46.83	11	777	47.12	7
KOREA, SOUTH	50.09	5	29.0	47.47	11	655	52.84	5	4,500	56.75	2	2,514	54.79	5
MEXICO	45.06	19	5.1	45.83	19	270	46.28	9	87	46.90	9	0	43.69	20
RUSSIA	57.46	3	59.9	49.59	4	845	56.07	4	20,000	91.36	1	3,310	58.31	2
SAUDI ARABIA	46.73	11	48.5	48.81	6	234	45.66	11	0	46.71	19	600	46.34	9
SOUTH AFRICA	44.86	20	6.6	45.93	18	62	42.74	19	15	46.74	18	34	43.84	19
SPAIN	45.56	15	11.8	46.29	16	135	43.98	16	32	46.78	13	340	45.19	12
TURKEY	47.98	9	17.0	46.65	15	511	50.38	6	379	47.55	8	2,494	54.70	6
UK	49.58	6	60.8	49.65	3	166	44.50	15	81	46.89	10	227	44.69	16
US	79.72	1	676.0	91.87	1	1,520	67.57	2	1,520	67.57	2	2,785	55.99	4

국가명	2.5. 대포(대)			2.6. 잠수함(정)			2.7. 전투함(척)			2.8. 전투기(대)			2.9. 핵전력(핵탄수)		
	수량	지수	순위	수량	지수	순위	수량	지수	순위	수량	지수	순위	수량	지수	순위
ARGENTINA	1,203	44.37	12	3	44.09	15	11	44.46	16	119	43.93	16	0	43.73	7
AUSTRALIA	364	42.30	18	6	45.42	10	12	44.84	14	142	44.23	15	0	43.73	7
BRAZIL	1,864	46.00	8	5	44.98	12	16	46.37	12	246	45.61	12	0	43.73	7
CANADA	295	42.13	19	4	44.53	13	15	45.99	13	95	43.61	17	0	43.73	7
CHINA	12,515	72.29	1	65	71.42	2	77	69.67	2	2,244	72.08	2	250	62.69	4
FRANCE	375	42.33	17	10	47.18	9	24	49.43	6	414	47.84	7	300	63.04	3
GERMANY	272	42.08	20	4	44.53	13	19	47.52	8	209	45.12	13	0	43.73	7
INDIA	9,682	65.30	3	15	49.38	6	21	48.28	7	904	54.33	4	110	61.16	6
INDONESIA	1,079	44.07	13	2	43.65	18	11	44.46	16	65	43.21	19	0	43.73	7
ITALY	953	43.76	14	6	45.42	10	18	47.14	9	250	45.66	11	0	43.73	7
JAPAN	1,776	45.79	9	18	50.71	5	47	58.21	3	630	50.70	5	0	43.73	7
KOREA, SOUTH	11,038	68.64	2	23	52.91	4	28	50.95	5	577	49.99	6	0	43.73	7
MEXICO	1,512	45.14	10	0	42.77	19	7	42.93	18	83	43.45	18	0	43.73	7
RUSSIA	6,203	56.71	6	64	70.98	3	33	52.86	4	1,569	63.14	3	8,500	69.30	1
SAUDI ARABIA	909	43.65	15	0	42.77	19	7	42.93	18	296	46.27	10	0	43.73	7
SOUTH AFRICA	1,255	44.50	11	3	44.09	15	4	41.79	20	50	43.01	20	0	43.73	7
SPAIN	1,913	46.12	7	3	44.09	15	12	44.84	14	197	44.96	14	0	43.73	7
TURKEY	7,807	60.67	5	14	48.94	7	18	47.14	9	18	47.14	9	354	43.73	7
UK	671	43.06	16	11	47.62	8	18	47.14	9	18	47.14	9	330	62.50	5
US	7,983	61.10	4	72	74.51	1	112	83.04	1	112	83.04	1	2,774	69.11	2

3) 한국의 경우

한국의 경우 2009년의 8위에서 2014년에는 5위로 격상되었다. 유럽국가들의 퇴조로 인한 반사적 순위상승이기도 하지만, 한국이 그동안 전차, 야포, 잠수함 등에서 꾸준히 전력을 증강해 온 결과일 수도 있다. 양적인 비교이기 때문에 한국이 도태시키지 못한 채 보유하고 있는 구식무기가 산정된 측면도 있다고 판단된다.

한국은 국방비 측면에서는 11위로 2009년의 13위에서 2단계 상승하였고, 현역군인과 예비군의 경우 숫자는 일부 감소되었으나 순위는 5위로 동일하며, 전차와 야포는 계속적으로 강화되어 6위에서 5위, 5위에서 2위로 상승하였다. 한국은 국방개혁을 통하여 육군의 규모를 줄인다는 방침이지만, 휴전선을 중심으로 북한과 긴박하게 대치하고 있는 상황에서 그것을 실제로 구현하기는 쉽지 않고, 따라서 양적인 군대의 유지는 지속되고 있다고 할 것이다.

한국은 잠수함과 전투함 측면에서는 세계적 순위 4위, 5위로 2009년과 동일하고, 전투기의 숫자도 2009년에는 5위였으나 2014년에는 6위로 큰 변화가 없다. 다만, 해군과 공군력의 경우에는 숫자보다는 질적인 측면이 차지하는 비중이 크다는 점에서 외형적인 숫자만으로 판단하기는 어렵다. 한국의 경우 최신 잠수함과 이지스함을 지속적으로 증강해 왔기 때문에 해군의 질적인 측면이 낮지는 않을 것이다. 공군의 경우에는 전투기가 노후화되었고, 차세대 전투기로의 대체가 지체되고 있어 문제점으로 노출되어 있는 상태이다.

4) 북한에 관한 사항

북한과의 비교에 있어서 병력의 규모나 무기 및 장비의 숫자는 IISS의 Military Balance에 표시되어 있는 것을 사용하면 되지만, 북한 국방예산의 규모를 명확하게 제시하고 있는 곳은 없다. Military Balance는 물론이고, CIA의 World Factbook, 한국 국방부의 『국방백서』에서도 북한의 국방예산을 제시하지 않고 있다. 북한은 군 예하에 다양한 영리사업체를 운영하여 자체적으로 자금을 조달하고, 군 경제가 북한 전체 경제의 40% 정도를 차지한다는 분석이 있을 정도로 자체적인 경제기반을 갖고 있기 때문에 발표된 액수로 국방예산을 판단하는 것은 불가능하다. 북한의 국방비와 관련하여 2013년 11월 국회 국방위원회에서 논쟁이 벌어진 적이 있는데, 2013년 11월 14일 열린 국회 국방위원회의 2012년도 국방예산 결산 전체회의에서 당시 국방부의 정보본부장은 "북한이 발표한 수치는 1조 원이지만 실제로는 우리 국방비의 3분의 1 정도 쓰는 것으로 판단한다"고 밝힌 바 있다. 북한과 같은 대규모 군대를 운영할 경우 정보본부장이 밝힌 바와 같은 규모는 필요할 것이라고 판단하여 한국 국방비의 1/3로 산정하여 비교를 하였다.

그리고 남북한만 단독으로 비교할 수도 있으나 그러할 경우 지수 산출도 쉽지 않고, 객관적인 비교가 어렵다. 따라서 기존 G20 국가에 북한을 추가하여 또 다른 비교표를 만들고, 그 결과에서 남북한만 추출하였다. 그 결과는 〈표 2〉에 제시되어 있다.

표 2 _ 국방력 비교(G20+북한)

국가명	종합		2.1. 국방비 (bUSD)			2.2. 현역 군인 (천명)			2.3. 예비역 (천명)			2.4. 전차(대)		
	지수	순위	수량	지수	순위	수량	지수	순위	수량	지수	순위	수량	지수	순위
KOREA	49.60	6	29	47.60	11	655	52.25	6	4,500	56.22	3	2,514	54.21	6
NORTH KOREA	53.04	4	9	46.22	17	1,190	61.28	4	6,300	60.23	2	4,060	60.99	2

국가명	2.5. 대포(천문)			2.6. 잠수함(정)			2.7. 전투함(척)			2.8. 전투기(대)			2.9. 핵전력 (핵탄수)		
	수량	지수	순위	수량	지수	순위	수량	지수	순위	수량	지수	순위	수량	지수	순위
KOREA	11	62.23	3	23	51.57	5	28	51.37	5	577	49.98	7	0	43.31	8
NORTH KOREA	21	80.35	1	72	70.99	1	3	41.75	21	603	50.33	6	10	56.44	7

〈표 2〉에서 분석된 결과를 보면 G20 국가에 한국과 북한을 포함시켜 비교하였을 경우 북한은 4위, 한국은 6위로 평가되는 결과가 도출되었다. 북한의 경우 현역군인의 숫자, 예비역의 숫자, 전차의 숫자, 대포의 숫자, 잠수정의 숫자에서는 세계적인 수준이고, 무엇보다 핵무기를 보유하고 있기 때문이다. 따라서 전체 국방력은 예비역 수, 전차 수, 대포 수가 압도적이라서 한국은 물론이고, 인도보다 강한 것으로 결과가 산출되고 있다. 다만, 이번 평가에서 제외되어 있는 질적인 사항을 고려할 경우 북한은 무기 및 장비의 숫자가 많더라도 그 성능이 미흡

하거나 노후화 정도가 심하고, 탄약 등의 전투지속력도 충분하지 않아 현재의 순위보다 다소 낮게 추정할 수도 있다. 예를 들면, 북한의 경우 잠수함이 72척으로 나와 있지만 대부분 잠수정급으로서 한국의 잠수함에 비해서 톤수나 성능이 열세하고, 전투기의 경우에도 노후화된 기종이 많다.

북한이 핵무기를 10개 정도 보유하고 있다는 점은 지금까지 소홀히 취급되었고, 현재도 과소평가되고 있을 수 있다. 이번 평가에서도 핵무기를 보유하는 국가와 보유하지 못한 국가 간의 차이를 강조하기 위하여 로그를 사용하였으나 전체적으로 적용하고 있는 수식 자체가 평균값과의 편차를 기준으로 하는 것이기 때문에 실제보다는 작은 차이를 나타낸 것으로 판단된다. 다른 전투력 요소에 비해서 가중치를 2배 정도 적용함으로써 그 차이를 더욱 크게 하기는 하였으나 그래도 충분하지 못할 수 있다. 북한의 핵무기 개발은 미국을 비롯한 세계 모든 국가들이 긴장할 정도로 중대한 사항이고, 한반도의 군사력 균형을 전혀 다른 차원으로 변모시켜 버린 요소라는 차원에서 엄중하게 인식하지 않을 수 없다. 특히 북한은 2013년 2월 12일 제3차 핵실험을 실시한 후 핵무기의 "경량화 · 소형화"는 물론이고, "다종화"에도 성공하였다고 발표하였고, 2016년 1월 6일 제4차 핵실험을 실시한 후 수소폭탄 제조에도 성공하였다고 주장하였다. 따라서 북한은 당장이라도 마음만 먹으면 핵미사일로 한국을 공격할 수 있고, 이에 대하여 한국은 유효한 방어대책을 보유하고 있지 못한 상태로서 절대적으로 불리한 상황이다. 앞으로 북한이 핵무기의 숫자를 지속적으로 늘리면서 그 질을 향상시킬 것이라고 한다면, 시간이 흐를수록 북한에 대한 한국의 군사적 열세는 커질 우려가 있다.

5. 국가전략적 및 정책적 함의

현 분석을 통하여 발견된 국가전략적이거나 정책적 함의는 다음과 같다.

첫째, 유럽지역의 경우 군비증강이 완화되고 있지만, 아시아지역의 군비증강은 지속되고 있다. 특히 중국과 일본의 군비증강 노력이 가속화되고 있는 추세이다. 한국은 북한의 위협에 대응하면서도 동북아시아 지역의 군비증강에도 동시에 대비하는 방향으로 국방력을 강화시키지 않을 수 없다.

둘째, 한반도는 휴전상태로서 남북한이 대치하고 있고, 2010년의 천안함 폭침과 연평도 포격 사태에서 보듯이 북한은 언제든지 도발할 수 있다. 국력의 요소로서 국방비의 비중을 어느 정도로 적용해야 할지에 대한 객관적 기준은 제시하기 어렵지만, 한국의 국력에서 국방비가 차지하는 비중이 안보위협이 약한 유럽 등의 국가에서 차지하는 비중보다 높아져야 하는 것은 분명하다.

둘째, 남북한의 경제규모 차이를 고려할 때 북한의 재래식 전력이 크게 우려할 것이 아니라는 인식도 존재한다. 그러나 영국의 전략문제연구소(IISS)에서 수집하여 발표한 자료를 참고할 때 북한의 양적 우위는 세계적인 수준이고, 여전히 위협적인 존재로 생각하지 않을 수 없다. 질로서 양을 어느 정도 상쇄할 수 있는 것은 분명하지만, 한국과 같은 산악지역에서 근접전 위주로 전쟁이 진행될 경우에는 양적인 우위의 효과가 클 수 있고, 제한적인 목표에 대하여 단기적이면서 집중적인 공격을 감행할 경우에는 양의 위력이 심대할 수 있다.

셋째, 한국이 앞으로 고민해야 하는 가장 심각한 문제는 북한의 핵무기이다. 북한은 10개 정도의 핵무기를 개발하였고, 이를 미사일에 탑재하여 한국을 공격할 수 있는 능력을 구비하고 있다고 봐야 한다. 핵무기의 경우 사용되지 않을 때는 그 심각성을 인식하기 어려우나 일단 사용될 경우 엄청난 피해를 야기할 수 있고, 북한과 같은 비합리적이면서 어려운 상황에 처한 국가일수록 핵무기로 위협하거나 실제로 사용할 가능성이 높다. 따라서 북한의 핵무기 사용 가능성이 높을 경우 국방력 계산에서 핵무기가 차지하는 비중이 높아져야 할 것이다.

시간이 흐를수록 북한은 핵무기 숫자를 증대시킬 것이고, 그 질도 개량해 나갈 것이며, 그러는 과정에서 북한의 국제적 고립과 경제적 곤궁이 악화될 경우 핵무기의 위력은 기하급수적으로 커질 수 있다. 북한이 미국을 핵미사일로 공격할 능력을 구비할 경우 미국의 핵 응징보복력을 활용한 확장억제(extended deterrence)의 신뢰성은 급격히 낮아질 것이다.

이제 한국은 북한과의 군사력 비교 군사력 균형(military balance) 평가에 대한 인식을 근본적으로 전환할 필요가 있다. 앞으로 남북한 간의 재래식 군사력 평가 및 비교는 의미가 크지 않을 가능성이 있기 때문이다. 10개 정도의 핵무기를 보유한 북한과 핵무기는 물론이고 유효한 방어력을 구비하지 못한 한국이라는 비교, 또는 새로운 절대위력의 창을 가진 북한과 그에 상응하는 창은커녕 방패도 가지지 못한 한국이라는 비유도 가능할 수 있다.

하드파워

H3. 경제력

1. 경제력의 정의 및 종합국력과의 관계

경제력은 한 국가와 그 국민의 생존 유지, 삶의 향유, 의도하는 바의 실현 등을 위한 물질적 기반이다. 소기의 목표와 비전을 실현해 내는 국가능력의 총합으로서의 종합국력을 하드파워와 소프트파워로 나눈다면, 경제력은 전형적인 하드파워의 구성요소 중 하나이다.

한선재단의 종합국력 연구진은 종합국력을 기초국력, 국방력, 경제력, 교육력, 과학기술력, 정보력, 환경관리력(이상 하드파워), 국정관리력, 정치력, 외교력, 문화력, 사회자본력, 변화대처력(이상 소프트파워) 등 13개의 개별 요소 능력으로 구성되는 것으로 이해한다.

경제력은 여타의 하드파워 및 소프트파워의 개별 구성요소들과 인과관계의 양방향으로 밀접한 연관을 갖는다. 우선 경제력은 거의 모든 종합국력 구성요소에 영향을 미친다. 예컨대 국방력이나 외교력, 문화력 등은 경제력이 뒷받침되지 않으면 커질 수가 없을 것이다. 다른 한편으로 거의 모든 종합국력 구성요소는 경제력의 크기에 영향을 미친다. 예컨대 과학기술력, 교육력, 정치력, 사회자본력 등의 증대는 경제력의 증대에 긍정적으로 이바지하게 된다.

이렇듯 경제력과 여타 종합국력 요소들과의 관계는 대부분 쌍방적이지만, 인과관계의 방향이 다소 일방적인 경우도 물론 있다. 예컨대 국토, 자원, 인구를 구성요소로 측정되는 기초국력은 경제력에 지대한 영향을 미치지만, 경제력이 기초국력에 미치는 영향은 제한적이라 할 수 있다. 한편 정치력, 사회자본력 등 소프트파워의 많은 구성요소는 경제력에 영향을 받는 측면도 어느 정도 있다고 할 수 있으나, 오히려 경제력에 영향을 주는 측면이 더 커 보인다.

2. 경제력지수 산출을 위한 지표의 선정

종합국력의 한 구성요소로서의 경제력은 아마도 한 국가의 전체 GDP를 통해 가장 잘 측정될 수 있을 것이다. GDP는 한 나라에서 생산된, 따라서 분배되고 소비될 수 있는 모든 가치 있는 재화와 용역을 포괄하여 측정하고자 하기 때문이다.

그러면 한 나라의 GDP는 어떻게 결정되는가? 경제학에서는 일반적으로 다음과 같은 생산함수를 제시한다: $Y = F(K, L, A)$. 여기에서 K는 토지, 건물, 기계, 원료 등을 포함하는 것으로서 (물적) 자본이라 부를 수 있는 것이다. L은 노동력을 나타낸다. 교육 · 훈련 등을 통해 노동의 질이 좋아지면 같은 노동시간이 투입되더라도 L의 크기는 증가하게 된다. A는 기술력을 나타내는데, 생산요소인 K와 L을 결합해서 제품을 만들어 내는 일체의 노하우를 가리킨다. 이러한 생산함수를 통해서 보면, 경제가 성장하기 위해서는 자본이 축적되고, 노동의 양과 질이 증가하고, 기술력이 향상되어야 함을 알 수 있다. 한편 물적 · 인적 자본의 축적, 기술의 도입과 개발 등이 활발히 이루어지기 위해서는 정책적 · 제도적 요인들이 중요함을 지적할 수 있다.[1]

따라서 GDP와 그 성장에 영향을 미치는 투입요소로는 여러 가지를 들 수 있다. 물적 자본을 증가시키는 투자, 인적 자본의 증가를 자져오는 교육, 기술력을 키우는 연구개발 등은 물론이고, 이러한 투자 · 교육 · 연구개발 등의 활동에 영향을 미치는 정부의 개입방식, 사회적 분위기, 문화, 기업가정신, 국제환경 등도 투입요소에 포함된다 할 것이다(다른 한편으로 이들 변수 중 많은 것은 그 성과 내지 크기의 결정에 대하여 경제력이 거꾸로 투입요소로 작용할 것이다. 예컨대 경제가 성장

1 Jones and Romer(2009)는 경제성장과 관련한 정형화된 사실들을 열거한 후 이들 현상을 설명하기 위해서는 아이디어, 제도, 인구 그리고 인적 자본 사이의 상호관계를 염두에 두어야 함을 강조하고 있다. Acemoglu, Johnson, and Robinson(2005)은 제도 특히 정치제도가 경제의 장기적인 성과에 근원적인 영향을 미침을 이야기하고 있다.

하고 소득이 증가함에 따라 교육이나 문화에 대한 수요 및 교육 · 문화의 공급능력이 늘어날 것이다.).

경제력을 결정하는 투입요소 중 많은 것은 종합국력의 다른 구성요소에서 다루어진다. 예컨대 교육력, 과학기술력 등은 종합국력의 주요 구성요소로 별도로 측정된다. 법의 지배, 재산권의 보호, 규제의 질, 부패의 통제, 정치적 안정성, 시민의 책임성, 타인에 대한 신뢰, 노사관계, 사회적 통합 등의 요인들도 경제의 성과에 영향을 미치겠지만 정치력, 문화력, 사회자본력 등의 항목에서 다루어질 것이다.

따라서 여기에서는 이들 투입 측면의 지표를 제외하고서 GDP 등 산출 측면의 지표를 사용하여 국가들의 경제력을 측정하고자 한다. GDP가 가장 중심적인 산출지표라 하겠지만 경제의 성장성, 안정성, 소득분배 상태 등을 나타내는 산출지표도 일정 정도 반영하여 경제력 지수를 산출할 것이다. 즉, (1) 한 나라의 전체 GDP에 가장 큰 가중치를 두고 경제력을 측정하되, (2) 빠르게 성장하고 있는 경제는 정체하고 있거나 느리게 성장하는 경제에 비해 잠재력이 크다고 할 수 있으므로 최근 5년간의 성장률을 경제력지수의 계산에 반영하고, (3) 경제의 안정성 내지 건전성을 고려하기 위해 최근 5년간의 물가상승률을 반영하며, (4) 소득분배가 얼마나 평등하냐는 사회의 통합과 경제의 지속적인 발전에 상당한 영향을 미칠 것으로 생각되므로 소득분배의 지니계수를 반영하기로 한다. 경제력을 측정하기 위한 지표를 그 가중치와 함께 요약하여 제시하면 다음과 같다.

- GDP(가중치 90.0%)
- 최근 5년간의 성장률(5.0%)
- 최근 5년간의 물가상승률(2.5%)
- 소득분배의 지니계수(2.5%)

5년 전에 종합국력 측정의 일환으로 경제력을 측정한 바 있는데, 그때에도 위에서 설명한 측정 방식이 동일하게 채택되었었다.

3. GDP 규모의 국제비교

최근 5년간의 성장률, 최근 5년간의 물가상승률, 소득분배의 지니계수 등도 포함한 경제력을 국가별로 비교해 보기 전에, 우선 좀 더 장기적인 시각에서 우리나라 경제력의 대체적인 추이를 알아보기 위해 1980년 이후 지금까지 G20 국가들의 GDP 순위가 어떻게 변화해 왔는지를 살펴보기로 한다.

〈표 1〉은 G20 국가들의 1980년, 1990년, 2000년, 2008년 및 2013년의 구매력 기준(purchasing power parity)으로 평가한 GDP 규모를 나타내고 있다. 〈표 1〉은 또한 2013년 기준으로 G20에 속하는 각 국가의 GDP 규모가 세계 전체 GDP에서 차지하는 비중이 얼마인지, 각국의 인구와 일인당 GDP는 얼마인지도 보여주고 있다. 한편, [그림 1]은 〈표 1〉에 나타난 통계자료를 이용하여 각국의 GDP 규모 순위가 어떻게 변화해 왔는지를 나타내 보이고 있다.[2]

우리나라의 GDP 규모는 1980년에 비교대상으로 삼고 있는 20개국 중 최하위였으나, 현재에는 미국, 중국, 인도, 일본, 독일, 러시아, 브라질, 영국, 프랑스, 멕시코, 이탈리아에 이어 12번째로 부상하게 되었다(이들 국가의 2013년 기준 세계 전체 경제 대한 GDP 비중을 보면, 미국 19.3%, 중국 15.4%, 인도 5.7%, 일본 5.6%, 독일 3.7%, 러시아 3.0%, 브라질 2.8%, 영국 2.7%, 프랑스 2.6%, 멕시코 2.1%, 이탈리아 2.1%, 한국 1.9% 등으로 나타난다.[3] 한편 G20 국가의 세계 전체 경제에서 차지하는 비중은 76.8%에 이르는 것으로 나타난다. 〈표 1〉의 '2013 PPPSH' 항목 참조). 우리나라 GDP 규모는 2008년에는 G20 국가 중 13위였으나 그동안 스페인을 앞지르게 되어 12위로 한 계단 순위가 높아졌다. 그리고 우리나라의 PPP 환산 1인당 GDP는 G20 국가 중에서 미국, 캐나다, 호주, 독일, 영국, 일본, 프랑스에 이어 8번째이다.

---

2 〈표 1〉에서 보듯이 러시아에 대한 1980년과 1990년의(PPP 환산) GDP 통계자료는 얻지 못했는데, 러시아의 1980년과 1990년의 경제규모의 순위를 계산함에 있어서는 2000년의 순위 10위를 그대로 적용하였다. 그리고 〈표 1〉 및 [그림 1]에 제시된 1980년, 1990년 등의 GDP 규모 순위는 5년 전 연구에서와 약간 다르게 나타나는바, 그것은 IMF, World Economic Outlook Database의 PPP 환산 각국 GDP 통계치가 그동안 약간씩 수정되었기 때문이다.

3 중국은 5~6년 후에는 GDP 규모 면에서 미국을 앞지를 것으로 전망된다. IMF, World Economic Outlook Database, October 2013에 의하면, 미국과 중국의 세계 전체 경제에 대한 GDP 비중은 1980년 각각 24.95%와 2.18%, 2000년 24.01%와 7.05%, 2013년 19.29%와 15.43%였고, 2018년에는 각각 18.60%와 17.88%가 될 것으로 전망된다.

2008년에는 10번째였으나 그동안 스페인과 이탈리아를 앞질러 2013년에는 8위로 되었다.

표 1 _ 각국의 (PPP 환산) GDP, 세계 전체에서의 비중, 인구 및 1인당 GDP

Country	1980	1990	2000	2008	2013 PPPGDP	2013 PPPSH	2013 Population	2013 PPPPC
Argentina	136.88	182.92	338.85	568.865	771.008	0.889	41.492	18,582
Australia	147.50	307.11	526.22	821.898	998.265	1.151	23.193	43,042
Brazil	449.72	789.165	1,236.30	1,982.796	2,422.107	2.794	199.881	12,118
Canada	283.33	562.59	913.95	1,328.071	1,518.055	1.751	35.184	43,146
China	249.76	913.67	3,019.51	8,160.915	13,374.017	15.426	1,360.763	9,828
France	541.68	1,031.07	1,534.79	2,103.910	2,272.966	2.622	63.704	35,680
Germany	768.85	1,452.19	2,147.51	2,910.826	3,226.627	3.722	81.754	39,468
India	295.93	764.36	1,593.08	3,385.496	4,961.712	5.723	1,243.337	3,991
Indonesia	108.54	277.88	501.75	904.793	1,284.789	1.482	247.954	5,182
Italy	513.79	980.06	1,406.42	1,818.973	1,805.397	2.082	60.997	29,598
Japan	1,005.14	2,379.28	3,260.58	4,315.077	4,728.865	5.454	127.341	37,135
Korea	88.53	336.88	776.94	1,337.988	1,665.598	1.921	50.236	33,155
Mexico	352.50	638.27	1,093.19	1,572.459	1,845.248	2.128	118.226	15,608
Russia	n/a	n/a	1,122.59	2,261.315	2,557.647	2.95	141.439	18,083
Saudi Arabia	147.20	219.79	364.77	668.844	927.762	1.07	29.632	31,309
South Africa	115.50	201.89	296.22	505.558	595.700	0.687	51.686	11,525
Spain	274.69	553.55	901.67	1,388.509	1,388.789	1.602	46.097	30,128
Turkey	117.30	292.54	513.73	907.934	1,167.434	1.347	76.484	15,264
United Kingdom	448.58	915.14	1,514.64	2,238.458	2,378.108	2.743	63.758	37,299
United States	2,862.48	5,979.55	10,289.73	14,720.250	16,724.272	19.29	316.513	52,839
Total			33,352.43	53,902.935	66,614.366	76.834	4379.671	15,210

자료: International Monetary Fund, World Economic Outlook Database, October 2013.
http://www.imf.org/external/pubs/ft/weo/2013/02/weodata/download.aspx

〈표 1〉과 [그림 1]에서 가장 눈에 띄는 것이 중국과 인도의 부상이다. 중국은 1980년 13위를 차지했으나 2008년 이후에는 2위를 차지하게 되었고, 인도의 경제규모도 1980년 9위에서 2013년 3위로 뛰어올랐다. 바야흐로 후발 인구 대국들의 경제발전이 본격화되기 시작한 것이다. 인도네시아의 상대적 지위 향상도 눈여겨볼만 하다. 한편 이탈리아는 1980년 이후 지금까지 5위에서 11위로, 프랑스는 4위에서 9위로, 일본은 2위에서 4위로 그 상대적 위상이 낮아졌다.

그림 1 _ 각국의 GDP규모 순위 변화추이

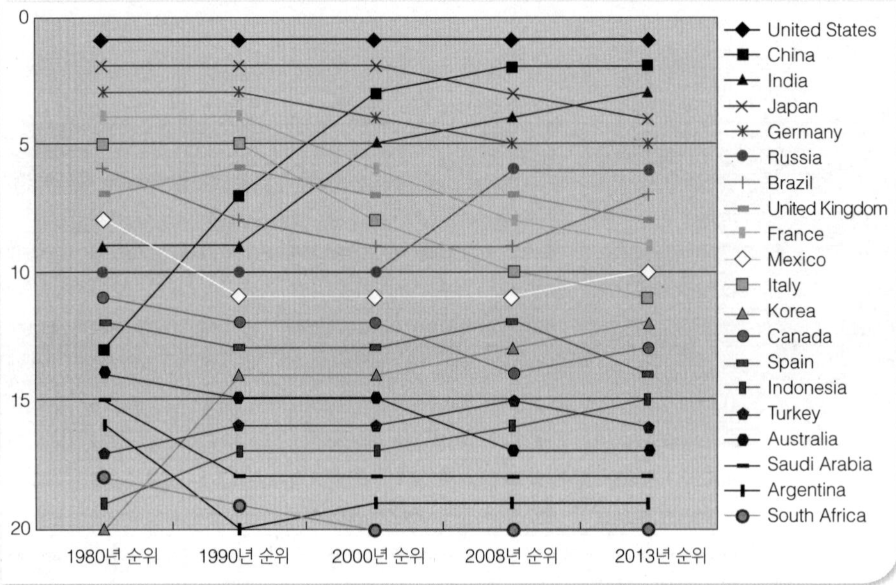

남북한 통일이 이루어지면 우리나라의 GDP 규모는 G20 국가들 중에서 어떤 위치를 점하게 될 것인가? 2013년 현재 남한의 인구 50,236,000명과 북한의 인구 24,427,000명[4]을 합치면 74,663,000명에 이른다. 이들 인구가 평균적으로 남한의 2013년 PPP 환산 1인당 GDP인 33,155달러를 향유한다면, 통일한국의 PPP 환산 GDP 규모는 2조 4,755억 달러에 달하게 되어 미국, 중국, 인도, 일본, 독일, 러시아에 이어(그리고 이탈리아, 멕시코, 프랑스, 영국, 브라질의 GDP 규모를 능가하여) 7번째로 된다.[5] 통일 후 북한 지역의 경제가 빠른 속도로 성장할 것임을 감안하면, 이러한 계산은 통일 한국이 머지않은 장래에 10위권 이내의 경제대국으로 자리매김 할 수 있을 것임을 시사한다.

4 여기의 북한 인구는 2010년 추계치로서 통계청, 『북한의 주요통계지표』, 2013에 의한 것이다.

5 다만 우리나라가 통일을 이루더라도 장기적으로 브라질(2013년 기준 인구 약 2억 명) 등 인구대국의 GDP 규모를 능가하기는 어려울 것이다.

4. 경제력 평가결과

〈표 2〉는 GDP 규모뿐만 아니라 최근 5년간의 성장률, 최근 5년간의 물가상승

표 2 _ 각국 경제력의 종합점수와 순위

Country	2013 PPPGDP	GDP 점수	2008~13 Growth	Growth 점수	2008~13 Inflation	Inflation 점수	Gini Index	Gini 점수	종합 점수	경제력 순위
U.S.	16,724.27	81.81	0.026	45.35	0.014	56.63	45.0	43.98	78.41	1
China	13,374.02	73.85	0.104	73.76	0.036	51.16	47.4	41.25	72.47	2
India	4,961.71	53.87	0.079	64.88	0.078	40.38	36.8	53.34	54.07	3
Japan	4,728.87	53.32	0.018	42.66	−0.012	63.11	37.6	52.42	53.01	4
Germany	3,226.63	49.75	0.021	43.51	0.012	57.24	27.0	64.51	50.00	5
Russia	2,557.65	48.16	0.025	45.01	0.093	36.72	41.7	47.75	47.71	6
France	2,272.97	47.49	0.016	41.60	0.012	57.20	32.7	58.01	47.70	7
U.K.	2,378.11	47.74	0.012	40.36	0.022	54.61	40.0	49.69	47.59	8
Brazil	2,422.11	47.84	0.041	50.81	0.067	43.18	51.9	36.12	47.58	9
Korea	1,665.60	46.05	0.045	52.24	0.022	54.54	41.9	47.52	46.60	10
Mexico	1,845.25	46.47	0.033	47.77	0.044	49.14	48.3	40.22	46.45	11
Italy	1,805.40	46.38	−0.001	35.38	0.014	56.74	31.9	58.92	46.40	12
Canada	1,518.06	45.69	0.027	45.80	0.013	56.84	32.1	58.69	46.30	13
Indonesia	1,284.79	45.14	0.073	62.40	0.068	43.03	36.8	53.34	46.16	14
Saudi Arabia	927.76	44.29	0.068	60.57	0.013	56.81	32.0	58.81	45.78	15
Spain	1,388.79	45.39	0.000	35.94	0.002	59.80	32.0	58.81	45.61	16
Turkey	1,167.43	44.86	0.052	54.72	0.066	43.43	40.2	49.46	45.43	17
Australia	998.27	44.46	0.040	50.37	0.021	54.95	30.3	60.75	45.43	18
Argentina	771.01	43.92	0.063	58.77	0.154	21.31	45.8	43.07	44.08	19
South Africa	595.70	43.50	0.033	48.08	0.067	43.19	63.1	23.35	43.22	20

자료: (1) International Monetary Fund, World Economic Outlook Database, October 2013.
http://www.imf.org/external/pubs/ft/weo/2013/02/weodata/download.aspx
(2) CIA, Distribution of family income – Gini index
https://www.cia.gov/library/publications/the-world-factbook/rankorder/2172rank.html

주: (1) 2013 PPPGDP, 2008~13 Growth 및 2008~13 Inflation에 대한 통계는 위 (1)의 IMF 자료에서, 그리고 Gini Index에 대한 통계는 위 (2)의 CIA 자료에서 가져옴. 다만 CIA 자료에 Gini Index 통계치가 없는 Saudi Arabia에 대해서는 Global Peace Index에서 가져옴(http://en.wikipedia.org/wiki/List_of_countries_by_income_equality 참조).
(2) 2008~13 Growth는 경상달러 기준의 PPPGDP 통계에서 계산한 2008~2013년 기간의 평균성장률로서 각국의 실질성장률을 나타내는 것은 아니고 각국의 실질성장률에 달러통화의(미국의) 인플레이션율 0.014를 더한 값과 크게 다르지 않음.
(3) 2003~8 Inflation은 각국의 GDP Deflator를 사용하여 계산함.

(4) 각 항목의 표준점수를 계산할 때 GDP 및 Growth에 대해서는 10(X_i − 평균)/표준편차 + 50의 산식을, Inflation과 Gini Index에 대해서는 10(평균 − X_i)/표준편차 + 50의 산식을 적용함. 그리고 종합점수를 계산할 때에는 GDP 표준점수에 90.0%, Growth 표준점수에 5.0%, Inflation 표준점수에 2.5%, Gini Index 표준점수에 2.5%의 가중치를 각각 적용함.

률 및 소득분배의 지니계수도 반영한 각국 경제력의 종합점수와 순위를 보여주고 있다. 이 표에 의하면 2013년 기준으로 우리나라 경제력 순위는 G20 국가들 중에서 10위를 차지하는 것으로 나타난다(2008년의 경우 11위). 우리나라 GDP 규모의 순위가 12위인 데 비해 경제력 순위가 다소 높게 나타난 것은, 최근 5년간의 성장률이 G20 국가들의 평균보다 다소 높고 물가상승률이 평균보다 다소 낮은 데 기인한다. 한편, 멕시코는 GDP 규모는 10위였으나 지니 점수와 성장률 점수가 다소 낮아 경제력은 11위로 나타나고, 이탈리아의 경우 재정상황이 취약한 상태에서 세계 경제위기를 겪으면서 지난 5년 동안 최하점의 성장률 점수를 받아 GDP 규모는 11위였으나 경제력은 12위를 점하는 것으로 나타난다.

표 3 _ 각국의 경제력 종합점수 및 순위: 2013년

Country	PPPGDP		Growth		Inflation		Gini		경제력종합	
	점수	순위	점수	순위	점수	순위	점수	순위	점수	순위
Argentina	43.92	19	58.77	5	21.31	20	43.07	16	44.08	19
Australia	44.46	17	50.37	9	54.95	9	60.75	2	45.43	18
Brazil	47.84	7	50.81	8	43.18	16	36.12	19	47.58	9
Canada	45.69	13	45.80	12	56.84	5	58.69	6	46.30	13
China	73.85	2	73.76	1	51.16	12	41.25	17	72.47	2
France	47.49	9	41.60	17	57.20	4	58.01	7	47.70	7
Germany	49.75	5	43.51	15	57.24	3	64.51	1	50.00	5
India	53.87	3	64.88	2	40.38	18	53.34	9	54.07	3
Indonesia	45.14	15	62.40	3	43.03	17	53.34	8	46.16	14
Italy	46.38	11	35.38	20	56.74	7	58.92	3	46.40	12
Japan	53.32	4	42.66	16	63.11	1	52.42	10	53.01	4
Korea	46.05	12	52.24	7	54.54	11	47.52	14	46.60	10
Mexico	46.47	10	47.77	11	49.14	13	40.22	18	46.45	11
Russia	48.16	6	45.01	14	36.72	19	47.75	13	47.71	6
Saudi Arabia	44.29	18	60.57	4	56.81	6	58.81	5	45.78	15
South Africa	43.50	20	48.08	10	43.19	15	23.35	20	43.22	20
Spain	45.39	14	35.94	19	59.80	2	58.81	4	45.61	16
Turkey	44.86	16	54.72	6	43.43	14	49.46	12	45.43	17
U.K.	47.74	8	40.36	18	54.61	10	49.69	11	47.59	8
U.S.	81.81	1	45.35	13	56.63	8	43.98	15	78.41	1

〈표 3〉은 경제력의 구성요소별 표준점수와 순위를 보여주고 있다. 2013년 기준으로 우리나라의 GDP 규모는 앞에서 논의한 바와 같이 12위를 차지하고 있다(2008년의 경우 13위).

구매력 기준으로 평가한 GDP의 최근 5년간 성장률은 〈표 2〉에서 보는 바와 같이 우리나라의 경우 4.5%였는데 이는 중국, 인도, 인도네시아, 사우디아라비아, 아르헨티나, 터키에 이어 7번째로 높은 것이다(2008년의 경우 10위). 반면에 이탈리아, 스페인, 영국, 프랑스, 일본 등 선진국의 성장률은 상대적으로 낮았다.

같은 기간 동안 우리나라의 평균 물가상승률은 2.2%로 비교적 양호하여 낮은 순으로 11위를 차지하였다(2008년의 경우 3위). 반면 아르헨티나, 러시아, 인도, 인도네시아의 물가상승률은 비교적 높아 각각 15.4%, 9.3%, 7.8%, 6.8%를 나타내었다.

소득분배의 불평등도는 남아공화국, 브라질, 멕시코, 중국, 아르헨티나 등이 상대적으로 나빠 지니계수가 각각 63.1, 51.9, 48.3, 47.4, 45.8 등으로 나타난다. 독일과 호주의 지니계수는 각각 27.0과 30.3으로서 이들 나라의 양호한 소득분배 상황을 보여주고 있다. 우리나라 가구소득(family income)의 지니계수는 최근 CIA 자료에 의하면 41.9로서 낮은 순으로 14위를 차지하였다. 5년 전 연구에서 우리나라의 지니계수가 31.3으로서 3위를 차지했던 것에 비하면 소득분배가 크게 악화된 것처럼 보인다. 그러나 그동안 소득분배가 그렇게 크게 악화되었는지에 대해서는 다소 의문스러운 점이 있는 것도 사실이다.[6]

6 5년 전 연구에서 인용한 CIA, Distribution of Family Income: Gini Index에 의하면 각국의 지니계수는 예컨대 독일 27.0(2006년 측정치), 한국 31.3(2007), 영국 34.0(2005), 일본 38.1(2002), 미국 45.0(2007), 중국 47.0(2007), 브라질 56.7(2005)이었으나, 이번 연구에서 인용한 동일 제목의 CIA 자료에 의하면 독일 27.0(2006년 측정치), 한국 41.9(2011), 영국 37.6(2008), 일본 37.6(2008), 미국 45.0(2007), 중국 47.4(2012), 브라질 51.9(2012)로 되어 있어, 한국의 지니계수가 유난히 악화된 것으로 나타난다. 한국의 경우 2007년과 2011년 사이에 1~2인 가구의 비중 증가 등 가구소득의 지니계수가 악화되었을 소지는 있으나 다른 통계를 참조하면 악화정도가 그렇게까지 심하지는 않았을 것 같다. 통계청 자료에 의하면 전체 가구 소득의 지니계수는 2007년 34.0, 2011년 34.2로서 같은 기간 동안 거의 변하지 않은 것으로 나타난다. 여러 문헌에서 지적하고 있듯이 지니계수의 국제비교는 많은 조심성을 요한다 하겠다.

5. 시사점

한 나라의 경제력을 가장 잘 나타내는 지표는 그 나라의 GDP 규모라 할 수 있다. 우리나라 경제력의 순위가 올라가기 위해서는 다른 나라들보다 더 빠르게 성장해야 한다. 성장을 위해서는 인적 · 물적 자본의 축적과 기술의 도입 · 개발이 필요하고, 또 이를 보다 원활하게 하는 정책과 제도의 개선이 이루어져야 한다. 이제 우리나라 경제력 향상을 위한 앞으로의 과제를 몇 가지 언급하면서 이 글을 마무리 짓고자 한다.

평균수명이 늘어나고 있는 상황에서 비교적 건강한 노인 인력이 보다 많이 생산 활동에 참여할 수 있도록 제도적 장치를 마련해 나가야 한다. 취업을 원하는 사람과 채용을 원하는 기업을 잘 연결시켜 주는 정보시스템을 구축해야 한다. 노동할 인센티브를 손상시키지 않도록 생산적인 복지제도를 만들어 나가야 한다. 노사관계를 개선하여 파업 등으로 인한 노동손실을 최소화하여야 한다. 보다 생산적이고 창의적인 인재를 키워낼 수 있도록 교육제도를 개선해야 한다.

자본 축적과 기술력 향상이 활발하게 이루어지도록 정책적 · 제도적 환경을 만들어 나가야 한다. 보다 많은 저축이 투자로 이어질 수 있도록 그리고 해외로부터 보다 많은 투자자금이 들어올 수 있도록 노력할 필요가 있다. 투자 내지 자본형성은 물적 자본의 크기를 늘려줄 뿐만 아니라 그를 통해 보다 나은 기술이 도입 · 개발 · 적용되고 또한 기업의 경제의지를 나타내는 하나의 지표이기도 하므로 그 중요성이 크다 하겠다. 기술력 향상을 위해서는 자체적인 기술의 개발도 중요하지만 선진국 기술의 도입도 여전히 중요하다. 우리나라 기업이나 연구기관이 해외의 파트너와 함께 공동으로 기술을 개발하는 것도 좋은 방안 중의 하나일 것이다.

인적 · 물적 자본의 축적과 기술의 도입 · 개발이 원활히 이루어지도록 하기 위해서는 민간의 활력을 최대한 북돋울 필요가 있다. 재산권은 보장되어야 하고 질서는 유지되어야 한다. 국내외적으로 수요가 증가하는 산업분야로 그리고 보다 효율적으로 생산을 조직화하는 방식으로 산업과 기업의 구조조정이 상시적으로 이루어져야 한다. 각종 제도와 정부개입 방식이 구조조정을 지연시키는 것은 아닌지 점검할 필요가 있다. 투명하고 효율적인 정부를 지향해야 하고, 대외개방적인 마음가짐과 정책을 강구해야 한다. 부정부패를 척결하고 사회통합을 이루어

나가야 한다. 정치가 선진화되어야 하고, 국력을 높여나갈 비전을 마련해야 한다.

이러한 정책적 · 제도적 환경에 대한 국제비교의 시도로서 대표적인 것으로는 헤리티지재단의 경제자유도지수(Index of Economic Freedom)를 들 수 있을 것이다. 이 경제자유도지수는 10개의 하위 항목을 반영하여 작성된다.[7] 우리나라의 경제자유도지수는 71.2점으로 G20 국가들 중 7위(전체 178개국 중 31위)를 차지한 것으로 나타난다. 하위 항목들의 점수를 보면, Business Freedom(92.8점)과 Financial Freedom(80.0점), Monetary Freedom(79.6점)은 상당히 좋은 점수를 받았고, Fiscal Freedom(72.6점), Government Spending(72.6점), Trade Freedom(72.6점), Investment Freedom(70.0점), Property Rights(70.0점)는 그런대로 괜찮은 점수를 받았지만, Freedom from Corruption(54.0점), Labor Freedom(47.8점)은 좋지 않은 점수를 받은 것으로 나타난다. 또 다른 지표로는 각국이 기업의 창업과 활동에 얼마나 우호적인 환경을 제공하고 있는지를 측정하는 World Bank의 기업우호도지수(Ease of Doing Business Index)를 들 수 있다.[8] 이 지수도 10개의 하위 항목을 반영하여 작성되는데, 우리나라의 기업우호도지수는 G20 국가들 중 미국에 이은 2위(전체 189개국 중 7위)를 차지한 것으로 나타난다. 하위 항목들의 189개국 중 순위를 보면, 우리나라의 경우 Getting Electricity(2위), Enforcing Contracts(2위), Trading Across Borders(3위) 분야는 최상위 그룹에 속하고, Getting Credit(13위), Resolving Insolvency(15위), Dealing with Construction Permits(18위), Paying Taxes(25위), Starting a Business(32) 분야는 그런대로 잘 하고 있으나, Protecting Investors(52위), Registering Property(75위) 분야는 좋지 않은 기업여건을 제공하고 있는 것으로 나타난다. 이들 지표와 우리가 진행하고 있는 종합국력 연구의 다른 분야 지표들을 참조하여 잘 되고 있는 분야는 계속 더 잘 하도록 노력하고 잘못되고 있는 분야는 특히 신경을 써서 제도적 · 정책적 개선을 이루기 위해 분발할 필요가 있다 하겠다.

---

7 Heritage Foundation, 2014 Index of Economic Freedom; http://www.heritage.org/index/explore 참조.

8 World Bank, Doing Business: Measuring Business Regulations, June 2013; http://www.doingbusiness.org/rankings 참조.

하드파워

H4. 과학기술력

1. 과학기술과 경제사회 발전

다윈은 "세상에 살아남는 것은 강한 종(種)도 영리한 종도 아닌 바로 변화에 적응할 줄 아는 종이다"라고 하였다. 나라의 경우에도 마찬가지다. 강한 힘을 가졌던 몽골, 문명의 발상지였던 이집트 등의 예에서 보듯이 힘만으로 나라를 지키고 국민을 잘살게 할 수는 없다. 끊임없는 안팎의 변화에 어떻게 대응하고 이들 변화를 어떻게 자국의 발전으로 활용하느냐가 중요하다. 변화에 가장 잘 대응하는 방법은 바로 변화를 주도하는 것이다. 인류 역사의 변화를 주도한 것은 다름 아닌 과학 그리고 그것을 바탕으로 한 기술이다. 과학기술이 산업 경쟁력, 정치적 영향력, 군사적 힘의 원천일 뿐 아니라 우리 사회의 지속성장을 가능케 하는 열쇠이기 때문이다. 오늘의 세계가 서구 주도의 질서하에 있는 것도 서구의 과학기술력 때문이다.

산업혁명 이후 세계경제 성장은 과학기술이 주도하였다. 오늘날의 교통, 통신, 농업, 교육, 보건, 국방, 이 모든 것이 과학기술에 기초한 교육과 연구개발의 결과이다. 과학기술이 만들어 낸 전기, 통신, 위생시설, 교통 덕분에 인류의 삶은 편리하고, 건강하고, 윤택해졌다. 과학기술은 인류를 천연두, 결핵, 콜레라, 소아마비 등 전염병, 기아, 재난, 그리고 고된 노동으로부터 해방시켰다. 20세기 초 미국 노동인구의 38%가 고된 농업생산에 투입되었다. 21세기가 되면서 유전공학, 영양학 등은 농업을 완전히 바꾸어 놓았다. 단위 면적당 농업생산성은 2.5배 증가하였고 인당/시간당 생산성은 10배 이상 증가하였다.[1] 그 결과 농업인구는 전체의 3%로 격감하였다.

산업의 경우 과학기술의 영향은 농업에 비할 바가 아니다. 어떤 이는 "20세기의 물질적 발전은 인류사 전체를 통틀어 일어난 발전보다 질적, 양적으로 앞선다"고 할 정도이다.[2] 콘스터블과 좀머빌은 이러한 변화를 주도한 기술로 다음 20개를 지목하였다: 전기, 자동차, 항공기술, 요수공급체제, 전자기술, 라디오/TV, 농업기술, 컴퓨터, 전화, 에어컨/냉장고, 고속도로, 항공우주기술(로켓, 유도기술, 복합경량재료, 추진기술, …), 인터넷, 이미징기술(사진, 전자망원경, 소나, 레이더, …), 가전기술, 보건기술, 석유화학기술, 레이저/광섬유, 원자력기술, 고기능재료(티타늄, 합성다이아몬드, 초전도체, 그라파이트, …)[3] 20세기에 출현한 이들 기술은 산업, 보건, 국방 등의 개념을 바꾸어 놓았고, 인간의 의식주 방식에 혁명적 변화를 초래하였다.

과학기술자들이 개발한 도구와 시스템은 경제발전과 사회복지의 바탕이 될 뿐 아니라 문화의 특성을 결정하는 중요한 요소가 된다. 과학기술자가 창출한 새로운 지식은 현대사회 문화를 결정하는 도구와 시스템으로 연결될 뿐 아니라 경제성장과 삶의 질 향상의 바탕이 된다. 현대 경제가 급속히 지식집약화되면서 새로운 지식을 창출, 선택, 활용하는 우리 사회의 능력이 더 중요해졌다.

그러나 이러한 과학기술이 만들어지는 과정은 결코 간단하지 않다. 과학기술은 기초연구, 응용연구는 물론 이들 연구결과를 활용할 수 있는 유능한 인력, 연구라는 불확실한 활동에 투자하는 모험자본, 연구 및 기술 혁신을 지원하는 물적 · 제도적 시스템 등 수많은 그리고 거대한 시스템이 상호 작용하여 만들어 내는 것이다. 이 모든 요소들이 상호 결합하여 새로운 지식을 만들어 내고 그 지식을 새로운 제품 혹은 서비스로 전환하게 된다. 그만큼 현대 경제 사회의 발전은 새로운 과학지식을 창출하고 활용하는 사회의 능력에 달려 있다고 할 수 있다. 결국 새로운 지식을 창출하기 위한 연구개발 활동 그리고 창출된 지식의 활용을

---

1 National Research Council, *Frontier in Agricultural Research: Food, Health, Environments and Communities*, Washington DC: National Academy Press, 2003.

2 S. Moore and J. L. Simon, The Greatest Century That Ever was: 25 Miraculous Trends of the Last 100 Years, *Policy Anaysis* No. 364, Washington DC, Cato Institute, Dec. 15, 1999.

3 G. Constable and B. Somerville, *A Century of Innovation: Twenty Engineering Achievements That Transformed Our Lives*, Washington, DC: Joseph Henry Press, 2003.

촉진하는 경제/사회 제도/환경이 한 사회의 성장잠재력을 결정하게 된다는 것이다. 이러한 일련의 과정은 새로운 고용을 창출하고 삶의 질을 높이며 사회의 발전을 견인하는 것이다.

1) 과학기술 투자의 경제적 효과

이미 오래전 솔로우는 생산성은 노동과 자본보다도 연구개발 혹은 지식의 획득, 활용 능력에 달려 있다고 하였다.[4] 정부가 연구개발에 투자하는 것도 이러한 논리에서이다.

솔로우를 시발로 그동안 연구개발 투자효율을 추정하는 경제학적 연구가 활발하게 진행되었다. 이들 연구 결과에 따르면 공공연구개발 투자에 대한 수익률은 연 20~67%에 이르고 전체적으로 볼 때 기초연구에 대한 투자수익률도 연 28%에 달하는 것으로 나타났다.[5] 민간 연구개발 투자의 경우 수익률이 더 높게 나타났다. 민간 연구개발의 사회적 수익률은 연 20~110%로 민간부문의 연구개발 투자가 경제사회 발전에 매우 중요한 역할을 하였음을 잘 설명해 주고 있다.[6]

연구개발 투자효율은 추정방법, 추정대상에 따라 다르게 나타난다. 그러나 모든 분석결과에 나타나듯이 연구개발 투자의 경제적 효과에 대해서는 이론의 여지가 없다.

연구개발의 더욱 중요한 역할은 새로운 산업의 창출이다. 1990년대 이후 새로이 등장한 IT산업이 연구개발 투자의 경제적 효과를 잘 설명하여 주는 사례이다. 정보통신 기술에 대한 연구개발 투자는 1990년대 이전만 하더라도 존재하지 않았던 새로운 산업을 창출하였다. 그래서 공공 및 민간 부문의 연구개발 투자를

---

4 R. M. Solow, "Technical change and the aggregate production function," *The Review of Economics and Statistics* 39(1957): 312–320, and R. M. Solow, "Investment and Technical Progress," 1960, in Arrow, Karlin and Suppes, eds., *Mathematical Models in Social Sciences*.

5 A. Scott *et al.*, Teh economic returns to basic research and the benefits of university–industry relationship, Report to the UK Government Office of Science and Technology. SPRU. and E. Mansfield, Academic Research and Industrial Innovation, *Research Policy* 20(1991): 1–12.

6 Center for Strategic and International Studies, *Global Innovation/National Competitiveness*, Washington DC: CSIS, 1996.

표 1 _ 공공연구개발 투자의 수익률(연간)

연구자	연구대상	공공연구개발 투자 수익률(년)
Griliches (1958)	Hybrid corn	20~40%
Peterson (1967)	Poultry	21~25%
Schmitz–Seckler(1979)	Tomato harvester	37~46%
Griliches(1968)	Agricultural research	35~40%
Evenson(1968)	Agricultural research	28~47%
Davis(1979)	Agricultural research	37%
Evenson(1979)	Agricultural research	45%
Davis and Peterson(1993)	Agricultural research	37%
Mansfield(1991)	All academic scientific research	28%
Huffman and Evenson(1993)	Agricultural research	43~67%
Cockburn and Henderson(2000)	Pharmaceuticals	30% +

Source: Scott *et al.*, The economic returns of basic research and the benefits of univeristy–industry relationships, Report for the UK government Office of Science and Technology, SPRU, 2001 (Available at http://www.sussex.ac.uk/spru/documents/review for ost final.pdf)

표 2 _ 민간연구개발 투자의 수익률(연간)

연구자	사적 수익률	사회적 수익률
Nadiri(1993)	20~30%	50%
Mansfield(1977)	25%	56%
Terleckyj(1974)	29%	48~78%
Sveikauskas(1981)	7~25%	50%
Goto–Suzuki(1988)	26%	80%
Bernstein–Nadiri(1988)	10~27%	11~111%
Scherer(1982, 1984)	29~43%	64~147%
Bernstein–Nadiri(1991)	15~28%	20~110%

Source: Center for Strategic and International Studies, *Global Innovation/National Competitiveness*, Washington DC: CSIS, 1996.

바로 "산업의 연료(fuel for industry)"라고 한다.[7] 과학기술의 경제적 중요성은 IT 산업의 생산, 고용 효과 등을 보면 잘 알 수 있다. 예를 들어 통신서비스산업은 미국에서만도 1백만 개 이상의 신규고용 그리고 연 3,500억 달러가 넘는 매출 창출 효과를 거두었다. 더 최근의 사례로 DNA의 분자구조에 관한 기초연구가 새

7 Council of Economic Advisors, 1995 Economic report of the President, United States Government Printing Office, Washington DC.

로운 치료기술, 더 나아가 새로운 산업, 바이오산업으로 연결된 것이 좋은 예이다. 그러나 이보다 더 중요한 것은 통신서비스산업이나 바이오산업과 같은 새로운 산업이 전체 경제의 생산성에 미치는 효과이다.

표 3 _ IT산업의 매출 및 고용 창출 효과(2000)

	산업분류	매출액(10억 달러)	고용창출(개)
IT 제조업			
컴퓨터 및 주변기기	3341	110.0	190,000
통신기기	3342	119.3	291,000
소프트웨어	5112	88.6	331,000
반도체 및 전자부품	3344	168.5	621,000
IT 서비스 산업			
정보처리 서비스	5142	42.9	296,000
통신 서비스	5133	354.2	1,165,000

Source : National Research Council, Impact of Basic Research on Industrial Performance, Washington DC : National Academy Press, 2003.

우리나라의 경우에도 과학기술의 경제발전에 대한 기여도는 다양한 분석을 통해 확인된 바 있다. 우리나라의 총 연구개발규모(2007년)는 337억 달러로 미국, 일본, 독일 등에 이어 OECD 국가 중 7위 수준이며 GDP 대비 3.47%로 세계 선두 수준이다. 양적인 측면에서 우리나라의 R&D 투자는 선진국 수준에 이미 진입하였다고 할 수 있다. 경제성장에 대한 노동과 자본의 기여율이 전반적인 하락 추세를 보이는 가운데 총요소생산성[8]의 기여율이 1970년대 20%에서 2000년대 40% 이상으로 크게 상승하였고 특히 총요소생산성의 연구개발 탄력도(R&D elasticity of total factor productivity), 즉 연구개발의 효율성은 1990년대 이후 그 이전(1970~1990년)에 비해 뚜렷이 개선되는 추세에 있다. 1970~1990년 기간과 1991~2004년 기간을 구분하여 추정한 결과, 외환위기 이전에는 R&D 탄력도가 0.152였으나, 우리나라의 R&D 투자집중도가 급속도로 늘어난 1991년 이후에는 우리나라 총요소 생산성의 연구개발 탄력도[9]가 0.205인 것으로 나타났다.

---

8 총요소생산성이란 자본과 노동 투입에 의해 설명되지 않는 잔차항으로서 과학기술혁신, 지식축적, 인적 자본 축적, 대외개방의 확대, 금융 및 노동시장 제도의 효율화 등 다양한 요인들의 기여분을 모두 포함하는 것으로 특히 주로 기술혁신의 효과를 의미함.

9 총요소생산성에 대한 연구개발 탄력도는 R&D 투자스톡이 1% 증가할 때 총요소생산성이 얼

표 4 _ 우리나라 총요소생산성에 대한 연구개발투자 탄력도의 시기별 변화

	1970~1990년	1991~2004년
연구개발투자 탄력도	0.152	0.205

이러한 결과는 민간 기업집단의 기술역량이 일부 세계적 수준으로 도약하면서 연구개발이 기술혁신으로 이어진 결과로 볼 수 있다. 우리나라 총 연구개발비 투자의 74%가 기업 부담이며 이 중 39.6%가 상위 5개사에 의한 것이다. 세부산업별로 매출액 대비 연구개발비 비율을 보면 의료, 정밀, 광학기기 산업이 7.5%로 가장 높으며 영상, 음향 및 통신기기가 6.71%, 전자부품(반도체 포함)이 6.37%로 연구개발 집약도가 높은 산업은 상위 기업집단이 이끌고 있는 산업분야와 일치한다. 이는 우리나라의 잠재성장률 구조가 선진국형과 같이 요소투입이 아닌 총요소생산성의 기여율이 가장 높아지는 구조로 전환되고 있음을 보여주는 것이다.

앞의 여러 사례가 말해 주듯이 20세기 미국 경제성장의 50%, 삶의 질 향상의 80% 이상이 기술발전에 의한 것이라고 한다(솔로우 등). 그러나 더 중요한 사실은 과학기술을 기반으로 하는 성장은 사람이 주도하는 성장으로 그 혜택이 사회 전반에 확산된다는 것이다. 그래서 과학기술은 생산적 성장(Productive growth), 통합적 성장(Inclusive growth), 그리고 지속가능 성장(Sustainable growth)을 만들어 낼 수 있다.[10] 생산적인 성장은 양질의 일자리 창출을 통해 높은 소득을 만들어 주는 성장이다. 부가가치가 높은 기술집약적 제조업 중심의 성장이 이에 해당된다. 통합적 성장은 국민에게 교육과 고용의 기회를 널리 제공함으로써 건전한 중산층을 두텁게 만들어 주는 성장을 말한다. 과학기술은 교육과 연구 그리고 기술혁신을 통해 사람(인적 자본)이 성장의 주역이 되게 함으로써 그 혜택이 사회 전반에 확산되고 중산층을 두텁게 하는 성장을 만들어 낸다. 또한, 과학기술은 새로운 에너지 기술의 개발, 새로운 생산 방식의 개발을 통해 지속가능한 성장을 이끈다. 따라서 경제적 번영, 사회적 통합, 환경적 지속성이 선진사회의 조건이라면 과학기술 없이 선진사회로의 진입은 불가능하다고 할 수밖에 없다.

마나 증가하느냐를 의미함. 즉 연구개발투자효율성을 나타내는 지표로 0.205는 미국과 일본에 비해서는 떨어지나 캐나다와 이탈리아에는 앞서 전반적으로 OECD 국가 평균 수준임.

10 Bruce Katz and Robert Puentes, Brookings Institution, 2009, Memo to the President-Elect Obama: Invest in Long-term Prosperity.

2. 과학기술력의 의미와 측정 방법

앞에서 본 대로 과학기술이 경제사회 발전에 핵심적인 역할을 한다는 것은 이미 잘 알려진 바다. 그러나 좁은 의미의 과학기술만으로 이러한 성과가 만들어진 것은 아니다. 구소련의 경우 강력한 과학기술적 성과를 만들어 냈음에도 불구하고 그것을 경제사회 발전으로 연결시키지 못한 것은 창출된 지식과 정보를 사회 전반에 확산하고 활용하는 능력을 갖추지 못하였기 때문이다. 이러한 관점에서 본다면 근년에 활발하게 논의되고 국가발전 전략으로 응용되고 있는 "지식경제(Knowledge economy)"의 관점에서 과학기술력을 정의하는 것이 바람직하다.

즉, 지식사회에서 한 국가의 경쟁력은 새로운 지식/정보의 창출, 확산/흡수, 그리고 경제사회적 목적을 위한 활용 능력이 결정한다는 것이다. 따라서 본 연구에서 과학기술력은 새로운 지식과 정보를 만들어 내고 이를 흡수/확산하며 사회경제적 발전을 위해 활용하는 사회의 능력을 의미한다. 과학기술력이라고 함은 과학기술 지식/정보의 창출, 흡수/확산 및 활용 능력을 통칭한다고 할 수 있으며 과학기술 선진화 수준 혹은 과학기술 경쟁력과는 다른 개념이다. 과학기술 선진화 혹은 과학기술 경쟁력이 과학기술의 질적 측면 혹은 효율성을 강조한다면 과학기술력은 질적, 효율적 측면뿐 아니라 양적 규모까지 포함하는 그야말로 과학기술에 있어서의 "힘(Power)"을 의미한다고 하겠다.

이러한 의미에서 과학기술력은 "새로운 지식과 정보를 효율적으로 창출, 확산하고 이를 사회경제적으로 유익한 제품 혹은 서비스로 전환하고 활용하는 국가사회의 능력"이라고 정의한다. 좀 더 구체적으로, 이러한 의미의 과학기술력을 측정하기 위해서는 그 나라가 과학기술에 상대적으로 얼마나 많은 자원을 투입하느냐(R&D 투자의 GDP 비중 등)도 중요하지만 사회 구성원의 교육수준, 정보 유통 기반, 기술혁신과 관련된 규제제도 등 다양한 요소들을 평가하여야 할 것이다.

1) 지식/정보 창출능력

지식/정보의 창출 과정은 다양하다. 그러나 새로운 지식의 창출은 대개 연구개발을 통해서 이루어진다. 그래서 새로운 과학기술 지식 및 정보의 창출능력은 두 가지 관점에서 평가되어야 한다. 첫째, 연구개발을 위한 투입 자원이다. 여기에는 연구비 그리고 연구를 수행하는 연구원이 포함된다. 국가의 규모에 따라 연구개발 자원이 상대적으로 더 클 수 있어 중소국이 다소 저평가될 수 있는 소지는 있지만 이를 다소 보완하기 위해서 GDP에서 연구개발 투자가 차지하는 비중도 같이 감안한다. 둘째, 연구개발 성과이다. 연구개발 성과는 다양한 형태로 나타나지만 가장 구체적이고 가시적인 것은 과학기술 논문과 특허이다. 이 경우에도 논문과 특허의 질적 문제가 따르기는 하지만 현실적인 성과 평가의 기준으로서 가장 널리 활용되고 있다. 더 구체적으로는 지식/정보 창출능력은 다음과 같이 측정, 비교한다.

지식/정보 창출력 = F[국가 연구개발 투자(민간+정부), 연구개발 투자의 GDP 비중, 연구개발 성과(논문+특허)]

- **평가방법**: 실제 수치를 표준화하고 이들 표준지표를 기초로 평가〈표준지수 산식: 표준지수 = ((국별실제수치−평균치)/표준편차)×10)+50〉. 평가는 성과중심으로 하여 투입에 40%(총연구개발투자 30%, 인력 5%, 투자의 GDP 비중 5%), 산출에 60%(논문 30%, 특허 30%)의 가중치를 두어 계산
- **자료원**: 연구개발 인력(2009, UNESCO, WB), 연구개발 투자(2009, 경상가격, 미달러화: 총액 및 대 GDP 비중: UNESCO, WB), 과학기술논문(2010, NSF), 미국특허(2005−09, USPTO)

2) 지식/정보 확산, 흡수 능력

이는 새로운 지식/정보가 얼마나 빨리 사회 전반에 확산되고 흡수되는가를 측정하는 것이다. 한 사회가 새로운 지식과 정보의 가치를 이해하고 흡수하기 위해서는 구성원 전반의 지식/정보 이해 능력이 필수 요건이다. 가장 쉽게 설명한다면 국민의 교육수준이 매우 중요하다는 것이다. 뿐만 아니라 새로운 지식과 정보를 접할 수 있는 기회 혹은 경로가 갖추어져 있어야 할 것이다. 따라서 지식/정보 확산, 흡수 능력은 다음과 같이 결정된다고 할 수 있다.

지식/정보 확산, 흡수 능력 = G(국민의 교육 수준, 정보 유통 인프라, 지적재산권 보호 제도 등)

- 평가방법: 국민의 교육 수준은 평균교육 연수(Years of schooling), 정보 유통 기반을 측정하기 위해 인터넷 사용자 수, 지식 창출 및 유턴 유인제도로서 지적재산권 보호제도 등을 평가. 앞의 표준화 과정을 거쳐 각 요소에 같은 가중치 부여(1/3씩), 측정.
- 자료원: 인구 1000명당 인터넷 가입자 수(2010, ITU), 지적재산권 보호제도 (2012, Property Rights Index, Property Rights Alliance and Americans for Tax Reform)

3) 지식/정보 활용 능력

지식/정보 활용 능력은 국내 혹은 해외에서 창출된 지식/정보를 얼마나 빨리 그리고 효과적으로 활용하는 능력을 갖추었는가를 나타낸다. 여기에서는 제도적인 측면이 중요하다. 예를 들어 새로유 기술을 활용하기 위해서는 새로운 투자 혹은 창업의 과정을 거치게 되는데 이러한 일련의 과정을 규정하는 사회의 제도가 얼마나 기술혁신 친화적이냐 하는 것이다. 만약 창업을 하는 데 소요되는 비용이 과도하고 긴 시간을 요한다면 신기술의 활용은 매우 어렵게 될 것이다. 투자자를 보호하고, 계약이 제대로 이행될 수 있는 제도가 갖추어졌느냐도 중요하다. 외국인 투자의 유입장벽이 있다면 해외의 기술이 국내에서 활용될 수 있는 기회를 제한하는 결과를 초래할 수도 있다. 이와 함께 결과적인 측면에서는 신지식/정보를 잘 활용하는 국가는 다른 나라에 비해 첨단기술제품을 더 많이 생산하고 수출하는 경쟁력을 갖게 될 것이다. 이러한 관점에서 지식/정보 활용 능력은 다음과 같이 결정된다고 본다.

지식/정보 활용 능력 = H(규제제도의 질, 모험자본(Venture capital availability), 외국인 직접투자 유입, 첨단제품 수출 비중)

- 평가방법: 위와 같은 표준화 과정을 거쳐, 규제제도의 질 25%, 벤처자본의 가

용성에 25%, 외국인 직접투자 여건을 나타내는 외국인 직접투자 총액의 대 GDP 비중에 10%, 그리고 신기술 활용의 최종적 지표라 할 수 있는 첨단기술 제품 세계수출시장 점유율에 40%의 가중치를 두어 평가.

- 자료원: 규제제도의 질(2010, WB), 벤처자본의 가용성(2009, 1-7 Scale, WEF), 외국인 직접투자 총액의 GDP 비중(2010, WB), 첨단기술제품 수출 비중(2010, WB)

4) 과학기술력

위의 요소들을 결합하여 과학기술 국력을 평가한다.

- 과학기술 지식/정보의 창출 능력: 연구개발 투입자원, 연구개발성과(논문, 특허)
- 과학기술 지식/정보의 확산 능력: 지식정보 접근/확산 체제
- 과학기술 지식/정보의 활용 능력: 지식/정보의 활용을 위한 제도환경, 자원, 첨단기술제품 경쟁력 등
- 과학기술 국력 = 1) + 2) + 3), 여기에서 지식/정보 창출력에 0.7, 확산/흡수력 및 활용 능력에 각 0.15의 가중치를 부여 평가

3. 과학기술력 평가 결과: 개관

이러한 의미의 과학기술력을 G20 국가에 대해 평가한 결과, 한국은 평가 대상 20개국 중 7위로 나타났다. 5년 전 평가와 같다. 이를 내용별로 보면 한국은 과학기술 지식/정보 창출력에서 7위, 흡수/확산력에서 6위, 그리고 활용력에서도 7위로 평가되었다. 비교대상국 중 과학기술력 1위는 미국, 2위 일본, 3위 독일, 4위 영국 등 대략 예상대로의 순위이다. 한국의 상대적으로 짧은 연구개발 역사를 고려할 때 상당히 놀라운 성과라고 할 수 있다.

한국이 비교적 강세로 나타난 데는 몇 가지 요인이 있다. 첫째, 연구개발 투자이다. 한국의 연구개발 투자는 규모면에서 비교대상국 중 7위, 대 GDP 비중으로는 2위이다. 둘째, 한국의 미국특허 등록건수가 전체의 4위로서 과학기술 지식/정보 창출력을 높인 요인으로 작용하였다. 셋째, 한국의 정보통신 기반, 특히, 인

터넷 가입률 전체의 2위로서, 한국의 과학기술 지식/정보 흡수/확산력에 크게 기여하였다. 넷째, 한국의 첨단기술제품 수출이 제조상품 수출의 32%로서 비교대상국 가장 높았기 때문이다. 한국의 과학기술 지식/정보 활용력도 상당한 것으로 평가되었다. 우선 교육 수준이 높고 인터넷 보급률이 높을 뿐 아니라 지적재산권 보호제도도 크게 강화된 것이 주요인이다.

한국이 취약한 부문도 있다. 첫째, 과학기술 연구의 성과로서 논문발표의 양적, 질적 수준이 아직 다른 나라에 뒤지고 있다. 논문 수만 따지더라도 비교대상국 중 10위로서 연구개발 투자액 순위에 훨씬 못 미치고 있다. 거기에다 우리나라 논문당 피인용 횟수는 3.44로 미국의 6.69, 영국의 6.11, 독일의 5.93 등에 크게 뒤지고 있다. 둘째, 연구 결과의 활용에 중요한 영향을 미치는 기업환경이 문제이다. 우리나라에서 창업하는 데 소요되는 기간은 5년 전 17일에서 7일로 크게 개선되었으나 전반적인 규제환경은 비교대상국 중 평균에도 미치지 못하는 상황이다. 셋째, 우리나라의 투자환경이 문제이다. 투자환경을 설명하는 변수로서 외국인 직접투자의 대 GDP 비중을 비교하였다. 2000~05년간의 실적을 보면, 한국에 유입된 외국인 직접투자는 GDP의 0.9%로서 비교대상국 중 16위에 불과하다. 한국의 창업여건과 투자환경이 좋지 않고 따라서 새로운 기술이 산업으로 전환될 수 있는 기회도 제한되고 있다는 의미로 해석될 수 있다.

전체적으로 결과는 예상을 크게 벗어나지 않는다. 그러나 예상 밖의 결과도 있다. 러시아의 경우 과학기술력이 매우 강한 것으로 알려져 있고 실제 매우 강한 나라이지만, 과학기술적 성과가 논문, 특허 등에 제대로 나타나지 않고 있으며, 또한 국내 정치, 사회, 경제적 제도가 제대로 정비되지 못해 과학기술 정보/지식의 확산 및 활용체제가 미흡하여 평가대상 20개국 중 14위로 나타났다. 중국도 비슷한 경우이다. 중국의 과학기술 지식/정보 창출력은 4위로 평가되었지만 확산능력이 17위로 나타나 전체 과학기술력은 9위로 평가되었다. 그러나 최근 성장세로 보아 중국의 과학기술 선진대국화는 그리 멀어 보이지 않는다. 인도의 경우도 예상 밖이다. 5년 전 인도는 전체 순위에서 13위였으나 그 순위가 17로 크게 후퇴하였는데 역시 인도의 경우 과학기술의 2중구조가 문제인 것으로 보인다. 앞선 과학기술역량에도 불구하고 국민의 낮은 교육수준, 인터넷을 포함한 취약한 인프라, 제도적 미비 등이 과학기술과 사회 발전의 연계를 저해하고 있다는 것이다.

주목하여야 할 사실은 미국의 독주이다. 표준화된 지표를 보더라도 미국은 2위와 경쟁이 되지 않는 부동의 1위로 평가되었다. 크게 앞선 1위 미국 그리고 일본, 독일, 영국, 프랑스 중심의 세계 과학기술 체제는 앞으로도 계속될 것으로 보인다. 중국, 인도, 러시아 등이 물적, 제도적 과학기술 기반을 강화하는 데 성공한다면 과학기술력의 판도에 큰 변화 요인이 될 수 있을 것이나 그렇지 않는 한 지금의 구조는 상당 기간 유지될 전망이다.

표 5 _ 2014 과학기술력 평가 결과: 총괄

	지식/정보 창출 능력		지식/정보 확산/흡수 능력		지식/정보 활용 능력		과학기술력	
	표준지수	순위	표준지수	순위	표준지수	순위	표준지수	순위
Argentina	45.70	18	42.66	16	38.71	20	44.19	19
Australia	47.71	9	60.86	2	56.49	5	51.00	9
Brazil	46.87	13	47.34	11	46.86	13	46.94	13
Canada	48.40	8	59.75	5	58.52	3	51.62	6
China	52.22	4	42.00	17	56.21	6	51.28	8
France	49.74	5	56.93	8	57.58	4	51.99	5
Germany	52.53	3	60.65	3	51.75	8	53.63	3
India	46.68	14	34.19	20	45.17	15	44.58	17
Indonesia	45.41	19	33.15	19	49.51	11	44.19	20
Italy	47.83	10	49.94	10	44.24	17	47.60	11
Japan	59.87	2	60.39	4	51.54	9	58.70	2
Korea, Rep.	49.23	7	59.51	6	54.18	7	51.52	7
Mexico	45.75	17	43.81	15	49.86	10	46.07	15
Russian Federation	47.39	11	44.88	14	42.10	18	46.22	14
Saudi Arabia	45.38	20	45.56	12	47.54	12	45.73	16
South Africa	45.85	16	45.01	13	54.10	16	46.96	12
Spain	47.35	12	52.67	9	46.38	14	48.00	10
Turkey	46.05	15	41.03	18	40.55	19	44.47	18
United Kingdom	49.57	6	57.90	7	59.14	1	52.25	4
United States	80.35	1	61.53	1	58.79	2	74.29	1

* 표준지수는 소수점 2자리에서 절삭.

한편, 평가 방법의 변화는 순위에 큰 영향이 없는 것으로 나타났다. 평가 방법은 기본적으로 변함이 없었으나 지식/정보 확산/흡수 능력을 평가하기 위해 국민의 교육수준(Average years of schooling)을 추가하였고, 새로운 지식/정보 활용 능력을 평가하는 데 있어서 "창업에 소요되는 일수" 대신 "규제제도의 질(Quality of regulatory system)"을 포함시켰다. 창업소요 일수(Days required to start business)는 기업환경을 설명하는 중요한 변수이나 설명의 범위가 극히 부분적이어서 이보다는 전반적인 환경을 평가할 수 있는 규제제도의 질적 측면을 보기로 하였다.

표 6 _ 2009~2014 비교

	2014 순위 (새로운 방법)	2014 순위 (2009 방법)	2009 순위
Argentina	19	19	19
Australia	9	9	8
Brazil	13	12	18
Canada	6	7	6
China	8	8	9
France	5	5	5
Germany	3	3	3
India	17	17	13
Indonesia	20	20	20
Italy	11	10	11
Japan	2	2	2
Korea, Rep.	7	6	7
Mexico	15	15	15
Russian Federation	14	13	14
Saudi Arabia	16	13	12
South Africa	12	16	16
Spain	10	11	10
Turkey	18	18	17
United Kingdom	4	4	4
United States	1	1	1

그 결과는 표에 나타난 대로 크게 차이가 없다. 큰 차이를 나타내는 경우는 사우디아라비아와 남아프리카공화국인데 이들 국가의 경우 기업환경 변수가 원인이었다. 남아프리카공화국의 경우 창업소요 일수가 19일로서 사우디아라비아의

5일에 비해 현저하게 긴데 이 변수가 전반적인 규제제도의 질로 대체됨으로써 나타난 현상인 것으로 보인다(규제제도의 질은 양국이 엇비슷하다). 한국의 경우에도 종전 방식을 쓰면 순위가 6위로 상승하는 것으로 나타났는데, 이 또한 기업환경 변수의 변동에 기인한 것으로 보인다. 한국은 그동안 창업 소요기간이 7일로 크게 줄었는 데도 불구하고 규제제도 전반의 질적 변화는 만들어 내지 못하였기 때문인 것으로 분석된다.

4. 우리 과학기술, 무엇이 문제인가?

1) 양적 성장의 한계

분석 결과에 나타났듯이 이제 자원투입의 양적 성장을 통해 과학기술력을 키우는 데는 한계가 왔다. 우리의 경제 및 인구 규모로 보아 선진 대국보다 더 많은 자원을 과학기술에 동원하기는 불가능하기 때문이다. 따라서 이제는 제도의 개선, 시스템 혁신을 통한 과학기술력 강화에 나서야 할 것이다. 연구개발체제의 혁신, 그리고 연구성과의 확산 활용을 극대화할 수 있는 제도의 구축이 무엇보다 중요하다. 연구개발 투자의 효율화를 위한 전략적 관리와 함께 창의적 연구에 과감하게 투자하는 새로운 정책 패러다임이 수립되어야 한다. 또한 연구성과의 확산/흡수 능력의 강화를 위한 교육제도의 개선, 새로운 기술과 아이디어가 쉽게 경제적 가치로 연결될 수 있도록 기업 및 투자 환경을 대폭 개선하는 노력이 무엇보다 중요하다.

2) 원천기술력의 부재

지금까지 우리 과학기술은 외형적으로 놀라운 성과를 거두었다. 논문, 특허, 첨단제품 경쟁력 등 여러 방면에서 괄목할 만한 성과를 거두었다. 그러나 그러한 양적 성장에도 불구하고 극복해야 할 문제는 많다. 우선 논문의 질이 좋아져야 한다. 논문으로 본 우리 과학기술의 순위는 G20 중 10위, 그러나 우리나라 논문당 피인용 횟수는 3.44로 미국의 6.69, 영국의 6.11, 스위스의 7.41, 독일의 5.93

등에 크게 뒤지는 세계 30위에 머물러 있다. 기술개발도 마찬가지이다. 현재 우리나라의 첨단기술제품 수출점유율은 이번 평가대상국 중 5위로 상당히 높게 나타났다. 그러나 우리의 경우 원천기술은 해외에서 도입하고 신제품개발을 위한 주변기술은 국내에서 개발, 확보하는 것이 그간 기술개발 전략의 핵심이었다. 그러다 보니 우리가 세계적 경쟁력을 가지고 있다는 제품일수록 해외 원천기술에 대한 로열티 지급액이 더 많은 기이한 현상이 나타난다. 일례로 국내 휴대폰 생산 기업이 CDMA 로열티로 퀄컴에 지급한 금액이 1995~2006년간 3조 4천억 원이 넘는다. 우리가 가장 잘한다는 전기전자 부문의 연간 해외 로열티 지급액이 25억 달러로 가장 많고 그 다음이 기계, 정보통신, 화학 순으로 되어 있다. 이제 창의적 연구, 핵심기술개발 능력을 키워야 한다. 창의적 연구가 필요한 이유이다.

3) 연구개발체제의 불균형

국내 연구개발의 76.2%는 민간 기업이 수행한다. 출연연구기관 등 공공연구기관이 13.1%, 나머지 10.7%는 대학이 담당한다. 미국, 일본 등 거의 모든 선진국의 경우에도 기업의 몫이 제일 크다. 그러나 우리의 경우 기업의 비중이 일본과 함께 OECD 국가 중 가장 높다. 그러다 보니 우리 연구개발의 대부분인 84.2%가 응용 및 개발연구에 쓰이고, 기초연구에 투입하는 돈은 전체의 15.7%에 불과하다. 기초연구에 대한 투자는 미국의 18.6%, 독일의 20.7%, 프랑스의 24.1%에 비해 매우 낮다. 특히 우리 정부 연구개발의 21.8%, 민간 연구개발의 39.8%가 정보통신기술에 집중되어 있고 상위 20대 기업이 민간 연구개발의 53.5%를 차지하는 등 분야별 집중도와 대기업 집중도가 과도하다. 따라서 우리의 경우 기초연구와 응용개발연구, 대기업과 중소기업, IT산업과 비IT산업 간의 불균형이 심한 구조적 취약점을 안고 있다. 기술개발 편향적 연구개발 투자로 우리 연구개발 투자의 특허 생산성은 높은 데 반해 논문 생산성은 낮다. 또한 중소기업의 기술적 취약성은 건전한 산업발전에 장애 요인이 되고 있다. 통계의 한계로 타국과의 비교는 어려우나 우리 시스템의 약점임에는 틀림이 없다.

4) 폐쇄적 연구체제

현재 국내 연구개발 투자 중 해외 자금의 비중은 0.3%, 영국의 19%, 오스트리아의 17% 등 다른 OECD 국가들과 비교가 되지 않을 정도이다. 세계 50대 기업의 해외 투자 중 우리나라에 유입된 것은 자동차 분야 3%, 전자 2% 정도가 눈에 띌 정도이다.[11] 외국인 직접투자도 마찬가지이다. 우리나라에 들어온 외국인 직접투자의 GDP 비중은 0.6%, 정보기술혁신재단이 비교한 22개 국가 중 17위로 나타났다.[12] 이를 반영하듯 국내특허 중 외국인 소유 비중도 한국은 4.5%로써 , 미국 13.6%, 프랑스 25.4%, 영국 39.5%에 비교가 되지 않는다.[13] 외국 연구개발 자금이 국내로 들어오지 않는 이유는 간단하다. 우리나라가 연구개발하기에 좋은 곳이 아니기 때문이다. 기업환경이 나쁘고 실효 법인세율이 높고, 폐쇄적인 문화에다 말은 안 통하고 생활비까지 비싸다면 한국에 올 이유가 없다. 특단의 변화가 없으면 우리 과학기술의 글로벌화는 어렵고 과학기술의 선진화 그리고 우리나라의 선진화도 멀어진다. 이 또한 자료의 한계로 부분적인 국제비교만 가능하다.

5. 다른 지표와의 차이점

국내에서 발표되고 있는 유사 지수로는 한국과학기술기획평가원이 OECD 국가를 대상으로 과학기술종합역량지수(COSTII: Composite Science and Technology Innovation Index)가 있다. 이 지수는 과학기술 관련 자원, 활동, 과정, 환경 및 성과에 관한 통계지표를 이용하여 OECD 국가의 과학기술역량을 분석, 비교하고 있다. 이 지표가 본 연구와 다른 점은 몇 가지로 설명될 수 있다. 첫째, COSTII는 국별 과학기술 성과 축적 등 잠재력 측면(자원, 인프라, 문화, 환경)을 상당히 중시한 데 비해 본 연구에서는 지식창출 능력(양적, 질적)을 강조하고 있다. 무엇보다도 본 연구는 지식창출 능력(지식창출 활동+자원+성과)에 70%의 가중치를 두었고 이 중에서도 성과(논문+특허)에 40%의 가중치를 두어 연구개발 성과 중심의 평

11 Booz & Company.
12 ITIF 앞의 자료.
13 OECD, 2007, STI Scoreboard.

가였다고 볼 수 있다. 둘째, COSTII는 과정, 환경 등에 약 30%의 가중치를 두어 효율성을 비교적 중요하게 고려한 데 비해 본 연구는 지식의 확산, 흡수 측면을 고려하여 과학기술 성과의 활용 측면을 비교적 중시하였다. 셋째, 본 연구는 새로운 지식의 창출력을 절대적 규모면에서 평가하여 대국이 전반적으로 높게 평가된 반면 COSTII의 경우 중소선진국이 비교적 높게 평가되었다. 넷째, 대상국의 차이이다. 본 연구는 G20 국가를 대상으로 하여 힘을 비교하는 데 주안점이 있었다. 따라서 효율성이나 경쟁력을 평가하는 여타 지표와는 차이가 있다. 다만 본 연구의 경우 평가에 사용한 변수가 제한되어 국별 상황을 충분히 반영하지 못한 측면이 있을 수 있다. 이는 앞으로 보완되어야 할 과제이다. 그럼에도 불구하고 본 연구가 목적으로 하는 국별 힘의 비교 자료로서는 의미기 있다고 하겠다.

부록: 과학기술 요소별 평가표

표 7 _ 지식/정보 창출 역량 평가

	연구개발 투자 (10억 달러, 2009)	연구개발 투자의 GDP 비중	연구원 수 (명) 2009	과학기술 논문 편수, 2007	미국특허 등록 건수 2005~09	지식창출 역량 지수	순위
Argentina	1,597.4	0.52	56987.000	3364.07	44.2	**45.70**	18
Australia	21,732.8	2.35	136696.000	17833.79	1455.8	**47.71**	9
Brazil	17,220.6	1.08	240482.000	11890.8	129	**46.87**	13
Canada	24,584.2	1.84	228679.000	27833.92	3951.8	**48.41**	8
China	73,286.8	1.47	1965357.000	56811.24	1382.8	**52.22**	4
France	55,902.3	2.11	384513.000	30751.63	3660	**49.75**	5
Germany	89,244.0	2.68	529100.000	44428.16	10182.8	**52.54**	3
India	10,467.5	0.76	108000.000	18202.91	575.8	**46.69**	14
Indonesia	540.3	0.1	51544.000	197.54	18.2	**45.42**	19
Italy	25,987.4	1.23	139245.000	26561.02	1815.8	**47.83**	10
Japan	174,373.6	3.44	882739.000	52908.56	36386.2	**59.88**	2
Korea, Rep.	27,972.0	3.36	294439.000	18469.06	7332	**49.24**	7
Mexico	3,236.8	0.37	70293.000	4223.61	86	**45.75**	17
Russian Federation	12,811.8	1.04	845942.000	13953.74	181.6	**47.39**	11
Saudi Arabia	142.7	0.05	30000.000	589.16	22.4	**45.38**	20
South Africa	3,457.4	0.92	31352.000	2808.03	121.2	**45.86**	16
Spain	19,714.0	1.35	220777.000	20993.33	376.6	**47.36**	12
Turkey	4,486.6	0.73	73520.000	8640.65	26	**46.05**	15

United Kingdom	38,488.7	1.77	319486.000	47138.23	3954.4	**49.57**	6
United States	391,096.3	2.77	1334628.000	209898.02	93116.2	**80.36**	1

표 8 _ 지식/정보 확산 흡수 능력 평가

	평균교육연수 2010	인구 1000명당 인터넷 이용자, 2009	지적재산권 보호제도, 2013	지식확산 능력 지수	순위
Argentina	9.4	300	4.8	42.66	16
Australia	12.1	720	8.4	60.86	2
Brazil	7.5	390	7.6	47.34	11
Canada	11.4	780	8.1	59.75	5
China	8.2	290	5.4	42	17
France	10.5	710	7.9	56.93	8
Germany	11.8	800	8.1	60.65	3
India	5.1	50	5.5	34.19	20
Indonesia	6.2	90	4.1	33.15	19
Italy	9.5	490	6.8	49.94	10
Japan	11.5	780	8.3	60.39	4
Korea, Rep.	11.9	810	7.5	59.51	6
Mexico	9.1	260	5.7	43.81	15
Russian Federation	9.7	420	4.9	44.88	14
Saudi Arabia	8.6	390	6.1	45.56	12
South Africa	8.5	90	7.5	45.01	13
Spain	10.4	610	6.7	52.67	9
Turkey	7	350	5.5	41.03	18
United Kingdom	9.6	830	8.3	57.9	7
United States	12.2	780	8.3	61.53	1

표 9 _ 지식/정보 활용 능력 평가

	규제제도의 질, 2009	모험자본 2010	첨단제품 수출 비중, 2009	외국인 직접투자 (GDP 비중)	지식/정보 활용 능력 지수	순위
Argentina	−0.9	1.9	9	2.63	38.71	20
Australia	1.74	3.8	13	2.81	56.49	5
Brazil	0.18	2.6	14	2.3	46.86	13
Canada	1.64	3.7	18	3.5	58.52	3
China	−0.2	3.3	31	2.73	56.21	6
France	1.19	3.2	23	3.82	57.58	4

Germany	1.47	2.8	16	1.12	51.75	8
India	−0.28	3.2	9	1.84	45.17	15
Indonesia	−0.28	3.9	13	1.64	49.51	11
Italy	0.9	2.2	8	1.37	44.24	17
Japan	1.07	2.8	20	0.22	51.54	9
Korea, Rep.	0.85	2.2	32	0.73	54.18	7
Mexico	0.35	2.3	22	2.43	49.86	10
Russian Federation	−0.46	2.3	9	3.18	42.10	18
Saudi Arabia	0.22	3.8	0	4.97	47.54	12
South Africa	0.42	3	6	1.58	45.10	16
Spain	1.17	2.6	5	2.72	46.38	14
Turkey	0.31	2.2	2	2.48	40.55	19
United Kingdom	1.54	3	23	5.41	59.14	1
United States	1.36	3.8	23	1.65	58.79	2

H5. 교육력

1. 개관

교육력을 나타내는 제1지표는 단연 문해력이다. 1945년 해방 당시 78%에 달했던 문맹률은 2차 세계대전 이후의 여느 신생독립국과 다를 것이 없었다. 그러나 혹독한 한국전쟁을 치르면서도 10여 년 후 1958년 문교부 통계에 의하면 4%로 떨어져 진 국민 문해에 도달하였다. 이어 1954년부터 1959년까지 진행된 '의무교육완성 6개년 계획'은 성공대로 추진되었고 적어도 이론적으로는 1960년대 이전에 이미 100% 보편의무교육이 완성되었다. 교육력의 신장은 이후에도 기적적인 성공스토리를 만들어 왔다. 1970년대를 거치면서 중등교육의 보편화에 이

그림 1 _ 문해율 추이

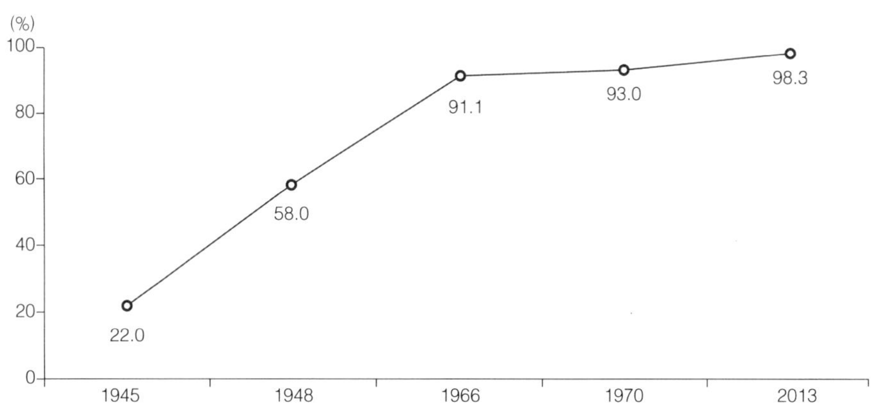

그림 2 _ 고등학교 졸업자의 고등교육기관 진학률

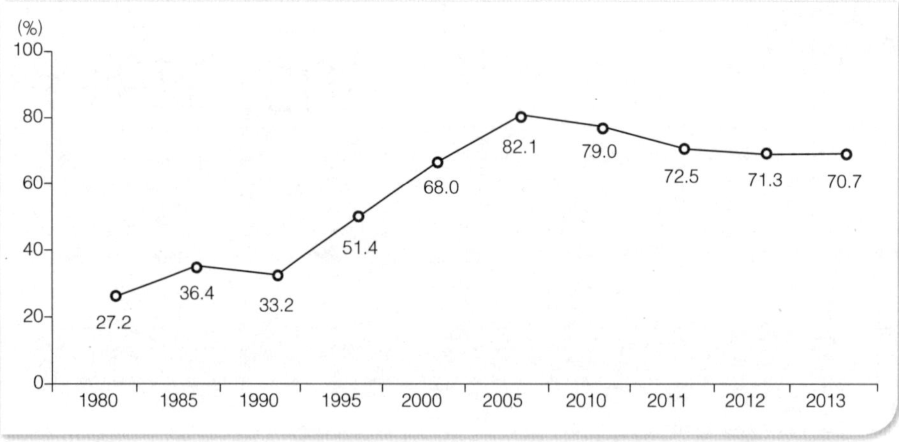

그림 3 _ 25~64세 인구의 고등교육 이수율

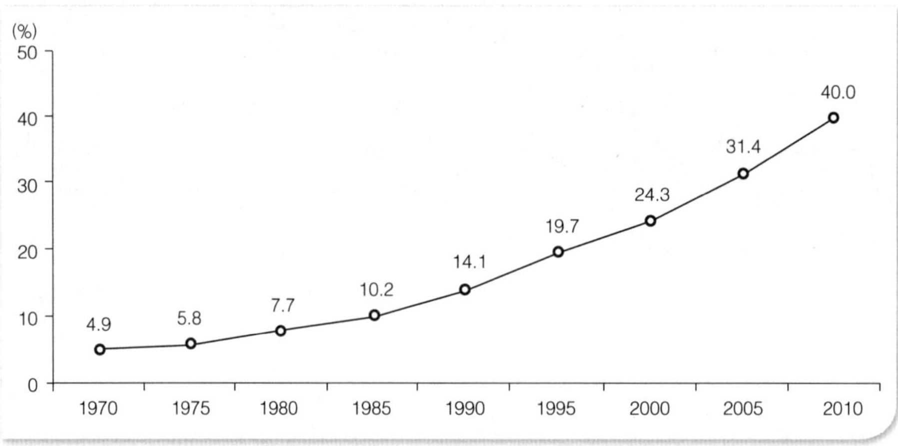

어 2000년을 넘어서면서 80% 고등교육기관 취학률이라고 하는 세계 최초 최고의 경이적 지표를 생산해 냈다.

1948년에 창설된 유네스코는 인류문명사적 사명으로 반세기 넘게 세계인의 문해율 향상과 초등교육 보편 취학 달성 약속을 1980년까지, 1990년까지, 또 2000년까지 10년 계획 혹은 밀레니엄계획 형태(EFA: Education for All; UPA: Universal Primary education for All)로 수차례 천명해 왔다. 그러나 유네스코 창설 반세기를 넘고 21세기에 진입된 지 10년이 넘은 이 시점에서야 전 세계인의 문맹률은 80%

를 넘어섰을 뿐이고, 전 세계 초등학교 미취학 아동수는 아직도 6천만 명에 이르고 있다. 그리고 빈곤과 전쟁의 역사는 그칠 줄 모르고 있다.

100달러 미만 최빈국 대한민국이 반세기 만에 20,000달러 이상 선진국 클럽에 진입하는 기적은 이와 같이 정확하게 국가 교육력의 기록적 성장과 궤를 같이한다. OECD에 가입하던 1996년 당시에 25세 이상 인구의 고등교육(4년제 이상 기준) 이수율은 국가평균 19%에 약간 못 미쳤으나 10년이 채 안 되어 국가평균을 훌쩍 넘어 23%에 이른다. 고등교육의 질적 문제가 지적되고 IMD가 발표하는 국가경쟁력 순위에서 교육은 3~40위권을 넘나들지만 한국의 교육력이 그렇게 낮을 거라고 보는 세계인들은 없다. 해마다 발표되는 OECD 교육지표와 PISA 성적은 세계 최고위의 두각을 나타내고 있다.

건국 60년을 넘어 21세기의 세계최고일류국가 비전을 안고 선진대국으로 가는 길목에 선 대한민국은 교육력의 궤적을 다시 살펴보아야 할 것이다. 그것은 한마디로 20세기 후반 교육을 통해 산업화와 민주화의 기적을 이룬 대한민국이 과연 21세기 전반에 다시 한 번 교육을 통해 선진화의 기적도 이루면서 G20를 넘어 G7 혹은 G8의 대국으로 성장할 것인가 하는 질문이다.

그러나 두 번째 질문에 대해서는 국내외 모두가 고개를 갸우뚱한다. 20세기 후반과 21세기 전반을 합친 1세기의 타임프레임을 설정할 때 분명 전반기가 교육력 확대기라면 후반기는 교육력 쇠퇴기가 될 것이라는 우울한 전망이며, 곧 그것은 대한민국의 기적은 더 이상 선진화로 이어지지 않을 수도 있다는 전망으로 이어진다. IMD의 교육경쟁력 지표가 경고하는 지점이다. 그 핵심은 초중등 기초교육과 교육의 양적 확대에는 성공했지만 고등교육과 교육의 질적 도약은 불가능할 것이라는 우려 때문이다. 다시 교육력을 종합적으로 살펴보아야 한다. 그리고 과제를 점검해야 한다.

2. 국력과 교육력

국력과 교육력의 의미는 정의하는 사람의 연구 관점에 따라 여러 가지로 달리 정의될 수 있다. 국력을 어떤 관점에서 보느냐에 따라 그 구성요소 또한 달라질 수 있다. 〈표 1〉을 보면, 국력을 어떻게 보느냐에 따라 국력을 구성하는 요소들이 약간씩 달라지고 있는 것을 알 수 있다. 교육력은 근래에 들어오면서 국력의 구성요소로 포함되고 있는 것을 발견할 수 있다.

표 1 _ 국력의 구성요소

	국력의 구성요소
Morgenthau(1973)	지리적 특성, 천연자원, 산업역량, 군사적 준비성, 인구, 국민성, 국민적 사기 및 애국심, 외교의 질, 정부의 질
Russett & Starr(1985)	유형적 역량요소(인구, 천연자원, GNP 또는 국가의 부, 군사역량), 무형적 역량요소(정보 및 첩보활동, 외교, 정치지도자의 우수성, 정부행정기관의 기술과 능률성, 국제사회로부터의 평판, 경제시스템의 질, 사회시스템의 질)
중국사회과학원(2006)	과학기술력, 인적 자본(노동인구수, 질), 자본력, 정보력, 천연자원, 정부의 제어능력, 군사력, 외교력, 경제력
일본 NIRA(2004)	인적 자원, 자연 · 환경, 기술, 경제 · 산업, 정부, 방위, 문화, 사회
박세일(2009)	군사력, 교육 · 과학기술력, 경제력, 국민정신 및 사기, 통치 및 협치능력, 외교력, 문화 및 사상력

주: 황성돈 등(2009), pp.75-82 내용을 표로 재구성.

교육과 국가경쟁력 간에는 어느 정도의 상관이 있을까? 교육경쟁력 점수와 국가경쟁력 점수 간의 상관을 내보면 대략 상관관계가 0.75 정도이다. 통계적으로 볼 때 국가경쟁력과 교육경쟁력 간에는 높은 정적 상관관계가 있다. 교육경쟁력이 높아지려면 국가경쟁력이 높아져야 하고 마찬가지로 국가경쟁력이 높아지려면 교육경쟁력이 높아져야 하지만, 현재로서는 교육과 국가 경쟁력 간에 분명한 인과관계를 발견하기는 어렵다(한국교육개발원, 2012).

그러나 황성돈 등(2009)의 연구에서는 교육을 우리나라의 국력 형성에 매우 중요한 역할을 직접적으로 해 왔고, 국력을 구성하는 다른 분야의 역량 증진에도 큰 기여를 하며, 세계화 및 정보화 시대에 더욱 중요한 역할을 하게 될 것으로 기대되는 핵심적인 국가역량으로 고려하였다. 이 연구에서는 교육력이 국력을 구성하는 중요한 요인으로 확인하였고 교육력과 종합국력을 구성하는 적지 않은 요소들과 유의미한 순위상관관계를 지니고 있다는 결과를 보여준다.

최근에는 국력과 유사한 개념이라 볼 수 있는 국가경쟁력이라는 용어가 많이 등장하고 있다. 특히 IMD, WEF 등에서 국가경쟁력을 발표하면서 이에 대한 관심이 높아지고 있다. 그러나 국가경쟁력이라는 것이 그 나라의 능력에 대한 총체적 평가라기보다는 기업의 입장에서 바라본 한 나라의 기업환경에 대한 평가라고 보는 입장도 있다. 그러나 IMD나 WEF에서 발표하는 국가경쟁력을 구성하는 영역들을 보면, 교육의 영역이 포함되어 있고, 이는 교육을 국가경쟁력을 구성하는 하나의 요소로 보고 있음을 알 수 있다. IMD의 경우 국가경쟁력 평가지표를 경제운영 성과, 정부행정 효율성, 기업경영 효율성, 인프라 구축의 네 부분으로 구성하였고, 이 중 교육은 인프라의 한 부분으로 포함되어 있다. WEF의 국가경쟁력 지수는 기본적 요인, 효율성 증진, 기업혁신 및 성숙도로 큰 영역을 나누고 이 중 기본적 요인에 초등교육이, 효율성 증진에 중등과 고등 교육이 포함되어 있다.

3. 교육력 지표의 선정

종합국력의 한 부문 지표로서의 교육력을 나타낼 수 있는 합의된 체계는 아직 없다. IMD와 OECD 등 몇몇 국제기관들과 연구기관들이 초중등에서 고등 교육까지의 교육단계별로 교육의 여건과 주요 산출 지표를 중심으로 국가 간 교육력의 상대적 지위를 측정해 왔으나 이론과 실천 양쪽 모두 타당성과 신뢰성을 갖추고 있다고 보기는 어렵다. 따라서 지표를 산출하는 단계에서 최신의 데이터와 최선의 논의에 기초하여 잠정적인 지표를 전제로 산출하되, 사회적 공감 수준을 최대화하는 선에서 설정하는 노력이 필요하다.

일반적으로 교육력에 관한 선행 연구들이 제시하고 있는 교육지표들은 크게 투입지표와 성과지표로 나누어진다. 즉, 교육의 경쟁력을 재기 위한 지표로서 교육의 투입지표와 성과지표가 매우 중요하고, 어떠한 투입요소가 교육의 질적 향상을 가져올 수 있는지 분석하는 데 초점이 두어져 왔다고 본다. 또한 국제비교가 가능한 투입지표의 국가 간 비교를 통해서 각 나라 교육의 질적 수준을 객관적으로 평가하려는 시도가 이루어져 왔다. 이는 대체로 교육의 질이 투입과 성과 측면에서 측정 가능하다고 본다는 의미이며, 교육에 투입되는 자원과 이를 통해 산출되는 교육의 질적 성과 간에는 안정적인 관계가 있음이 여러 연구들을 통해 밝혀져 왔으며, 교육의 질적 성과는 가정요소와 학교의 학생 일인당 투입자원의 결합과 그 외 교육의 질에 영향을 미치는 기타 요소의 합으로 이루어졌다고 해석되어 왔다는 의미이다. 그동안 몇몇 중요 국제기구들에서 논의되어 온 교육력 관련 지표를 투입과 산출 지표로 구분하여 살펴보면 〈표 2〉와 같다.

표 2 _ 주요 국제기구별 교육 관련 지표 체계 비교

	투입지표	산출지표
UNDP		성인문해율, 총진학률
WEF	교육비 지출, 초등교육의 질, 교육체제의 질, 수학과 과학 교육의 질, 경영학 교육의 질, 학교에서의 인터넷 접근성	중등교육 총 취학률(%) 고등교육 총 취학률(%) 초등교육 취학률(%)
IMD	공교육투자, 1인당 공교육 비용, 초등학생/교사비율, 중등학생/교사비율, 교육제도	중등학교 진학률, 고등교육 이수율, 학업성취도, 영어숙달도, 문해율
인재개발 경쟁력 지수	교원 1인당 학생수, GDP 대비 교육기관 교육비, GDP 대비 공공부담 교육비, 학생 1인당 연간교육비	3~4세 연령별 취학률, 5~14세 연령별 취학률, 중등학교 취학률, 고등교육(A타입) 취학률, 기대교육연수, 평균교육연수, 고등교육이수(25~34세), PISA(수학), 취업률(후기중등 미만), 취업률(고등교육)
OECD EAG	학생 1인당 교육비, 교육에 투자된 국가 재정의 비율, 교육에 대한 공적 · 사적 투자 규모, 공교육비 규모, 고등교육 학습자의 수업료와 공공보조금, 교육기관 교육비, 학생-교사의 비율과 학급 크기, 교사의 교수 시간	성인의 교육 수준, 15세 학습자의 과학 성취, 교육 참여가 노동시장 참여에 미치는 영향, 고등교육 졸업자 수, 교육의 경제적 수혜(교육수준과 임금), 교육 투자에 대한 인센티브
OECD Factbook	고등교육 교육비, 공공부담 및 민간부담 공교육비	최근 이민자들의 교육적 성취도, 학업성취도, 고등교육 이수율, 졸업과 소득의 관계
UNESCO	GDP 대비 교육기관 비용, 교육비용과 공교육비용, 교사	성인과 청소년 문해율, 평균교육연수, 고등교육/학문분야별 졸업률
경제성장 관련 연구들	교육비 · 공교육비 비중, 교원봉급비율, 교육투자비율, 국민소득에 대한 공교육비 비율, 초·중등학교 등록률, GDP 중 정부지출비율	문해율, 중등교육 인구비율, 평균교육연수, 교육수준, 각급학교 취학률

이 연구에서는 이들 지표 중 대한민국 교육 60년을 돌아보고 향후의 과제를 도출하기 위한 목적에서 다음과 같은 관점에서 중요한 지표를 선정하고 G20[1] 국가간 비교를 시도해 보았다. 첫째, 대한민국 건국 후 60년간에 이룬 산업화와 민주화의 눈부신 기적을 이루어 낸 동인으로서의 교육을 산출지표적 관점에서 확인한다. 둘째, 21세기에 선진대국으로 진입하기 위한 대한민국의 진로를 결정함에

1 G20 국가 미국, 일본, 영국, 프랑스, 독일, 이탈리아, 캐나다, 한국, 중국, 인도, 인도네시아, 아르헨티나, 브라질, 멕시코, 러시아, 터키, 호주, EU, 남아프리카공화국, 사우디아라비아임. 이 중 자료가 없는 사우디아라비아와 EU 대신 스페인을 포함하여 총 19개국을 비교 · 분석함.

있어서 교육이 당면하고 있는 문제를 도출하고 향후 어떠한 노력이 필요한가의 관점에서 투입지표를 확인한다. 이상 두 가지 관점에 따라 〈표 2〉에 굵은 글씨로 G20 국가 간 교육력 비교를 위한 대상 지표로서 최종적으로 19개 지표를 선별하였는데 이 중 투입지표는 7개이며, 산출지표는 12개이다.

투입지표로는, 크게 교육비 관련 지표와 교사인력 그리고 학급규모 분야로 구분하여 선정하였다. 대체로는 양적 지표들로 이루어져 있고 고등교육보다는 초중등교육 분야 지표들이라고 볼 수 있다. 이는 초중등교육이 비교적 교육의 기초단계로서 투입적 성격이 강하고 고등교육은 최종단계로서 산출적 성격이 강하다는 것을 시사한다.

- 교육비 관련 지표: GDP 대비 공공지출, GDP 대비 1인당 교육 관련 공공지출, GDP 대비 교육지출(공공부문+사적부문)
- 교원 1인당 학생수(초등, 중등)
- 학급크기(초등, 중학교)

산출지표로는 15세 이상 인구의 문해율과 학업성취도 성적, 그리고 고등교육 분야의 국제화 지수 및 노벨상 수상자수 등을 선정하였다. 21세기는 창의성과 다양성의 시대이며 대한민국의 도약은 고등교육 분야의 경쟁력을 확보하느냐에 달려 있다. 또한 세계어인 영어숙달도는 글로벌 시대를 맞이하여 대한민국 국민의 글로벌 리더십을 측정하는 중요한 지표이다. 최종 선정된 산출지표는 아래와 같다.

- 15세 이상 문해율
- 성취도(PISA 과학, 수학, 읽기 성적)
- 고등교육 학생 유출입(인구 천명당)
- 25~34세 고등교육 이수율/기대교육연수
- 영어숙달도(토플점수), 세계 100대 대학 진입수, 논문편수(과학), 인구 만명당 노벨상 수상자수(과학분야, 1950년부터)

국가들 간의 교육력을 비교함에 있어 가장 이상적인 것은 1차 자료와 2차 자료를 병용하는 것이다(황성돈 외, 2009). 그러나 시간과 예산의 제약으로 인해 사실상 2차 자료에 의존할 수밖에 없는 것이 현실이다. 이 연구에서는 IMD의 세계경쟁력 지표, OECD EAG(Education at a Glance)의 교육지표, UNESCO 자료집 등에서 발표하고 있는 자료들을 활용하였다. 세부 지표별 출처는 〈표 3〉과 같다.

표 3 _ 분석을 위해 활용한 데이터

	지표명	데이터형태	출처
산출	인구 만명당 노벨상 수상자수	hard data	IMD
	논문편수(과학)	hard data	IMD
	세계 100대 대학진입수	hard data	QS
	고등교육 이수율	hard data	IMD
	고등교육 학생유입	hard data	IMD
	고등교육 학생유출	hard data	IMD
	PISA/수학	hard data	OECD
	PISA/과학	hard data	OECD
	PISA/읽기	hard data	OECD
	영어숙달도 – TOEFL	hard data	IMD
	문해율	hard data	IMD
	기대교육연수	hard data	Unesco
투입	GDP 대비 공공지출	hard data	IMD
	GDP 대비 1인당 교육 관련 공공지출	hard data	IMD
	GDP 대비 교육지출(공공부문+사적부문)	hard data	OECD
	교원 1인당 학생수(초등)	hard data	IMD
	교원 1인당 학생수(중등)	hard data	IMD
	학급크기(초등)	hard data	OECD
	학급크기(중학교)	hard data	OECD

4. 대한민국의 교육력

1) 전체 교육력 비교

2014년 현재 대한민국 교육력은 G20 국가 19개국 중 투입면에서는 11위, 산출면에서는 9위로 추정되었으며, 양쪽을 종합하면 10위로 추정되었다. 이는 개별 지표들의 표준점수를 평균 50점을 기준으로 하여 상대적 순위를 측정한 결과이다. GDP 규모면에서 세계 10위권 국가로서 교육력은 종합국력과 동일한 수준임을 의미한다.

2009년과 비교할 때 G20 국가 중 우리나라의 교육력 순위는 커다란 변화는 없었다. 2009년과 비교해서 2014년 우리나라의 교육력 순위는 11위에서 10위로 한 단계 높아졌다. 교육력을 하위 부문별로 보면, 투입부문의 교육력은 2009년 13위에서 2014년 11위로 2계단 상승한 반면, 산출부문의 교육력은 2009년 8위에서 2014년 9위로 한 계단 하락한 것으로 나타났다. 결과적으로 보면, 우리나라의 교육력 향상은 투입부문 지표들의 상승 때문인 것으로 볼 수 있다. 그런데 투입부문 지표의 상승은 추가적인 노력이나 성장으로 이루어졌다기보다는 인구와 학생수 감소로 인해 고질적인 문제로 지적되어 온 교육여건인 교원당 학생수의 감소가 주된 원인이다(초등학교 교사당 학생수 2009년 14위에서 2014년 11위로 3계단 상승). 더구나 이와 같은 투입지표의 상승만큼 산출지표가 상응적으로 상승하지 못했을 뿐만 아니라 오히려 1계단 하락했다는 것은 우리의 교육체제의 비효율성을 노출하고 있다. 즉 한국의 교육력은 종합국력의 상승 추세에 비해 오히려 하강 위험성을 가지고 있음을 의미하고 있으며 지난 반세기간 대한민국의 성장동력이 교육이었음을 상기할 때 향후의 국력 상승을 위해서는 교육개혁의 긴급성을 시사하고 있다.

2014년 교육력 전체 순위를 보면, 미국이 1위를 차지하였고, 호주가 2위, 영국

그림 4 _ G20 국가 중 우리나라의 교육력 순위 변화(2009년, 2014년)

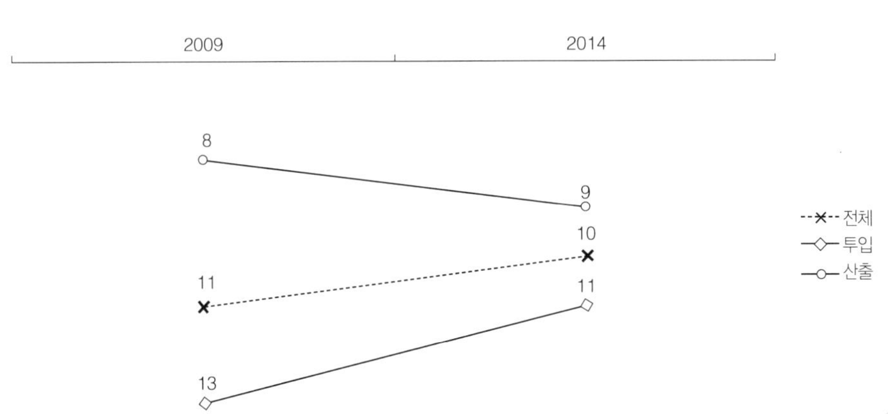

이 3위를 차지하고 있는 것으로 나타났다. 캐나다, 프랑스, 독일 등의 국가들이 상위권에 속하는 것으로 나타났고, 인도, 인도네시아, 터키, 브라질, 남아프리카 공화국 등이 하위권을 차지하고 있었다. 2009년과 비교할 때 G20 국가의 교육력 순위 변화가 그리 크지는 않은 것으로 나타났다. 대체로 한 계단 정도 상승과 하락을 보이는 정도였다. 중국은 4계단 상승하였고, 멕시코가 4계단 하락하여 가장 큰 변화를 보였다. 이와 같이 전체 교육력의 변화는 그리 크지 않았던 반면, 하위부문 변화의 폭은 좀 더 큰 것으로 나타났다. 호주의 경우 전체 교육력 순위는 2009년에 비해 2014년 한 단계 상승하였으나, 투입부문에서는 6계단이나 상승한 것으로 나타났다. 투입부문은 아르헨티나, 브라질, 캐나다, 프랑스, 인도네시아, 이탈리아, 러시아, 스페인이 순위가 상승하였고, 산출부문은 호주, 중국, 독일, 인도, 일본, 한국, 영국이 순위가 상승한 것으로 나타났다.

표 4 _ G20 국가 전체 교육력 비교(2009년, 2014년)

	전체				투입				산출			
	2009		2014		2009		2014		2009		2014	
	점수	순위	점수	순위	점수	순위	점수	순위	점수	순위	점수	순위
Argentina	46.65	13	47.71	12	48.20	11	50.56	10	45.66	14	45.72	14
Australia	57.57	3	57.86	2	55.03	8	57.16	2	59.04	2	58.27	3
Brazil	44.35	15	44.46	15	46.53	14	48.05	12	43.26	17	42.51	18
Canada	55.55	4	54.51	4	57.79	2	56.52	3	54.99	4	53.78	4
China	42.85	17	46.58	13	38.18	18	37.28	18	45.96	13	51.22	8
France	54.07	5	53.40	5	55.79	4	55.71	4	53.06	6	52.05	6
Germany	53.19	6	52.69	6	51.94	10	53.11	7	53.92	5	52.47	5
India	37.71	19	40.63	19	32.27	19	33.25	19	40.74	19	43.91	16
Indonesia	42.27	18	42.25	18	42.63	16	46.23	14	42.08	18	40.27	19
Italy	51.04	8	50.65	8	55.33	6	52.86	8	48.54	11	49.36	12
Japan	50.46	10	49.91	11	48.04	12	46.39	13	51.87	7	51.96	7
Korea	49.33	11	49.96	10	46.89	13	49.04	11	50.75	8	50.50	9
Mexico	47.71	12	44.38	16	52.06	9	46.12	15	44.95	15	43.37	17
Russia	50.96	9	50.64	9	55.76	5	51.92	9	48.57	10	49.74	11
South Africa	46.41	14	46.35	14	42.45	17	41.94	17	48.38	12	49.30	13
Spain	52.02	7	51.51	7	55.32	7	54.15	6	50.37	9	49.97	10
Turkey	43.48	16	43.74	17	43.55	15	42.91	16	43.45	16	44.08	15
UK	57.63	2	57.23	3	55.80	3	55.43	5	58.71	3	58.27	2
USA	60.46	1	59.95	1	59.09	1	59.32	1	61.33	1	60.31	1

2) 투입부문 교육력 비교

[그림 5]에서는 먼저 우리나라의 투입부문 교육력 순위를 살펴보았다. 투입부문 지표 중 GDP 대비 교육지출(공공부문 +사적부문)은 2014년 우리나라가 1위를 차지하였다. 2009년과 비교하면, 우리나라는 순위가 한 계단 상승하였다. 그 외에도 2009년과 비교해서 2014년 순위가 오른 지표는 학급크기(초등), 교사 1인당 학생수(중등), 교사 1인당 학생수(초등), GDP 대비 공공지출이었다. 반면 학급크기(중학교)는 2009년과 비교하여 한 단계 순위가 하락하였다. 투입부문 중 교육지출과 관련된 지표들이 다른 지표들에 비해 높은 순위를 차지하고 있는 것으로 나타났다. 그런데 이는 지난 5년간 한국의 교육력 투입지표는 학생인구 감소로 인한 중등의 경우 1단계, 초등의 경우 3단계의 자연 상승은 있었지만 교육비 지출에 있어서의 재정투자는 이에 부응하지 못했음을 의미한다. 즉, 학생수가 감소될 경우 기존의 재정지출 수준이 유지된다면 학생 1인당 교육비 지출액도 5년 전의 10위 수준에서 최소 1~2단계 이상의 자연 상승이 이루어져야 함에도 10위에 정체된 것은 교육비 총액투자 지표인 GDP 대비 교육지출과 공공지출 순위가 오히려 1단계와 2단계밖에 상승하지 못했기 때문이다. 따라서 지난 60년간 고질적인 저투자 양적성장 패턴을 보여 온 한국교육의 발전전략을 하루 속히 고투자 질적성장 패턴으로 전환하여 교육력을 상승시켜야 한다는 것을 시사하고 있다.

그림 5 _ 대한민국 투입부문 교육력 순위 비교(2009년, 2014년)

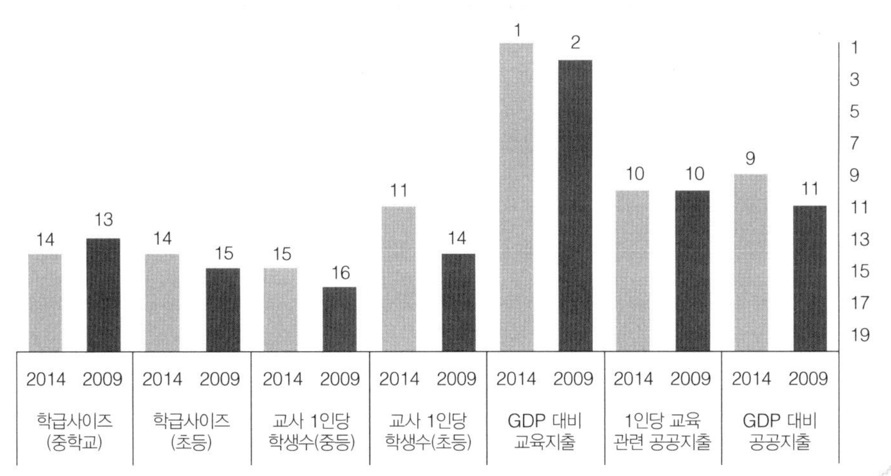

G20 국가들의 투입부문의 교육력 지표들을 자세히 살펴보면, 교육의 특성상 지표들의 변화가 크지는 않았지만, 국가 간 순위 변화가 조금씩 보인다. 먼저 2014년 GDP 대비 공공지출 순위를 보면, 영국, 미국, 남아프리카공화국, 캐나다, 프랑스, 호주 등이 상위권을 차지하고 있고, 중국, 일본, 인도네시아, 인도, 멕시코 등이 하위권을 차지하고 있다. 2009년과 순위를 비교하면, 독일과 터키가 가장 큰 폭으로 순위가 상승하였고, 한국, 인도네시아, 스페인, 프랑스 등도 2009년과 비교할 때 순위가 상승한 것으로 나타났다. 반면 일본과 이탈리아 등의 국가는 순위가 하락한 것으로 나타났다.

교원 1인당 학생수(초등)는 2014년 이탈리아가 가장 적어 1위를 차지하였고, 그 외 스페인, 미국, 호주, 인도네시아, 독일 등의 국가가 상위권을 차지하였고, 인도, 남아프리카 공화국, 멕시코, 브라질, 터키 등이 하위권으로 나타났다. 2009년과 순위 변화를 비교하면, 러시아가 6계단 순위가 하락하였고, 러시아, 영국, 독일 등의 순위는 하락한 반면, 인도네시아, 한국, 프랑스, 호주의 순위가 상승하였다. 중등의 경우, 약간 다른 양상을 보이는데, 2014년 순위를 보면 러시아가 1위를 차지하였고, 아르헨티나, 스페인, 호주, 이탈리아, 프랑스 등이 상위권, 인도, 남아프리카공화국, 터키, 멕시코, 한국이 하위권으로 나타났다. 우리나라는 교원 1인당 학생수(중등)가 하위권으로 나타났지만, 2009년과 비교할 때는 한 계단 상승한 것으로 나타났다. 초등학교 학급크기는 러시아, 이탈리아, 멕시코, 미국 등이 상위권을 차지했고, 중국, 일본, 한국, 터키가 하위권을 차지하고 있는 것으로 나타났다. 중학교 학급크기는 초등학교와 국가별 순위가 유사한 것으로 나타났고, 2009년과 비교했을 때, 프랑스, 한국, 호주, 이탈리아 등은 순위가 하락한 것으로 나타났다. 우리나라는 투입부문의 지표들 중 학급크기(중학교)의 순위가 2009년에 비해 하락하였지만, 교원 1인당 학생수(초등, 중등)와 GDP 대비 공공지출 등의 순위가 상승하면서 투입부문의 순위가 전체적으로 올라간 것으로 판단된다.

표 5 _ 투입부문 교육력 순위 비교(2009년, 2014년)

	GDP 대비 공공지출		GDP 대비 1인당 교육 관련 공공지출		GDP 대비 교육지출 (공공부문 +사적부문)		교사 1인당 학생수 (초등)		교사 1인당 학생수 (중등)		학급사이즈 (초등)		학급사이즈 (중학교)	
	2009	2014	2009	2014	2009	2014	2009	2014	2009	2014	2009	2014	2009	2014
Argentina	12	12	16	17	7	3	6	7	7	2	11	11	9	10
Australia	7	6	5	1	3	8	5	4	5	4	8	8	4	5
Brazil	8	7	14	11			13	15	17	14	10	9	11	11
Canada	5	5	2	4		4			13	12				
China	18	19	17	16			8	9	14	10	16	16	15	15
France	6	4	3	3	6	6	12	8	4	6	6	7	6	8
Germany	14	10	6	6	10		3	6	9	8	5	5	7	7
India	16	16	18	19	11		18	18	19	19				
Indonesia	19	17	19	18			11	5	8	9	14	12	14	13
Italy	9	11	7	8	9	12	1	1	2	5	2	2	2	3
Japan	15	18	9	7	8	10	10	10	6	7	13	15	12	12
Korea	11	9	10	10	2	1	14	11	16	15	15	14	13	14
Mexico	1	15	11	15	5	7	16	16	15	16	3	3	10	9
Russia	13	13	12	12		11	7	13	1	1	1	1	1	1
South Africa	2	3	13	13			17	17	18	18				
Spain	10	8	8	9		9	2	2	3	3	4	6	8	6
Turkey	17	14	15	14			15	14	12	17	12	13		
UK	4	1	4	5	4	5	9	12	10	13	9	10	3	2
USA	3	2	1	2	1	2	4	3	11	11	7	4	5	4

3) 산출부문 교육력 비교

[그림 6]에서는 2009년과 비교하여 2014년 우리나라의 산출부문 교육력 순위 변화를 살펴보았다. 논문편수(과학), 영어숙달, 25~34세 고등교육 이수율, PISA 과학, 고등교육 학생유입 지표의 순위가 1~2단계 높아진 것으로 나타났고, 그 외의 지표들은 순위가 하락한 것으로 나타났다. 그런데 15세 이상 문해율의 경우는 G20 국가의 경우 15세 이상 문해율은 인도와 남아프리카공화국을 제외하고는 대체로 90% 이상 완전문해율을 달성하고 있어서 1% 포인트 내외의 변동만으로도 국력 순위의 변동폭이 매우 큰 편이다. 우리나라의 경우 IMD 국가경쟁력 순위 발표 이후 계속 98.3%로서 10위를 유지하고 있고 99%로 보고되고 있는 호주가 1위를 차지하고 있어서 문해율 지표의 타당성에 대한 신중한 검토와 관심이 요구되고 있다. 특히 우리의 경우 최근 급증하고 있는 다문화인구의 증가는 향후 문해율에 악영향을 끼칠 수도 있음을 유념해야 할 것이다.

그림 6 _ 대한민국 투입부문 교육력 순위 비교(2009년, 2014년)

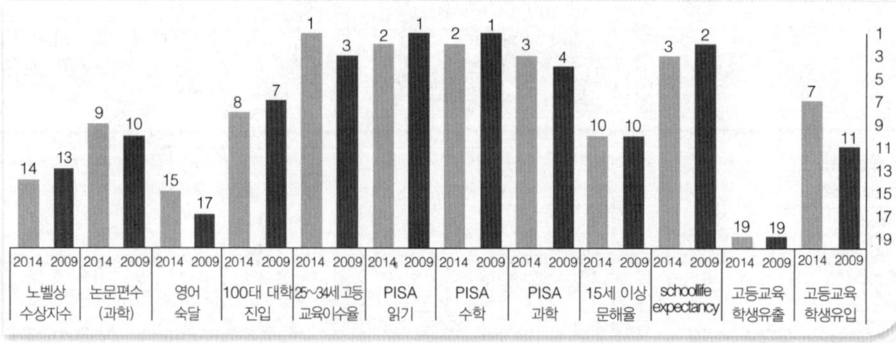

다음으로 이를 G20 국가들과 비교하면, 고등교육과 관련된 지표 중 고등교육 이수율의 2014년 순위는 우리나라가 1위였고, 일본, 캐나다, 러시아, 영국 등이 상위권이었고, 인도네시아, 브라질, 터키, 이탈리아 등이 하위권에 속하였다. 고등교육 학생 유입과 유출 순위는 역의 관계를 보이며, 우리나라의 경우는 고등교육 학생유입이 7위인 반면, 학생유출은 19위로 나타났다. 다음으로 과학논문편수와 인구 만명당 노벨상 수상자수는 국가별로 비슷한 순위를 보이는 지표이다. 미국, 영국, 호주, 독일 등의 국가가 상위권에 속하며, 인도네시아, 인도 터키, 스페인, 브라질 등의 국가들이 하위권에 속한다. 세계 100대 대학은 미국, 영국, 호주, 일본, 캐나다 등이 상위권에 차지하고 있고, 터키, 스페인, 멕시코, 인도네시아, 브라질 등이 하위권에 속하는 것으로 나타났다. 이들 지표들 중 인구 만명당 노벨상 수상자수, 세계 100대학 진입대학수, 과학논문편수 등의 순위는 2009년과 비교했을 때 거의 변화가 없는 것으로 나타났다. 고등교육 이수율은 인도(10계단 상승)와 러시아(5계단 상승)의 순위가 2009년에 비해 큰 폭으로 상승하였고, 스페인, 호주, 이탈리아, 미국, 캐나다, 중국, 프랑스 등은 순위가 소폭 하락하였다. 고등교육 학생유입 순위는 러시아, 남아프리카공화국, 스페인 등의 순위가 큰 폭으로 상승한 것으로 나타났고, 우리나라도 4계단 상승한 것으로 나타났다.

초중등교육과 관련된 산출 지표인 PISA 수학, 과학, 읽기의 2014년 국가별 순위를 보면 중국이 모두 1위를 차지하였으며, 한국, 캐나다, 일본 등이 상위권을 차지하고 있으며, 아르헨티나, 브라질, 인도네시아, 멕시코 등이 하위권을 차지하고 있다.

영어숙달도(토플)의 순위는 2013년 독일이 1위로 나타났고, 영국, 남아프리카공화국, 캐나다, 아르헨티나, 인도 등이 상위권에 속했으며, 일본, 터키, 중국, 인도네시아, 한국 등이 하위권에 속하는 국가로 나타났다. 2009년 순위와 비교하면, 인도와 이탈리아가 7계단 상승하였고, 한국이 2계단, 브라질이 한 계단 상승한 것으로 나타났다. 반면, 멕시코, 브라질, 중국, 프랑스, 스페인, 아르헨티나, 호주, 러시아 등은 1~3계단 하락한 것으로 나타났다.

표 6 _ 산출부문 교육력 순위 비교(2009년, 2014년)

	고등 교육 학생 유입		고등 교육 학생 유출		25~34세 고등 교육 이수율		100대 대학 진입		논문 편수 (과학)		노벨상 수상자 수		PISA 과학		PISA 수학		PISA 읽기		영어 숙달		문해율		기대 교육 연수	
	2009	2014	2009	2014	2009	2014	2009	2014	2009	2014	2009	2014	2009	2014	2009	2014	2009	2014	2009	2014	2009	2014	2009	2014
Argentina			6	7	14		18	18	17	17	10	10	15	16	15	15	15	17	4	5	11	11	10	5
Australia	1	1	12	12	5	7	4	3	11	12	4	4	3	5	4	5	3	5	5	7	1	1	1	1
Brazil	15	12	1	2	17	16	16	16	14	14	16	16	16	15	16	16	13	15	9	11	17	18	12	
Canada	5	4	18	18	1	3	3	5	7	7	6	6	1	4	2	4	2	3	6	4	2	1	4	
China	14	14	9	11	10	12	9	7	5	2	12	12		1		1		1	14	17	13	13	18	12
France	3	3	17	16	4	8	8	9	6	6	5	5	7	9	6	7	7	8	7	9	3	1	6	9
Germany	4	5	16	17	11	11	6	6	4	5	3	3	5	6	5	6	5	7	1	1	4	1	8	7
India	16	16	2	5	16	6	11	11	12	11	15	13							13	6	19	19	19	15
Indonesia		15	4	3	18	17	17	17	19	19	19	19	14	17	14	17	14	16	16	16	15	17	16	14
Italy	9	9	15	14	13	14	14	14	8	8	7	8	11	10	11	11	8	10	15	8	9	9	3	6
Japan	8	10	11	8	2	2	5	4	2	3	9	7	2	2	3	3	4	4	19	19	5	1	11	10
Korea	11	7	19	19	3	1	7	8	10	9	13	14	4	3	1	2	1	2	17	15	10	10	2	3
Mexico		13	7	6	12	13	13	13	16	16	18	18	13	14	13	14	12	14	10	13	14	15	14	13
Russia	10		8	9	9	4	10	10	13	13	8	9	10	12	9	12	11	13	12	14	6	1	13	
South Africa	7		3	1			19	19	18	18	11	11							3	3	18	16	15	
Spain	12	8	14	13	7	10	12	12	9	10	14	15	9	11	8	10	9	11	8	10	12	12	5	2
Turkey	13	11	13	15	15	15	15	15	15	15	17	17	12	13	12	13	10	12	18	18	16	14	17	11
UK	2	2	10	10	8	5	2	2	3	4	1	1	6	7	7	8	6	9	2	2	7	1	7	8
USA	6	6	5	4	6	9	1	1	1	1	2	2	8	8	10	9		6	11	12	8	1	9	4

4) 우리나라의 강점 및 약점

〈표 7〉에서는 G20 국가와 비교했을 때 2014년 지표를 기준으로 상위 5위까지를 강점지표로, 하위 15위 이하를 약점지표로 구분하여 자세히 살펴보았다. 5개의 강점지표를 가지고 있는 산출지표에 비해 투입지표는 강점을 가지는 지표는 GDP 대비 교육비지출만 1위를 차지하고 있는 것으로 나타났다. 그러므로 투입지표는 대체적으로 모두 약점지표라 할 수 있는데 투입지표 중 교원 1인당 학생수(중등)는 18개국 가운데 14위로 투입지표 중 가장 약점을 보이는 지표였다. 초등학교와 중학교의 학급크기도 각각 13위로 나타났고, 교원 1인당 학생수(초등)도 10위로 나타났다. 투입지표 중 재정과 관련된 지표들은 G20 국가들 중 중간 순위를 차지하고 있는 것으로 나타났다.

산출지표는 PISA의 수학, 과학, 읽기 등 질적 지표들에서 강점을 보이고 있고, 25~34세 고등교육 이수율과 교육기대연수 등의 양적 지표들도 강점을 보였다. 가장 취약한 산출지표는 고등교육에서의 학생유출로 18개 국가 중 18위를 차지했고, 영어숙달도(토플점수)와 백만명당 노벨상 수상자수도 각각 14위로 매우 취약한 지표로 나타났다.

표 7 _ G20 국가 대비 우리나라의 강점 및 약점 지표(2014)

구 분	투입	산출
강점지표	GDP 대비 교육지출(공공부문+사적부문)(1위)	PISA 읽기(2위), 수학(2위), 과학(3위) 고등교육 이수율(1위) 교육기대연수(3위)
약점지표	교원 1인당 학생수(중등)(15위) *학급크기(초등학교)(14위) *학급크기(중학교)(14위)	고등교육 학생유출(인구 천명당)(19위) 영어숙달도(토플점수)(15위) *백만명당 노벨상 수상자수 (과학분야/1950년부터)(14위)

특히 산출에 대비하여 투입이 뒤처진다는 것은 그동안 한국 교육의 고질적 문제로 지적되어 온 학급당 학생수와 교원당 학생수의 과밀성과 공공재정지출의 취약성 등으로부터 연유되고 있음을 그대로 보여준다. 또한 산출면에서는 초중등 분야의 PISA 성적과 국민의 평균교육기대연수에서 보여지는 바와 같은 교육의 양적 기준 확보에 비해 노벨상 수상자의 숫자나 우수대학의 숫자는 고급인력 경쟁력의 취약성을 그대로 보여주고 있으며, 이는 향후 대한민국의 선진대국으

로 가는 길목에서 반드시 해결되어야 할 과제임을 시사한다.

5) 종합국력과 경제력 수준에 따른 교육력

[그림 7]은 G20 국가들의 종합국력과 교육력 순위 간의 관계를 보여준다. 중국과 인도를 제외하면 종합국력 순위로 상, 중, 하 그룹으로 구분할 수 있는데, 이들 그룹의 교육력의 순위도 종합국력 순위와 비슷한 양상을 보인다. 종합국력 순위가 상위 그룹인 미국, 영국, 독일, 호주, 캐나다, 프랑스 등이 교육력 순위에서도 상위 그룹을 차지하고 있다. 종합국력 순위가 중위 그룹인 일본, 한국, 스페인, 이탈리아, 러시아 등이 교육력 순위에서 역시 중위 그룹을 차지하고 있었다. 종합국력 순위에서 하위 그룹인 멕시코, 브라질, 터키, 남아프리카 공화국, 인도네시아, 아르헨티나가 교육력 순위에서도 하위 그룹인 것으로 나타났다. 이는 국가

그림 7 _ G20 국가들의 경제력 순위와 교육력 순위 간의 관계

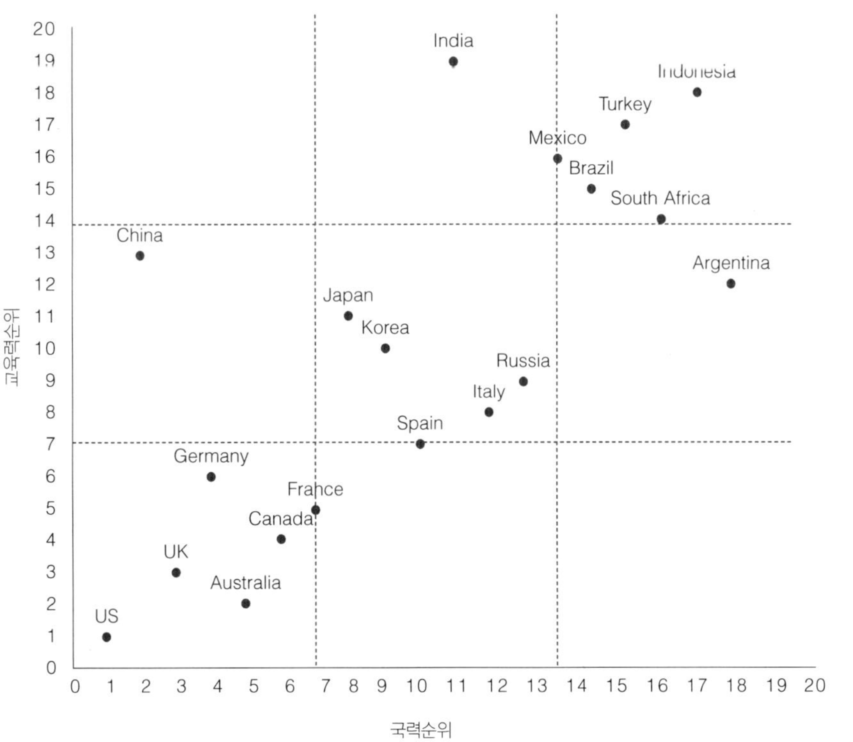

그림 8 _ G20 국가들의 경제력 순위와 교육력 순위 간의 관계

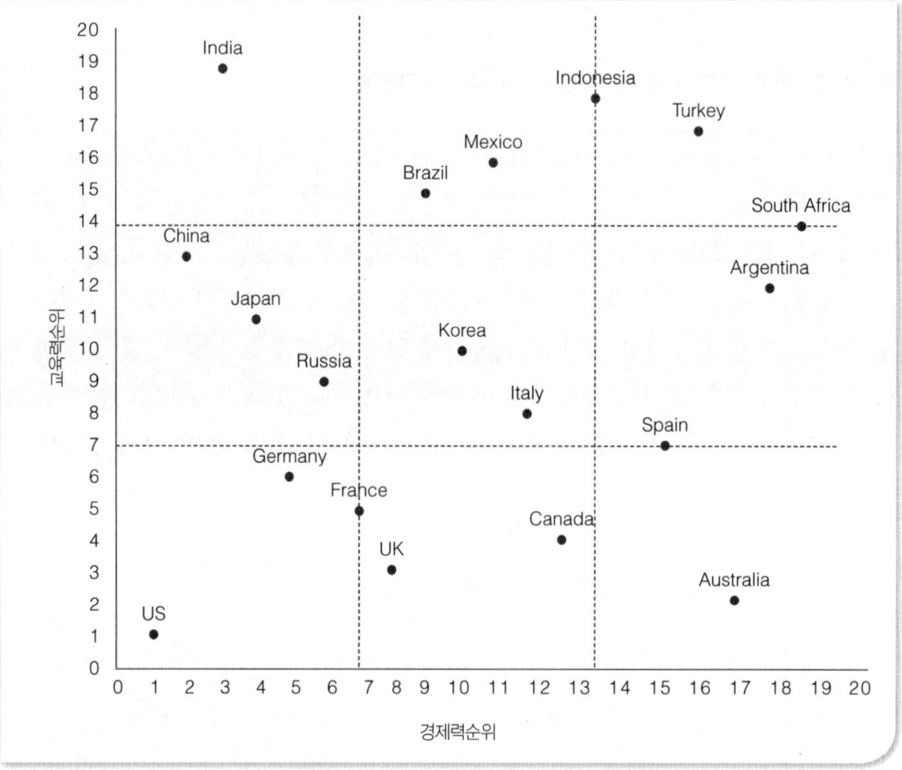

의 종합국력과 교육력이 긍정적 연관성을 가진다는 가설을 입증해 주는 사례라 할 수 있다.

다음으로 경제력 순위와 교육력 순위의 관계를 살펴보았다. 종합국력과는 다르게 경제력 순위와 교육력 순위 간의 관계는 명확히 보이지 않으나 약간은 우상향 곧 경제력과 교육력의 상호 정적인 상관관계에 놓여 있음을 보여준다. 경제력 순위를 상, 중, 하로 구분할 때, 경제력 순위가 상위 그룹에 있는 국가 중 미국, 독일, 프랑스가 교육력 순위가 상위 그룹에 속해 있고, 중국, 일본, 러시아가 교육력 순위는 중위 그룹, 인도가 하위 그룹에 속해 있는 것으로 나타났다. 경제력 순위가 중위 그룹인 영국, 캐나다, 한국, 이탈리아, 브라질, 멕시코, 인도네시아 중 영국과 캐나다가 교육력 순위가 상위 그룹이었고, 한국과 이탈리아가 중위 그룹으로 나타났다. 경제력 순위 하위 그룹 중 호주가 교육력 순위가 상위 그룹에 속해 있었고, 스페인과 아르헨티나 등이 중위 그룹에 속한 것으로 나타났다. 그러므로

만약 경제력과 교육력 간의 관계를 대체적 우상향 관계로 파악했을 때 한국의 경우 교육력을 통해 경제력의 상승을 기대할 수 있을 것임을 시사하고 있으며, 일본의 경우 경제력에 비해 교육력이 떨어짐으로 인해 향후 경제력도 하향할 가능성이 있으며, 호주의 경우는 상대적으로 우위인 교육력을 바탕으로 경제력이 상향할 가능성도 있다고 보아야 할 것이다.

5. 국가전략 및 정책적 함의

교육력 지표를 통해 한국교육이 양적인 부분과 질적인 부분에서 우수한 성과를 보이고 있지만, 일부 산출지표와 투입지표 등을 보면 여전히 향상되어야 할 부분이 있고, 이를 위해 정부의 적극적인 투자와 사회적 관심이 요구된다.

우리나라의 교육력을 높이기 위해서는 무엇이 필요할까를 고려해야 한다.

먼저 교육력을 높이고 교육의 질을 높이는 것을 위협하는 요소인 교육에 대한 투자 부족이다. 교육에 대한 투자 부족은 열악한 교육여건으로 연결된다. 투입지표 중 약점 지표였던 교원 1인당 학생수와 학급크기가 대표적인 교육여건 지표이다. 교원 1인당 학생수나 학급크기는 저출산 및 학령인구 감소 등으로 개선이 예상되나, OECD 평균 수준에 도달하기 위해서는 지속적인 지원이 필요하다. 학생수의 자연감소에 따른 부분적 순위 상승에 불과한 착시효과에 안주하지 말고 보다 과감한 투자 확대를 통해 교육의 질적 성장을 이루어야 할 것이며, 지난 60년간 교육력이 경제력과 국력 상승을 견인해 왔던 경험을 잊지 말아야 한다.

다음으로 우리나라에서 가장 취약한 부분 중 하나는 고등교육이다. 25~34세 사이의 고등교육 이수율이 41개국 중 가장 높지만, 고등교육 학생유출 또한 매우 높은 것이 현실이다. 국가 간 학생이동이 많아지면서, 국경을 넘어선 교육서비스는 새로운 시장을 형성하게 되는데, 우리나라의 경우는 학생 유출은 많고, 유입은 적은 편으로 고등교육의 경쟁력 강화를 통해 고등교육 유출을 줄이고 유입을 확대할 필요가 있다.

지금까지 G20 국가와 OECD 국가 등과의 비교를 통해 우리나라의 상대적인 교육력을 분석하였다. 이를 통해 우리나라의 교육력이 다른 나라들에 비해 어떤 수준이며 특히 어떤 요소들이 취약하거나 상대적으로 우위에 있는지를 객관적으로 확인할 수 있었다. 이 결과는 교육 분야의 중장기 전략 과제를 개발하는 데 중요한 기초 자료로 활용될 수 있을 것이다.

그러나 현재 교육력 산정이 공공부문에만 한정되어 있어 국가 전체의 교육력을 보여준다고 하기에는 한계가 있으므로 사적 영역의 교육을 포함시킬 수 있는 방안이 마련되어야 한다. 사교육비 투입 자원을 투입지표로 포함하였을 경우 전체적인 교육력 상승이 예상된다. 우리나라가 상대적으로 낮은 투입부문 교육력 지표에 비해 산출부문 지표 순위가 높은 것은 다른 나라에 비해서 월등히 높은 사교육 투자 효과가 반영된 것으로 추정된다. 다만, 사교육 투자는 국제적 비교 자료가 없을 뿐만 아니라, 공교육과 비교하여 사교육 투입량을 단순 산입하기 어려운 난점이 있다. 대한민국의 교육력을 제고하는 데 핵심변인으로 사교육 자원을 공공분야로 흡수할 수 있는 전략 수립이 필요하다.

또한 우리나라의 교육력을 다룸에 있어 북한의 교육력도 비교하여 다루어져야 할 필요가 있다. 통일을 대비한다면 북한의 교육력도 다루어져야 할 중요한 영역이기 때문이다. 그러나 현재 교육과 관련된 자료들은 교육체제, 교육기관수, 학생수 등에 불과하며, 이를 통해 북한의 교육력을 판단하기는 매우 어렵다. 따라서 자료의 확보가 무엇보다 필요하며, 이를 통한 정확한 교육력을 판단하고 통일에 대비할 필요가 있다. 이와 더불어 통일 후 교육에서 가장 중요한 이슈는 자유민주주의적 가치를 가르칠 수 있는 교원인력의 확보일 것이며, 이는 결국 북한이 현재 보유하고 있는 교사를 재교육시키는 방법보다는 남한의 예비교원 인력으로 대체 투입하는 것이 합리적이라 판단된다. 이 경우 현재 한국의 교원양성체제에서 예비교사 인력의 과잉공급에 따른 교원노동시장 불일치 문제가 제기되고 있지만, 통일에 대비하여 오히려 긍정적 예비자원으로 활용할 수도 있을 것이다.

하드파워

H6. 환경관리력

1. 환경관리력의 정의 및 종합국력과의 관계

환경관리력은 환경적 위해로부터 국민을 지켜내고 생태계의 활력을 유지 · 보호하는 국가의 능력이다. 종합국력을 하드파워와 소프트파워로 나눈다면, 환경관리력은 하드파워의 구성요소 중 하나이다.

일반적으로 환경관리력도 경제력, 과학기술력, 국정관리력, 변화대처력 등 다른 국력요소들과 양의 상관관계를 가질 것으로 예상된다. 다만 경제발전의 초기단계에는 경제력과 과학기술력 등이 커짐에 따라 환경 특히 생태계가 파괴되는 현상이 나타날 수 있다. 경제성장에 따라 화석 연료의 소비가 증가하고 생산 과정에서 다양한 오염물질이 배출될 수 있다. 자동차 운행, 난방, 공장 가동 등에 따라 배출되는 각종 대기오염물질들은 인체에 악영향을 줄 뿐 아니라, 산성비나 온실 효과의 주원인이 되기도 한다. 인구의 도시집중도 환경 문제를 악화시키는 요인이 되고 있는바, 도시에서 발생하는 각종 쓰레기와 생활하수 등은 심각한 환경 문제를 일으킬 수 있다.

그러나 과학기술이 발전하고 경제가 성장함에 따라 환경적 위해로부터 국민의 건강을 지켜낼 수 있는 능력뿐만 아니라 생태계의 활력을 유지 · 보호하는 국가의 능력도 증대될 수 있다. 도시를 보다 환경 친화적인 것으로 만들어 나갈 능력이 커지고 있고, 화석연료를 대체할 새로운 에너지원을 개발하려는 노력도 지속되고 있다. 남획과 남벌을 막기 위한 국가의 관리체계도 개선될 수 있고, 지구온난화를 막기 위한 국제적인 협력도 증대될 수 있다. 따라서 환경관리력도 일반적으로 다른 국력요소들과 양의 상관관계를 가질 것으로 보인다(Grossman and Krueger, 1995 참조).

2. 환경관리력지수 산출을 위한 지표의 선정

종합국력의 한 구성요소로서의 환경관리력을 우리는 Yale University의 Center for Environmental Law and Policy(YCELP)와 Columbia University의 Center for International Earth Science Information Network(CIESIN)가 공동으로 2014년 1월에 발간한 2014 ENVIRONMENTAL PERFORMANCE INDEX에 의거하여 측정하고자 한다.

이 연구에서 내어놓은 EPI Index는 각국이 환경적 위해로부터 인간의 건강을 얼마나 잘 지켜내는지(Environmental Health), 그리고 생태계의 활력을 얼마나 잘 보호하고 자원을 얼마나 잘 관리하는지(Ecosystem Vitality)를 측정하기 위한 것이다. Environmental Health 영역은 영아사망률로 측정되는 Health Impacts, 대기와 실내공기의 오염도를 나타내는 Air Quality, 음용식수의 가용성과 하수시설의 보급 정도를 측정하는 Water and Sanitation 등 3개 정책 범주를 포괄하고, Ecosystem Vitality 영역은 폐수처리능력으로 측정되는 Water Resources, 환경에 압박요인으로 작용하는 농업보조금의 정도와 농약 관련 규제의 적절성을 측정하는 Agriculture, 임야면적의 변화를 측정하기 위한 Forests, 연안 고기잡이가 바다 생태계에 미치는 영향을 측정하는 Fisheries, 생물 다양성과 서식지 보호를 측정하기 위한 Biodiversity and Habitat, 이산화탄소 배출 감축 능력을 측정하기 위한 Climate and Energy 등 6개 정책 범주를 포괄한다([그림 1] 참조).

이번에 환경관리력을 측정하기 위해 사용한 지표는 5년 전의 그것과 크게 다르다. 5년 전의 경우 대기오염부하, 수자원 및 수질, 자연보호지역, 폐기물 배출량, 화학비료 사용량, 온실가스 배출 등 6개의 요소를 사용하여 환경관리력을 측정하였는데, 가장 큰 문제점은 이들 구성요소 중 지표를 구할 수 없는 나라가 많았다는 점이다. 예컨대 환경관리력 분야에서 1위와 2위를 차지한 브라질과 인도의 경우 온실가스 배출에 대한 지표만 구할 수 있었고, 따라서 이 지표 하나만이 평균점수 계산에 반영되었었다. 또한 5년 전 연구에서 사용된 6개 지표는 생태계

그림 1 _ 2014 EPI 구성요소 도시

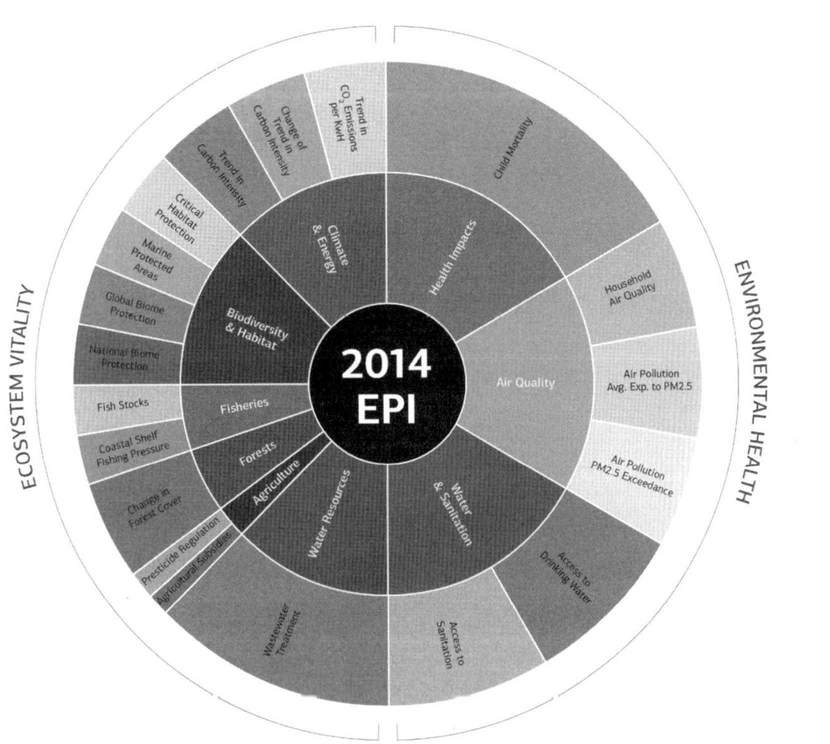

출처: http://epi.yale.edu/our-methods

활력을 측정하는 데는 어느 정도 유용한 지표라 할 수 있으나, 환경적 위해로부터 국민을 지켜내는 국가능력의 측정이라는 측면에서는 부족한 점이 있어 보인다.

3. 환경관리력 평가결과

〈표 1〉은 환경관리력의 국별 종합점수와 순위를 보여주고 있다. 표는 또한 2014년 EPI 종합점수와 조사대상 178개국 중 순위를 보여주고 있다. 우리나라의 2014년 EPI 종합점수는 63.79로서 178개국 중 43위, 우리가 비교대상으로 삼고 있는 G20 국가들 중에서는 순위가 높은 순으로 호주, 독일, 스페인, 영국, 이탈리아, 캐나다, 일본, 프랑스, 미국, 사우디아라비아에 이어 11위를 차지하고 있다.

반면 인도와 중국 등의 EPI 점수는 좋지 않은 것으로 나타난다.

〈표 2〉는 정책 범주별 점수와 순위를 보여주고 있다. 우리나라의 G20 국가들 중에서의 순위를 보면, Health Impacts 8위, Air Quality 18위, Water and Sanitation 9위, Water Resources 7위, Agriculture 17위, Forests 11위, Fisheries 8위, Biodiversity and Habitat 17위, Climate and Energy 18위로 나타난다. 즉 Water Resources(7위), Fisheries(8위), Health Impacts(8위), Water and Sanitation (9위), Forests(11위) 등의 분야는 비교적 좋은 점수를 받았으나, Agriculture(17위), Biodiversity and Habitat(17위), Air Quality(18위), Climate and Energy(18위) 등의 분야는 좋지 못한 점수를 받았다.

5년 전에 종합국력 연구의 일환으로 제시된 환경력과 여기에서 제시하는 환경관리력의 국가별 순위를 직접 비교하는 것은 앞에서 지적한 바와 같이 지수의 구

표 1 _ 환경관리력: 종합

Country	EPI Rank	EPI Score	환경관리력 종합점수	순위
Argentina	93	49.55	41.10	17
Australia	3	82.40	63.95	1
Brazil	77	52.97	43.48	16
Canada	24	73.14	57.51	6
China	118	43.00	36.55	19
France	27	71.05	56.05	8
Germany	6	80.47	62.61	2
India	155	31.23	28.36	20
Indonesia	112	44.36	37.49	18
Italy	22	74.36	58.36	5
Japan	26	72.35	56.96	7
Korea	43	63.79	51.01	11
Mexico	65	55.03	44.91	12
Russia	73	53.45	43.81	15
Saudi Arabia	35	66.66	53.00	10
South Africa	72	53.51	43.86	14
Spain	7	79.79	62.13	3
Turkey	66	54.91	44.83	13
United Kingdom	12	77.35	60.44	4
United States	33	67.52	53.60	9

표 2 _ 환경관리력: 범주별 점수와 순위

Country	EPI Score	Health Impacts	순위	Air Quality	순위	Water and Sanitation	순위	Water Resources	순위	Agri-culture	순위	Forests	순위	Fisheries	순위	Biodiversity and Habitat	순위	Climate and Energy	순위
Argentina	49.55	85.07	12	99.64	1	75.70	11	11.75	17	96.00	1	–	–	15.68	12	44.88	18	16.79	20
Australia	82.40	100.00	1	98.33	2	100.00	1	92.33	4	66.46	5	100.00	1	19.37	11	83.08	3	47.67	13
Brazil	52.97	68.59	16	97.64	4	50.44	14	10.87	18	74.51	4	10.81	17	24.68	5	66.74	8	53.82	9
Canada	73.14	100.00	1	97.85	3	95.90	7	80.42	8	62.52	10	16.64	15	21.54	10	58.40	13	59.85	6
China	43.00	76.23	15	18.81	20	33.15	18	18.18	16	33.85	19	25.34	13	14.68	13	66.63	9	65.16	2
France	71.05	100.00	1	89.44	10	100.00	1	83.80	6	65.55	7	37.94	8	–	–	54.45	15	49.83	12
Germany	80.47	100.00	1	78.50	16	100.00	1	95.18	2	65.31	8	31.35	12	13.40	14	100.00	1	62.77	4
India	31.23	50.04	19	23.24	19	26.28	19	10.49	19	58.40	13	35.07	9	22.64	7	39.18	19	35.24	19
Indonesia	44.36	67.55	17	75.31	17	24.29	20	0.02	20	51.85	16	7.75	18	25.80	1	78.08	5	45.25	16
Italy	74.36	100.00	1	80.85	15	63.51	13	91.44	5	58.87	12	55.41	3	24.93	4	79.77	4	63.41	3
Japan	72.35	99.20	7	84.79	12	100.00	1	71.26	9	46.48	18	55.41	3	25.34	2	73.53	6	43.54	17
Korea	63.79	96.93	8	62.24	18	85.92	9	83.68	7	46.98	17	33.76	11	22.24	8	50.40	17	41.55	18
Mexico	55.03	76.67	14	87.09	11	46.20	15	37.45	12	55.21	15	19.87	14	25.34	3	62.32	12	51.35	10
Russia	53.45	83.12	13	94.36	9	45.17	16	21.50	15	16.93	20	35.07	9	12.73	15	53.39	16	61.02	5
Saudi Arabia	66.66	94.68	11	84.45	13	83.48	10	28.54	13	92.00	2	–	–	6.43	16	93.70	2	46.63	14
South Africa	53.51	47.51	20	94.40	8	36.08	17	27.86	14	79.20	3	100.00	1	2.52	18	63.96	10	49.87	11
Spain	79.79	96.17	9	97.37	5	99.33	6	92.83	3	65.19	9	45.05	6	23.24	6	56.56	14	81.84	1
Turkey	54.91	66.06	18	84.07	14	71.43	12	48.93	11	56.67	14	52.35	5	21.90	9	32.62	20	46.52	15
U.K.	77.35	100.00	1	95.82	7	100.00	1	97.93	1	66.03	6	43.06	7	–	–	70.11	7	54.24	8
U.S.	67.52	95.33	10	96.41	6	86.48	8	63.66	10	61.53	11	14.35	16	3.34	17	63.35	11	56.45	7

성요소와 획득 가능한 지표 등의 측면에서 현저한 차이가 있어 적절하지 못하다. 2009년 연구에서는 측정치가 누락된 경우가 많았고, 종합점수도 측정치를 구할 수 있는 항목의 평균점수로 산출되었다. 그리하여 예컨대 브라질은 온실가스 배출량 점수만으로 종합점수가 산출되어 환경관리력 분야에서 1위를 차지하게 되었다. 이에 비해 여기에서 제시하는 EPI 지수는 그 구성요소의 적절성, 통계치 가용 국가의 범위, 지수산정 방법의 엄밀성, 연구 결과의 정책적 함의 등의 측면에서 보다 나은 지표를 제공할 것으로 사료된다.

이번에 우리가 측정한 환경관리력은 총량 개념의 경제력보다는 소득수준을 나타내는 일인당 GDP와 상관관계가 높은 것으로 나타났다. 환경관리력의 국별 점수와 경제력의 국별 점수 사이의 상관계수는 −0.16으로 계산되었다. 환경관리력과 경제력 사이의 상관계수가 음의 값을 보인 것은 중국, 인도, 러시아 등과 같이 경제력 순위는 높지만 환경관리력 순위는 상대적으로 낮은 경우와 캐나다, 스페인, 호주 등과 같이 경제력 순위는 낮지만 환경관리력 순위는 상대적으로 높은 경우가 있었기 때문이다. 다른 한편으로 환경관리력과 일인당 GDP (보다 정확하게 이야기하자면 구매력 기준으로 평가한 일인당 GDP) 사이의 상관계수는 0.87로 계산되어 두 변수 사이에 밀접한 관련이 있는 것으로 나타났다. (2009년 연구에서 사용한 통계자료의 경우 환경관리력과 일인당 GDP 사이의 상관계수는 −0.10으로 나타났는데, 이는 앞에서 언급한 바와 같이 당시 사용한 지표가 부적절하여 환경적 위해로부터 국민을 지켜내는 국가능력 등 환경관리력을 제대로 평가하지 못한 결과로 보인다.)

참고로 환경관리력과 종합국력 사이의 상관계수는 0.33으로 나타났다. 종합국력은 경제력, 국방력 등 총량 개념이 강한 요소와 국정관리력, 정치력, 사회자본력, 변화대처력 등 수준 개념이 강한 요소를 함께 아우르고 있는바, 총량 개념이 강한 경제력과 종합국력 사이의 상관관계는 0.80, 국민소득 수준을 나타내는 일인당 GDP와 종합국력 사이의 상관관계는 0.61로 나타났다. 그리고 환경관리력은 전술한 바와 같이 총량 개념이 강한 경제력과는 별로 관계가 없고 국민소득 수준을 나타내는 일인당 GDP와는 높은 상관관계를 가지고 있는 것으로 드러났으며, 그 결과 총량 개념이 강한 요소와 수준 개념이 강한 요소를 함께 아우르는 종합국력과의 상관계수는 0.33 정도로 나타났던 것이다.

4. 시사점

여기에서는 EPI Index를 구성하는 환경적 건강성(Environmental Health) 분야 3개 항목과 생태계 활력(Ecosystem Vitality) 분야 6개 항목, 도합 9개 항목에 대해 우리나라의 지표가 그동안 어떻게 변화해 왔고 현재 국제적으로 어떤 위치에 있는지를 살펴봄으로써 앞으로 우리나라가 어떤 방향으로 환경관리력 관련 정책을 펴나가야 할지에 대한 시사점을 얻고자 한다.

Environmental Health 분야 중 Health Impacts는 산후 15일 동안의 영아사망률(Mortality)로 측정한다. 오염된 공기와 물이 영아사망률에 영향을 미침을 감안할 때 영아사망률은 공해와 열악한 위생이 건강에 미치는 영향을 나타내는 대리변수가 될 수 있다. 우리나라의 Health Impacts 점수는 지난 10년간 7.37% 향상되어 96.93점이 되었고, 이는 조사대상 178개국 중 29위, G20 국가 중 8위에 해당한다.

Air Quality는 요리할 때 나무 · 석탄 등 고체연료를 사용하는 가정의 비율을 나타내는 Household Air Quality, 입자크기가 2.5 microns 이하인 미세먼지에 노출된 정도를 나타내는 Average Exposure to PM2.5, 고농도 미세먼지에 노출되는 인구비율을 나타내는 PM2.5 Exceedance 등 3개 항목으로 측정한다. 우리나라의 Household Air Quality 점수는 10년 전에도 지금에도 100점으로 최고점수를 받았다. Average Exposure to PM2.5 점수는 지난 10년간 6.04% 향상되어 57.23점이 되었으나, 이는 조사대상 178개국 중 171위에 해당한다. PM2.5 Exceedance 점수는 지난 10년간 9.34% 향상되어 29.5점이 되었으나, 이것도 조사대상 178개국 중 171위에 해당한다. 이들 3개의 세부항목을 통합한 Air Quality 점수는 지난 10년간 3.18% 향상되어 62.24점이 되었고, 이는 178개국 중 166위, G20 국가 중에는 중국과 인도를 제외하면 꼴찌인 18위에 해당한다. 이러한 결과는 우리가 앞으로 미세먼지 문제에 대한 대책을 보다 적극적으로 세워나가야 할 것임을 시사한다 하겠다.

Water and Sanitation은 개선된 음용수에 접근 가능한 인구 비율을 나타내는 Access to Drinking Water와 개선된 하수 설비에 접근 가능한 인구 비율을 나타내는 Access to Sanitation으로 측정한다. 우리나라의 Access to Drinking Water 점수는 10년 전에 비해 30.02% 향상된 71.85점이 되어 178개국 중 63위를 차지하였고, Access to Sanitation 점수는 10년 전에도 지금에도 100점으로 최고점수를 받았다. 이들 2개의 세부항목을 통합한 Water and Sanitation 점수는 지난 10년간 10.68% 향상되어 85.92점이 되었고, 이는 178개국 중 37위, G20 국가 중에는 9위에 해당한다.

Ecosystem Vitality 분야 중 Water Resources는 폐수처리 능력을 나타내는 Wastewater Treatment로 측정한다. 폐수처리는 수생생물의 건강성과 깨끗한 물의 재사용에 영향을 미친다. Wastewater Treatment로 측정한 우리나라의 Water Resources 점수는 83.68점으로 178개국 중 18위를 차지하였고 G20 국가 중에는 7위를 차지하였다.

Agriculture는 농지의 확장과 자원의 과다이용 그리고 환경 오염을 이끄는 농업보조금 Agricultural Subsidies 항목과 환경과 인간의 건강에 악영향을 끼칠 수 있는 농약 사용의 규제 Pesticide Regulation 항목으로 측정한다. 우리나라의 Agricultural Subsidies 점수는 극히 낮은 1.97점을 받아 178개국 중 152위를 차지한 반면, Pesticide Regulation 점수는 비교적 높은 점수인 92점을 받아 178개국 중 18위를 차지하였다. 이들 2개의 세부항목을 통합한 Agriculture 점수는 지난 10년간 38.18% 향상되어 46.98점이 되었고, 이는 178개국 중 158위, G20 국가 중에는 17위에 해당한다. 이렇게 우리나라의 Agriculture 점수가 좋지 않게 나온 것은 Agricultural Subsidies 점수가 극히 낮은 데 기인하는바, 앞으로 농업보조금 제도를 정비해 나가는 노력이 요청된다 하겠다.

Forests 항목은 2000년과 2012년 기간 동안 삼림면적의 변화를 나타내는 Change in Forest Cover로 측정한다. 우리나라의 Forests 점수는 33.76점으로 178개국 중 62위를 차지하였고 G20 국가 중에는 11위를 차지하였다.

Fisheries는 각국의 배타적 경제수역 내에서 고기를 지속가능한 속도로 잡는지를 나타내는 Fish Stocks 항목과 저인망 고기잡이 등의 방법을 쓰고 있지는 않은지를 나타내는 Coastal Shelf Fishing Pressure 항목으로 측정한다. Fish Stocks 점수는 23.94점으로 178개국 중 12위를 차지하였고, Coastal Shelf Fishing Pressure 점수는 20.54점으로 178개국 중 83위를 차지하였다. 두 세부항목을 통합한 Fisheries 점수는 지난 10년간 83.95% 향상되어 22.24점이 되었고, 이는 178개국 중 69위, G20 국가 중에는 8위에 해당한다.

Biodiversity and Habitat는 Critical Habitat Protection, Terrestrial Protected

Areas(National Biome Weight), Terrestrial Protected Areas(Global Biome Weight), Marine Protected Areas 등 4개 항목으로 측정한다. Critical Habitat Protection 지표는 멸종위기종 보호지역의 비율로 측정하는데 우리나라의 점수는 보고되지 않았다. Terrestrial Protected Areas에 관한 2개 지표는 생물다양성 보존노력을 국내적 및 국제적 시각에서 부여된 가중치로 측정하는데, Terrestrial Protected Areas(National Biome Weight) 점수는 26.3점으로 178개국 중 124위, Terrestrial Protected Areas(Global Biome Weight) 점수는 36.3점으로 121위를 차지하였다. Marine Protected Areas 지표는 배타적 경제수역 중 보호되고 있는 수역의 비율로 측정하는데, 우리나라의 점수는 78.58점으로 178개국 중 45위를 차지하였다. 이들 4개의 세부항목을 반영한 Biodiversity and Habitat 점수는 지난 10년간 16.94% 향상되어 50.4점이 되었고, 이는 178개국 중 108위, G20 국가 중에는 17위에 해당한다.

마지막으로 Climate and Energy 점수는 Trend in Carbon Intensity, Change of Trend in Carbon Intensity, Trend in CO2 Emissions per KWH 등 3개 항목을 반영하여 계산한다. 우리나라의 이들 3개 세부항목 점수와 178개국 중 순위는 각각 43.55점과 90위, 11.91점과 112위, 41.53점과 91위로 나타난다. 이들 3개의 세부항목을 반영한 Biodiversity and Habitat 점수는 41.55점이고, 이는 178개국 중 93위, G20 국가 중에는 18위에 해당한다.

환경적 건강성(Environmental Health) 분야 3개 항목과 생태계 활력(Ecosystem Vitality) 분야 6개 항목, 도합 9개 항목을 총괄하여 계산한 우리나라의 EPI 점수는 지난 10년 동안 7.37% 향상되어 현재 63.79점을 받았고, 이는 178개국 중 43위, G20 국가 중에는 11위에 해당한다. (지금까지 살펴본 우리나라의 EPI 종합 및 항목별 점수는 [그림 2]에 정리되어 있으니 참조할 것.)

우리나라가 G20 국가들 중에서도 낮은 순위를 보인 Air Quality(18위), Agriculture(17위), Biodiversity and Habitat(17위), Climate and Energy(18위) 등의 분야에 대해서는 앞으로 개선을 위한 정책노력을 배가해야 할 것으로 보인다.

그림 2 _우리나라의 EPI 종합 및 항목별 점수

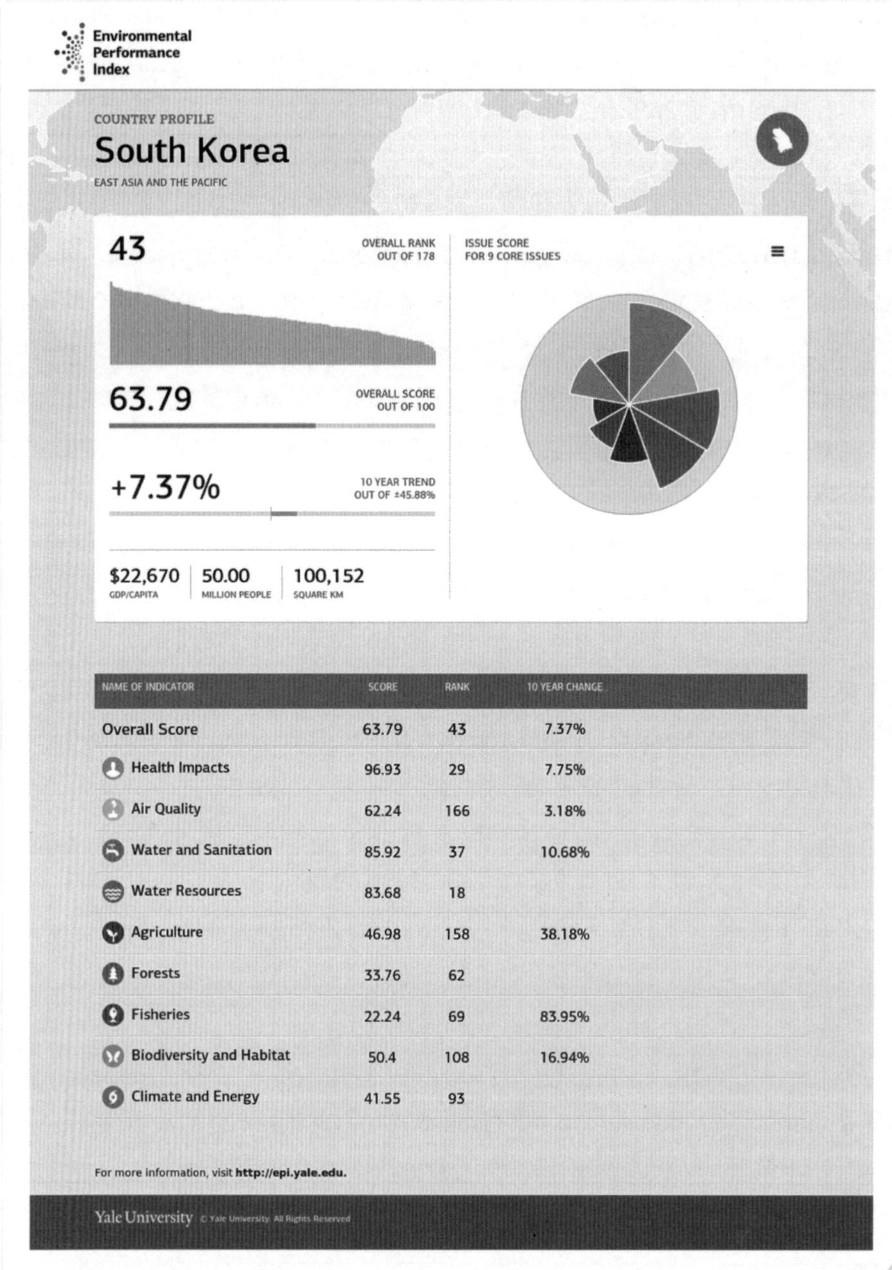
Environmental Performance Index

COUNTRY PROFILE

South Korea

EAST ASIA AND THE PACIFIC

43 OVERALL RANK OUT OF 178

63.79 OVERALL SCORE OUT OF 100

+7.37% 10 YEAR TREND OUT OF ±45.88%

$22,670 GDP/CAPITA | 50.00 MILLION PEOPLE | 100,152 SQUARE KM

ISSUE SCORE FOR 9 CORE ISSUES

NAME OF INDICATOR	SCORE	RANK	10 YEAR CHANGE
Overall Score	63.79	43	7.37%
Health Impacts	96.93	29	7.75%
Air Quality	62.24	166	3.18%
Water and Sanitation	85.92	37	10.68%
Water Resources	83.68	18	
Agriculture	46.98	158	38.18%
Forests	33.76	62	
Fisheries	22.24	69	83.95%
Biodiversity and Habitat	50.4	108	16.94%
Climate and Energy	41.55	93	

For more information, visit **http://epi.yale.edu.**

Yale University

하드파워

H7. 국가정보력

1. 국가정보력에 관한 개념 정의 및 종합국력과의 연계에 관한 이론적 논의

1) 국가정보력 개념

국가정보력은 지접저 또는 잠재적 위협세력의 보유 능력과 활동을 수집-분석-해석하여 이들 위협세력의 의도와 목적을 파악하고 이를 근거로 국가가 올바른 결정을 할 수 있도록 지원하는 일련의 비밀수행 능력을 말한다.

국가정보력에서의 위협은 일반적으로 대외적 위협을 말한다. 냉전시절 미국의 위협은 소련과 공산세력이었으며, 9·11 테러 이후 이슬람 테러세력을 주요 외부 위협으로 간주하고 있다. 그러나 독일의 경우 과거 나치의 국가정체성 파괴와 동서분단의 경험으로부터 얻은 교훈으로 인해 국가제도를 악용하여 국가전복을 기도하는 반국가세력과 적국을 위해 활동하는 간첩들을 주요 위협으로 간주하고 이들 세력에 대한 정보활동을 위해 '연방헌법보호청'이라는 국내 정보기관을 보유하고 있다.

위협에 대처하는 정보기관의 주요 기능은 다음과 같다. 위협세력의 기습공격에 대비하는 '조기경보' 기능, 문명사적 장기 변화를 준비하기 위한 '장기전망' 기능, 그리고 국가의 안보에 관한 '대외정책을 지원'하는 기능 그리고 비밀활동을 포함한 '국가비밀을 보호'하는 기능이다. 냉전 종식 후 정보환경이 급격히 변화하고 있기 때문에 조기경보와 비밀유지 기능은 과거의 명성에 비해 효용 가치가 떨어지고 있다. 반면 장기전망과 대외정책지원의 중요도는 높아지고 있다.

이들 주요 기능을 자세히 살펴보면, 첫째 '조기경보'는 크게 전략적 조기경보와 전술적 조기경보 기능으로 분류된다. 대규모 기습 공격에 대한 '전략적 조기경보' 역량은 과학기술의 발전으로 냉전시절보다는 대폭 향상되었다. 그러나 9·11 테러에서 볼 수 있듯이 상대적으로 소규모의 기습 공격을 사전에 파악하여 대비하거나 예방하는 '전술적 조기경보' 능력에는 한계를 보이고 있다. 9·11 테러 당시 테러가 발생할 것이란 사실—전략적 조기경보—은 사전에 파악하고 있었으나, 누가 언제 어떤 방법으로 테러를 감행할 것인지에 대한 사실—전술적 조기경보—을 알아내는 것에는 실패했다. 결국 9·11 테러를 예방하지 못했다. 이후 많은 노력으로 소규모 기습테러에 대한 '전술적 조기경보' 기능을 향상시키고 있으나 현재까지도 소규모 조직이 기습적으로 자행하는 테러를 사전에 탐지하는 것은 쉽지 않다.

둘째로 '장기전망'이다. '장기전망' 기능은 국제질서가 변화하는 시기에 제 역할을 하는 '미래예측' 기능이다. 국가의 미래를 준비해야 하는 국가지도자에게 미래를 안전하게 항해할 수 있도록 '미래지도'를 제공하는 기능이다. 미국 국가정보협의체(NIC: National Intelligence Council)는 신임 대통령 선출에 맞춰 '장기전망 보고서'를 생산한다. 이렇게 정권교체기에 장기전망 보고서를 발간하는 것은 세계평화와 국제질서를 관리해야 하는 초강대국의 대통령 임무 수행을 지원하기 위해서다. 2012년 출간된 '장기전망 보고서'에는 미국의 셰일가스 개발과 거대인구를 가진 중국의 부상에 따른 미국 대외정책의 변화 가능성을 전망했다. 대외정책의 변화를 예측한 논리는 다음과 같다. 미국의 셰일가스 개발로 향후 중동산 오일에 대한 의존도 또한 줄 것이고 이런 이유로 인해 중동의 중요성 또한 감소할 것이라고 전망했다. 그리고 13억 명의 거대 인구를 가진 중국이 경제적으로 부상하면 1억의 인구를 가진 일본이 부상할 때와 달리, 국제질서를 변화시킬 수 있는 변화주체국가(Game Changer)의 지위를 가질 수 있다는 이유에서 미국의 대외정책 변화를 전망했다. 이런 전망을 근거로 오바마 2기 행정부는 중동에서의 군사적 개입을 줄여가는 반면 태평양과 동아시아에서는 군사력을 증강하고 있다. 지금 미국은 아시아를 중시하는 방향으로 대외정책의 중심축을 이동하고 있다.

셋째는 '대외정책지원' 기능이다. 냉전시절에는 공산국가의 군사적 팽창에 대한 위협과 같은 안보문제 해결을 위한 정책정보 지원이 대부분이었다. 그러나 냉전 종식 후, 글로벌화에 대한 대응, 인종 및 종교 분쟁 문제, 대테러 정책 그리고 기후변화에 따른 에너지 · 식량 · 물 부족 문제 등 범지구적 대응책이 필요한 새로운 안보 상황에 효과적으로 대응할 수 있는 다양한 분야의 정책정보 지원이 필요해졌다.

마지막으로 '비밀보호 활동'은 더욱 어려워지고 있다. 첫째 이유는 개방화와 정보화의 결과로 거의 대부분의 국가에 보급된 인터넷 때문이다. 위키리크스 사태에서 볼 수 있듯이 인터넷을 통해 한번 누출된 비밀정보는 순식간에 대량 확산이 이루어지기 때문이다. 그리고 인터넷을 통해 공개된 비밀정보의 회수는 물론 폐기도 불가능하다. 둘째는 스마트폰과 소셜네트워크의 출현이다. 우리는 이미 재스민혁명에서 소셜네트워크와 스마트폰의 영향력을 봤다. 재스민혁명 기간 스마트폰과 소셜네트워크로 무장한 개인이 과거 영국의 BBC나 미국의 CNN과 같은 영향력을 발휘한다는 사실도 확인했다. 지금은 개인미디어의 영향력 때문에 과거 정부가 주요 언론매체를 통제하는 방법으로는 비밀이나 정부에 불리한 사실을 숨기기가 불가능한 시대가 됐다. 그리고 마지막으로, 과거 인과관계를 발견하지 못하면 정보기관도 알 수 없었던 '예측정보'를 지금은 사이버공간에 축적된 방대한 양의 공개 데이터를 분석하여 '예측정보'를 생산할 수 있는 '빅데이터' 기술이 개발됐다는 것이다. 이런 기술의 발전으로 비밀보호는 더욱 어려워지고 있다.

2) 종합국력과의 연계에 대한 이론적 논의

종합국력 관점에서의 국가정보력은 타국이 인지하기 어려운 비밀활동을 통하여 자국의 정책과 전략을 실현해 내거나, 타국이 자국을 향해 그들의 정책과 전략을 실현하고자 하는 바를 비밀활동을 통해 제어할 수 있는 능력이다.

국방력이 이와 유사한 개념을 가지고는 있다. 그러나 핵보유국을 상대로 군사력을 사용하여 자국의 정책과 전략을 실현하는 데 한계 또한 드러났다. 이런 한계에 직면한 핵강대국들은 국가정보 역량을 확대 강화했다. 열전의 시기에는 전쟁을 수단으로 목적 실현이 가능했으나, 냉전이 시작되면서 '보이지 않는 전쟁', 즉 비밀정보활동으로 국가목적을 달성해야 했다. 국가정보력은 냉전이 시작되면서 군사적 대응의 한계를 보완하는 중요한 역할로 발전해 오고 있다. 기존의 연구에서는 국가정보력을 단지 측정이 어렵다는 이유로 국가정보력의 개념을 IT정보통신 능력으로 너무 단순화하여 평가해 왔다. 이런 IT정보통신 능력 측정으로 국가정보력을 정확히 측정할 수 없다고 판단하여, 본 연구에서는 RAND의 종합국력 측정모델을 사용하여 국가정보력을 측정했다. RAND 종합국력 측정모델은 기본적으로 투입(Input)-처리(Processing)-산출(Output)의 프레임을 가지고 있다. 본 연구에서의 국가정보력 측정은 투입(Input) 요소는 '추정 규모', '잠재 능력', '실행력'을, 산출(Output) 요소는 '국가정보 성과'를 간접 지표로 선정하여 투입-산출 요소만을 총합하여 국가정보력을 측정했다.

2. 개별 국력에 관한 조작적 개념 정의 및 측정지표

기존 연구에서는 '국가정보력'이 아닌 '정보력'을 측정했는데, 이 정보력 측정에 사용된 지표로는 IT정보통신 관련 지표만을 사용했다. 이 IT정보통신 관련 지표는 국가정보력의 수집에 관한 일부분을 측정할 수 있으나 국가정보력 전체를 반영했다고 보기는 어렵다.

이와 같이 국가정보력 측정은 공개자료 부족과 기존 연구 부족으로 일반화된 측정모델이 없었다. 그래서 본 연구에서는 RAND 종합국력 측정모델에서 처리(Processing) 부분을 제외하고 사용하였다. 국가정보력의 처리(Processing)는 성능(Performance)과 같은 의미를 지니고 있으나 데이터 부재로 본 연구에서는 제외했다. 투입(Input) 부분은 국방력에서의 규모 측정방법과 국가정보의 순환이론에서 지표들을 산출했다. 그리고 산출(Output) 부분은 국제관계 분야에서 활용되는 지표를 사용했다. 지표 선정은 '논리적으로 연관관계가 있는가', '상관성은 높은가', 그리고 추가적으로 '상식적으로 판단해도 타당성이 있는가'를 고려하여 선정했다.

국가 비밀정보활동의 규모를 측정하기 위해 우선 국가별 정보예산 파악이 필요했다. 그러나 G20 중 극히 일부 국가만 국가정보예산을 공개하고 있었다. 그래서 학계에서 널리 알려진 "국가정보예산은 해당 국가의 국방비의 1/10 정도"라는 학계 상식으로 국가정보예산을 추정했다. 국방예산에는 국가정보의 주요 부분인 군사정보 예산도 포함하고 있기 때문에 활용가치가 높다고 판단했다. 미국의 군사정보 예산은 미군이 지구 전체를 대상으로 고가의 첨단장비로 감시활동을 하고 있기 때문에 국가정보예산의 80%를 사용한다고 알려져 있다. 이런 방법으로 각국의 정보예산을 추정해서 국가별 국가정보활동의 규모는 어느 정도 알 수 있게 된다.

대략의 규모를 파악하고 난 다음 정보활동 능력을 파악하기 위해 정보기관의 정보순환과정을 분야별로 측정했다. 일반적인 정보순환과정은 '수집-분석-생산-전파' 과정으로 진행된다. 본 연구에서는 수집과 관련된 세부 지표들은 논리적 연관성과 상식을 통해 인공위성과 인터넷 호스트와 사용자를 비교적 쉽게 선정할 수 있었다. 그러나 분석-생산-전파는 관련 지표를 찾기가 쉽지 않아, 이 부분을 '판단을 마친 지식(정보)'을 뜻하는 '해석'으로 단순 정리했고, 해석의 세부 지표는 '국가의 학력'을 대표할 수 있는 세계 1000대 대학 보유수를 사용했다.

국가정보력 대략의 규모와 잠재 능력의 파악을 마친 후, 자국의 정책과 전략을 타국에 어느 정도 실현할 수 있는가를 파악하기 위해 '실행력'을 측정하기로 했다. 가장 적합한 지표를 찾기 위해 국가정보력과 유사한 개념을 포함하고 있는 국방력과 외교력에서 사용하는 지표를 검토했다. 그러나 국방력에서 사용하고 있는 지표들 중에서는 '실행력'을 대표하는 지표는 없었고 주로 잠재 능력을 파악하는 지표로 구성됐다. 그리고 외교력의 경우 외교 영향도를 나타내는 지표들을 검토했으나 외교 영향도 관련 지표들은 국가가 능동적으로 타국에 자국의 목표를 직접 실행하는 능력을 측정하기보다는 국제기구를 통해 간접적으로 영향력을 행사할 수 있는 능력을 측정하는 데 특화되어 있기 때문에 사용할 수 없었다. 결국 실행력 측정은 유사한 개념으로 '정보의 활용도'를 이용하여 간접 측정하기로 했다. '정보의 활용도' 측정은 해외직접투자(FDI)를 지표로 선정했다. 이유는 해외직접투자의 성공여부는 정보의 수집-분석-해석과 이를 기반으로 투자성과를 낼 수 있는 올바른 결정과 시의적절한 행동의 결과, 즉 정보 활용의 결과라고 추론할 수 있으며 동시에 해외직접투자 규모는 정보 활용과 성공에 비례한다는 추론 또한 가능하기 때문이다.

지금까지의 과정을 통해, 국가정보력에 관련된 주어진 규모, 능력, 그리고 실행력 정도를 측정할 수 있게 됐다. 이제 마지막 지표 선정 작업으로 국가정보활동 산출(Output) 측정을 위해 '국가정보 성과'에 관한 지표를 선정하기로 했다.

'국가정보의 성과' 지표는 국제정치학 분야에서 널리 사용하고 있는 실패국가지수(FSI)를 이용하여 '국가안정도'라는 지표를 만들어 측정했다. 실패국가지수는 정치, 경제, 사회 분야 12개 지표를 사용하여 국가의 불안 정도를 나타내며, 세부지표 중에는 '자국 통화의 급격한 가치하락과 붕괴', '정치엘리트집단의 내분' 등이 포함되어 있다. 국가안정도 계산은 (100－실패국가지수)로 사용했다.

국가정보력 측정을 간단히 설명하면 국가별 정보활동 규모를 추정하기 위해 국가별 국가정보예산을 파악해야 했는데 이는 각국의 국방비로부터 추정했다. 그리고 잠재 능력을 추정하기 위해 정보순환주기를 단순화하여 측정했고, 예상되는 실행력은 대외직접투자(FDI)를 사용하여 측정했다. 마지막으로 국가정보 성과를 측정하기 위해서 기존 널리 알려진 '실패국가지수(FSI)'를 산술적 처리를 통해 '국가안정도'라는 지표로 새로 만들어 사용했다.

본 연구는 정량화가 가능한 투입(Input)과 산출(Output)을 측정하는 지표들을—추정 규모, 잠재 능력, 예상되는 실행력, 국가정보 성과—종합하여 '종합적 국가정보력'을 측정했다. 그러나 국가정보력의 성능(Performance)을 측정할 수 있는 정성적 지표들은—정보기관에 대한 국민의 신뢰도, 지도자의 정보기관 운용 능력, 정보관련 법규와 정보기관에 대한 의회 감시제도, 정보조직의 안보환경 변화 대처 능력—사용하지 못했다.

마지막으로 국가정보력에서 사용된 지표 중 국방비, 인구 1000명당 인터넷 사용자수, 실패국가지수는 종합국력의 다른 요소국력에서도 사용되고 있다. 이렇게 중복 사용된 지표는 사용 의미는 다르나 종합국력 계산 결과에는 가중되어 나타나고 있음을 알린다.

3. 2014년도 해당 요소국력 측정 자료에 관한 서술

국가정보력의 세부지표는 국방비(국가정보예산 추정용), 인공위성 보유현황, 세계 1000대 대학 순위, 그리고 인구 1000명당 인터넷 사용자수, 인터넷 호스트수, 해외직접투자 순위 그리고 실패국가지수(국가안정도 계산용)를 사용했다.

국방비의 출처는 '2009 CIA Fact Book(2009)'과, '2012년 SIPRI 군사지출 DB 자료(2014)'이다. 인공위성 보유 순위의 출처는 Space－Track.org(2009, 2014)이다.

그리고 세계 1000대 대학순위 출처는 인터넷 http://www.webometrics.info/Distribution_by_Country.asp(2009, 2014)이다. 그리고 인터넷 사용자수, 인터넷 호스트수, 해외직접투자 순위의 출처는 CIA Fact Book(2009, 2014)이다. 마지막으로 실패국가지수 FSI(Failed State Index)의 출처는 www.foreignpolicy.com(2009, 2014)이다.

4. 평가 결과

– 기본자료 제시

뒷장에 첨부

– 흥미로운 발견점

국가정보력의 국가별 순위는 미국(1위), 독일(2위), 영국(3위), 일본(4위), 프랑스(5위), 캐나다(6위)이다. 국가정보력 6위까지의 국가는 모두 G7 회원국가이다. 호주는 7위, 8위는 G8 회원국 러시아다. 우리나라는 9위이다. 한반도 주변국가의 국가정보력 순위는 미국(1) 〉 일본(4) 〉 러시아(8) 〉 대한민국(9) 〉 중국(11)으로 우리나라는 하위권에 속한다. 중국과 러시아의 국가정보력은 2009년과 비교하여 각각 3단계, 1단계씩 향상됐다. 우리나라의 국가정보력은 2009년 11위에서 2014년 9위로 2단계 상승했다. 이것은 인터넷 호스트의 수를 제외한 모든 지표가 상승했기 때문이다.

중국은 정보예산 2.4배 증액(정보예산은 국방비로부터 추정 사용)과 인공위성 1.9배 증가와 세계 1000위권 대학수 5.3배 증가에 힘입어 2009년 14위에서 11위로 3단계 상승했다. 일본은 2009년 3위에서 2014년 4위로 1단계 하락했다. 일본의 하락 이유는 세계 1000위 대학의 수가 38개에서 22개로 급감했고 2011년 3월 11일 발생한 쓰나미 피해와 후쿠시마 원전사고로 국가안정도가 낮아졌기 때문이다. 국가안정도는 (100－실패국가지수)로 계산한다. 국가안정도는 실패국가지수와 역관계에 있다. 즉 실패국가지수가 높으면 국가안정도는 상대적으로 불안정해진다. 일본의 실패국가지수는 2011년 31.0에서 2012년 43.5로 급상승했다가 2013

년 36.1로 쓰나미와 원전피해를 다소 수습하면서 국가가 안정을 회복하고 있다고 평가된다.

러시아는 2009년 9위에서 2014년 8위로 1단계 상승했다. 러시아는 모든 지표의 상승에도 불구하고 과거 미국에 필적했던 수준의 국가정보력을 재건하지는 못하고 있는 것으로 보인다. 독일은 2009년 4위에서 2014년 2위로 상승했다. 국방예산, 인터넷 호스트수와 세계 1000위 대학은 감소했음에도 1000명당 인터넷 사용자의 급증과 국가안정도의 향상으로 2009년 2위였던 영국과 서로 자리바꿈을 했다.

2014년 종합국력평가 '변화대처력'에서 사용된 '성공국가지수(113.9−FSI)'는 '국가정보력'의 '국가안정도(100−FSI)'와 같은 실패국가지수(FSI)를 사용했다. 국가안

표 1 _ 종합국력 및 경제력 수준에서 정보력 순위 비교

국가	종합국력		경제력		국가정보력	
	2009	2014	2009	2014	2009	2014
ARGENTINA	19	19	18	19	12	14
AUSTRALIA	8	5	17	18	7	7
BRAZIL	14	15	9	9	13	13
CANADA	7	6	14	13	5	6
CHINA	2	2	2	2	14	11
FRANCE	6	7	8	7	6	5
GERMANY	5	4	5	5	4	2
INDIA	11	11	4	3	19	19
INDONESIA	18	18	16	14	20	20
ITALY	9	12	10	12	8	12
JAPAN	3	8	3	4	3	4
KOREA	13	9	11	10	11	9
MEXICO	16	14	13	11	15	17
RUSSIA	12	13	7	6	9	8
SAUDI ARABIA	20	20	19	15	16	15
SOUTH AFRICA	17	17	20	20	17	18
SPAIN	10	10	12	16	10	10
TURKEY	15	16	15	17	18	16
UNITED KINGDOM	4	3	6	8	2	3
UNITED STATES	1	1	1	1	1	1

정도(100-FSI)에 사용되는 실패국가지수(FSI)는 2009년 18.7~114.3(117개 국가), 2013년은 18.0~113.9(118개 국가)의 범위를 갖는다. 전체국가의 국가안정도 지수를 계산할 경우 음수로 나타나는 국가가 발생하는 것을 막기 위해선 2009년은 (114.3-FSI)로 2013년은 (113.9-FSI)로 계산해야 한다. 그러나 2009년과 2014년 국가안정도를 비교하기 위해 2009년에 사용했던 동일한 산식 (100-FSI)을 사용했다. 이것은 G20 국가에서 음수가 발생하지 않았기 때문에 가능했다.

2014년 평가결과를 기준으로 경제력 수준에서 정보력 순위를 비교하면 미국(경제력 1 정보력 1), 한국(경제력 10 정보력 9), 일본(경제력 4 정보력 4)은 경제력 규모에 적합한 정보력을 보유하고 있다. 그리고 독일(경제력 5 정보력 2), 프랑스(경제력 7 정보력 5), 캐나다(경제력 9 정보력 6)는 경제력 수준보다 높은 수준의 정보력을 보유하고 있으며, 영국(경제력 8 정보력 3), 호주(경제력 18 정보 7)는 경제력보다 월등히 높은 정보력을 가지고 있는 것으로 평가됐다. 반면 러시아(경제 6 정보력 8), 중국(경제력 2 정보력 11), 인도(경제력 3 정보 19) 등 인구의 수가 10억 명을 초과하거나 방대한 영토를 가진 국가는 경제력 수준에 비해 정보력이 낮은 것으로 평가됐다.

그리고 종합국력 수준에서 정보력 순위를 비교하면, 미국(종합국력 1 정보력 1), 영국(종합국력 3 정보력 3), 캐나다(종합국력 6 정보력 6), 한국(종합국력 9 정보력 9)은 종합국력과 국가정보력의 순위가 일치하는 것으로 평가됐다. 그리고 독일(종합국력 4 정보력 2), 호주(종합국력 5 정보력 7), 프랑스(종합국력 7 정보력 5)는 종합국력과 정보력의 수준이 비교적 균형을 잡고 있다고 평가됐다. 그러나 일본(종합국력 8 정보력 4)과 러시아(종합국력 13 정보력 8)는 종합국력 수준에 비해 상당히 높은 정보력을 보유한 것으로 평가된 반면, 중국(종합국력 2 정보력 11)과 인도(종합국력 11 정보력 19)는 종합국력 수준에 비해 상당히 낮은 정보력을 보유했다. 특히 중국과 인도는 거대인구로 인해 종합국력과 경제력에 비해 정보력 수준은 상대적으로 낮은 것으로 평가된다.

5. 국가발전 전략에의 시사점

일반적으로 "국가위기는 내부모순이 존재하는 상황에서 급격한 외부 충격이

가해지면 국가적 위기상황이 발생한다"고 한다. 그래서 국가는 국가적 위기상황 예방을 위해 대내적으로 정치 · 경제 · 사회적 모순이 발생하지 않도록 내치에 힘쓰고, 동시에 대외적으로 국제질서 변화에 따른 다양한 형태의 외부 충격에 대한 대비책을 준비해야 한다.

현재 동북아 질서가 급변하고 있다. 미국, 중국, 일본이 동북아 지역 주도권을 놓고 다시 경쟁하기 시작했다. 대한민국을 책임지고 있는 국가지도자들은 이런 상황을 심각하게 받아들이고 동북아 질서 변화에 대한 장기적 대응 방안을 수립해야 한다. 지금과 같은 중대한 변화의 시기에는 국가지도자들이 오판하지 않도록 '국가차원에서 정보(intelligence)'를 제공해야 한다. 미국 정보기관은 대통령뿐만 아니라 주요 정치인을 포함하여 국가 주요 사안에 대한 결정권을 가진 국가지도자들에게 국가정보기관이 생산한 정보를 제공하고 있다. 이는 국가지도자들이 정보 부족으로 판단을 내리지 못하거나, 왜곡된 첩보로 인해 국익에 반하는 결정이나 행동으로 국가를 혼란에 빠지게 하는 사태를 방지하기 위해서다.

그리고 국내에서 비교적 조용히 논의되고 있던 한반도 통일문제가 2014년 1월 6일 박근혜 대통령의 연두기자회견 '통일 대박' 발언 이후, 한반도 주변 강대국은 대한민국 통일 진행과정에서 한반도에서의 자국 이익을 극대화하기 위해 통일문제에 개입하려고 하는 것으로 관측되고 있다. 그래서 바로 지금이 강력한 국가정보활동이 필요한 시기다. 지금과 같은 역사적 변곡점에서 대통령은 주변 강대국의 움직임을 꼼꼼히 살피고 주변 강대국 정치지도자들이 어떤 생각을 하고 있는지 손금 보듯이 파악하고 있어야 한다. 우리나라의 운명을 우리 손으로 결정하기 위해선 구한말 우리 선조들이 했던 실수를 되풀이하면 안 된다. 다시 이런 실수를 하지 않기 위해 우리는 이해 관련 당사국들의 비밀정보활동도 감시할 수 있어야 하고, 주변 강대국의 의도를 파악할 수 있어야 한다. 그래야 통일을 우리가 원하는 방식으로 이룩할 수 있다. 가칭 통일정보활동을 위해 대통령에게 통일의 큰 그림을 보여줄 수 있는 '통일정보'를 전담할 수 있는 '통일정보협의회(UIC: Unification Intelligence Council)'를 신설해야 한다. '통일정보협의회'에서는 국가정보기관과 학계전문가가 함께 정보를 종합적으로 판단하고 이를 토대로 '통일정보협의회 의장'이 '통일전략정보보고서'를 작성하여 대통령에게 '대면보고' 할 수 있도록 해야 한다.

표 2 _ 2014년 국가정보력

국가	군사정보		수집		수집		수집		해석		활용		결과		순위	
	국방비 (단위:$M)		인공위성		인터넷 호스트 (단위:천대)		천명당 인터넷 사용자		세계 1000위 대학		해외직접투자 (단위:$M)		국가 안정도 (100-FSI)		평균표준점수 순위	
	원점수	순위	원점수	순위	원점수	순위	원점수	순위	원점수	순위	원점수	순위	원점수	순위	평균지숫값	순위
ARGENTINA	3,179.0	20	10	17	11,232	11	321	14	3	18	32,950.0	17	53.9	11	46.29	14
AUSTRALIA	26,116.0	13	12	14	17,081	8	710	7	27	9	426,500.0	10	74.6	1	50.84	7
BRAZIL	33,143.0	11	13	13	26,577	3	378	11	22	10	182,000.0	13	37.9	12	46.58	13
CANADA	22,600.0	14	38	8	8,743	12	838	1	30	8	953,300.0	6	74.0	2	52.10	6
CHINA	166,107.0	2	156	3	20,602	5	288	15	116	2	502,000.0	9	19.1	20	**49.21**	**11**
FRANCE	58,943.0	6	59	5	17,266	7	686	8	31	7	1,683,000.0	4	67.4	4	52.507	5
GERMANY	43,478.0	9	45	7	20,043	6	803	4	60	4	1,790,000.0	3	70.3	3	53.87	2
INDIA	45,785.0	8	55	6	6,746	15	50	20	6	14	117,500.0	15	22.5	18	43.62	19
INDONESIA	6,866.0	18	12	14	1,344	18	80	19	3	18	14,930.0	20	21.8	19	42.90	20
ITALY	34,004.0	10	22	10	25,662	4	477	10	34	6	661,900.0	8	55.4	10	49.18	12
JAPAN	59,267.0	5	135	4	64,453	2	779	5	22	10	1,049,000.0	5	63.9	8	**52.509**	**4**
KOREA	31,660.0	12	15	11	315.6	19	805	3	15	12	327,500.0	12	64.6	7	50.01	9
MEXICO	6,978.0	17	10	17	16,233	9	261	17	6	14	137,700.0	14	26.9	15	44.48	17
RUSSIA	90,749.0	3	1468	1	14,865	10	287	16	5	17	413,100.0	11	22.9	17	**50.73**	**8**
SAUDI ARABIA	56,724.0	7	12	14	145.2	20	363	12	2	20	20,810.0	19	27.3	14	44.99	15
SOUTH AFRICA	3,735.0	19	2	20	4,761	16	91	18	6	14	78,250.0	16	32.4	13	43.81	18
SPAIN	11,535.0	16	15	11	4,228	17	594	9	45	5	716,200.0	7	55.6	9	49.52	10
TURKEY	18,184.0	15	9	19	7,093	14	337	13	12	13	30,950.0	18	24.1	16	44.61	16
UNITED KINGDOM	61,007.0	4	31	9	8,107	13	811	2	65	3	1,808,000.0	2	66.8	5	53.78	3
UNITED STATES	682,478.0	1	1131	2	505,000	1	774	6	274	1	4,507,000.0	1	66.5	6	76.43	1

표 3 _ 국가정보력 지표별 비교 : 2009년 vs 2014년

국가	군사정보 국방비 (단위:$M)		수집 인공위성		수집 인터넷 호스트 (단위:천대)		수집 천명당 인터넷 사용자		해석 세계 1000위 대학		활용 해외직접투자 (단위:$M)		결과 국가 안정도 (100−FSI)		순위 평균표준점수 순위	
	2009	2014	2009	2014	2009	2014	2009	2014	2009	2014	2009	2014	2009	2014	2009	2014
ARGENTINA	4,300.0	3,179.0	10	10	3,813	11,232	227	321	3	3	26,810.0	32,950.0	55.3	53.9	12	14
AUSTRALIA	23,040.5	26,116.0	11	12	11,134	17,081	528	710	29	27	301,100.0	426,500.0	74.1	74.6	7	7
BRAZIL	23,972.8	33,143.0	12	13	9,573	26,577	251	378	16	22	119,100.0	182,000.0	30.9	37.9	13	13
CANADA	17,944.6	22,600.0	30	38	5,119	8,743	836	838	38	30	547,200.0	953,300.0	72.3	74.0	5	6
CHINA	70,308.6	166,107.0	80	156	14,306	20,602	189	288	22	116	139,300.0	502,000.0	15.4	19.1	**14**	**11**
FRANCE	67,640.9	58,943.0	47	59	14,256	17,266	332	686	47	31	1,889,000.0	1,683,000.0	64.7	67.4	6	5
GERMANY	45,930.0	43,478.0	36	45	22,606	20,043	516	803	67	60	1,360,000.0	1,790,000.0	63.8	70.3	4	2
INDIA	32,700.0	45,785.0	40	55	2,707	6,746	68	50	4	6	54,210,0	117,500.0	22.2	22.5	19	19
INDONESIA	4,740.0	6,866.0	10	12	753.2	1,344	54	80	3	3	4,277.0	14,930.0	15.9	21.8	20	20
ITALY	40,050.0	34,004.0	16	22	17,702	25,662	550	477	35	34	547,700.0	661,900.0	56.1	55.4	8	12
JAPAN	48,860.0	59,267.0	123	135	39,909	64,453	693	779	38	22	597,000.0	1,049,000.0	68.8	63.9	**3**	**4**
KOREA	28,500.0	31,660.0	10	15	333.8	315.6	733	805	12	15	74,600.0	327,500.0	58.4	64.6	11	9
MEXICO	17,944.0	6,978.0	7	10	10,653	16,233	205	261	6	6	43,010.0	137,700.0	24.6	26.9	15	17
RUSSIA	39,600.0	90,749.0	1427	1468	4,822	14,865	214	287	3	5	370,200.0	413,100.0	19.6	22.9	**9**	**8**
SAUDI ARABIA	31,050.0	56,724.0	12	12	141.2	145.2	216	363	2	2	N/A	20,810.0	22.5	27.3	16	15
SOUTH AFRICA	4,067.8	3,735.0	1	2	1,297	4,761	103	91	5	6	57,080.0	78,250.0	32.6	32.4	17	18
SPAIN	18,974.0	11,535.0	9	15	3,264	4,228	485	594	42	45	738,500.0	716,200.0	56.7	55.6	10	10
TURKEY	30,936.0	18,184.0	5	9	2,667	7,093	171	337	7	12	13,970.0	30,950.0	21.8	24.1	18	16
UNITED KINGDOM	64,005.0	61,007.0	26	31	8,269	8,107	657	811	68	65	1,841,000.0	1,808,000.0	66.4	66.8	2	3
UNITED STATES	713,100.0	682,478.0	1068	1131	316,000	505,000	725	774	354	274	2,751,000.0	4,507,000.0	66	66.5	1	1

PART 3

소프트파워

종합
S1. 국정관리력
S2. 정치력
S3. 외교력
S4. 문화력
S5. 사회자본력
S6. 변화대처력

소프트파워 종합

어느 한 국가의 국력(national power)을 말할 때 군사적 제국주의(military imperialism) 시대에는 국방력이, 경제적 제국주의(economic imperialism) 시대에는 경제력이 중요한 요인이었다. 문화 제국주의(cultural imperialism) 시대에는 문화력(cultural power)이 주요한 요인이라 할 수 있다(최창현 · 박정배 · 김종근, 2014).

그림 1 _ 하드파워와 소프트파워

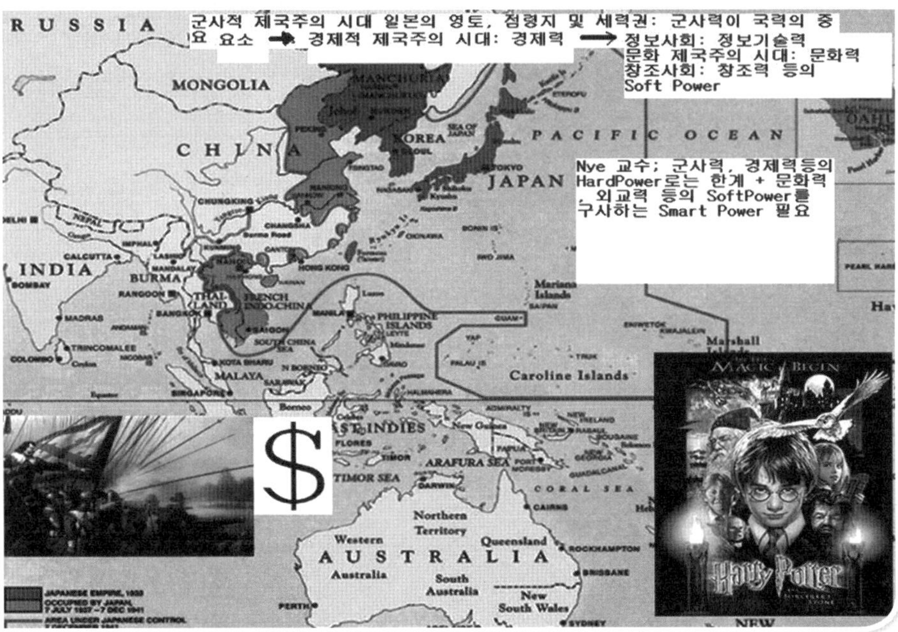

국제정치학자들은 일반적으로 국력을 인구, 천연자원, 국방력, 경제력, 국민의 사기, 정부의 지도력, 외교기술 등의 구성요소들의 종합적 힘으로 정의한다. 국제정치이론의 주류를 형성해 온 현실주의 이론은 국력을 한 국가가 "상대국에 대해 영향력을 행사하는 힘"으로 규정하고 있다. 국력을 권력 개념으로 정의하고 있는 현실주의 이론이 국력 구성요소 중 가장 중요시하는 요인은 국방력 기반의 경제력 또는 세력균형 수단으로서 경제력을 활용하는 방법에 초점을 맞추고 있다. 국가발전론의 경우 국력은 경제 및 산업발전이라는 국가정책 목표를 달성하기 위해 정치 · 사회적 역량을 결집시켜 나가는 국정관리력과 동일시되는 경향이 있다. 시대 변화에 맞춰 이제는 과거 군사적 제국주의나 경제적 제국주의 시대에 강조되어 온 국방력이나 경제력 등의 하드파워적인 요소뿐 아니라 국정관리력, 정치력, 외교력, 문화력, 사회자본력, 그리고 변화대처력 등의 소프트파워적 요소도 중요한 시대가 되었다(황성돈 · 최창현 외, 2014)

소프트파워란 국력을 구성하는 하드파워에 대응하는 개념으로서 상대방을 매료시켜 상대방이 자발적으로 마음을 바꾸어 원하는 바를 얻어 내는 능력이다(Nye, 2004). 한 국가의 종합국력의 상당 부분을 차지하는 소프트파워는 정부, 시장, 그리고 시민의 협치를 통한 국정관리력, 이들 3자 간의 권위적 권력 분배를 담당하는 정치력, 타 국가와의 관계를 담당하는 외교력, 창의력이 중요한 사회에 절실한 문화력, 사람들 간의 관계에서 발생하는 힘 등의 무형자산을 의미하는 사회자본력, 그리고 급변하는 국제 환경에 장기적인 안목으로 능동적으로 대처할 수 있는 변화대처력 등으로 구성되어 있고, 국가가 추구하는 목표를 실제로 구현할 수 있는 능력을 말한다. 결국은 이러한 제반 능력들을 잘 조정하고 통합하는 것이 국가전략이라고 볼 수도 있다. 소프트파워는 하드파워와는 달리, 국가적 이슈를 풀어가는 단기적이고 눈에 보이는 역량을 표현하기보다는 국민 개개인, 분야의 전문성, 다원화된 사회의 요소요소 힘을 서로 융합하고 응집하여 국가적인 힘을 단단하게 하는 측면을 강조한다([그림 2] 참조).

국정관리력의 지표로는 Worldbank에서 1996년부터 2014년까지 발표해 온 시민의 참여, 정치적 안정성, 정부효과성, 규제의 질, 법치, 부패의 통제 등의 6가지 지표를 사용하였다(Daniel Kaufmann, Aart Kraay and Massimo Mastruzzi, 2010; Worldbank, 2013). 정치력은 정치시스템의 안정성과 효과성, 국회 입법 활동의 효과성, 그리고 정치인들의 청렴성 등의 지표를 사용하여 측정하였다. 외교력은 외

그림 2 _ 소프트파워(Soft Power)로서의 국력 요소들

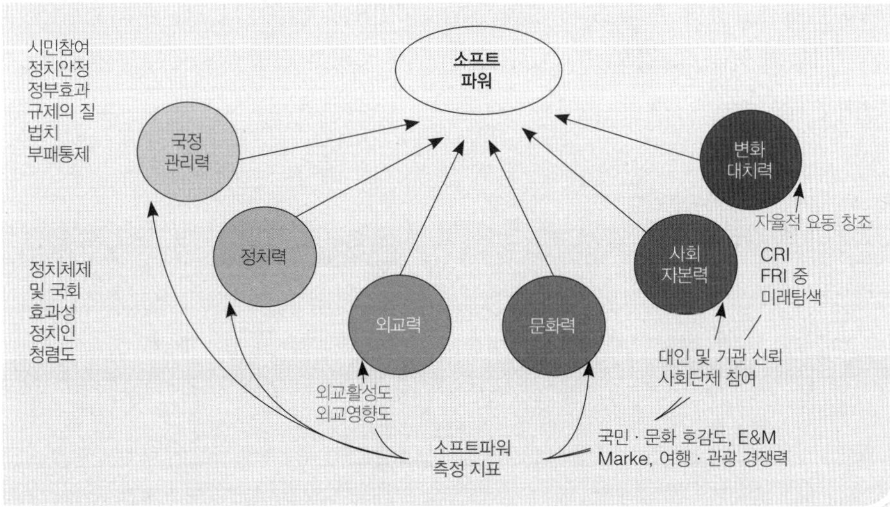

교 활동의 영향도를 측정하는 지표로 ① 각국의 UN분담금 비율, ② 자국민이 기관장으로 있는 주요 국제기구의 수, ③ 해외 원조 금액, ④ UN 상임이사국 여부 등 네 가지를 사용하였다. 외교 활동의 활성도를 측정하는 지표로는 ⑤ 주요 국제기구들에 해당 국가가 가입하고 있는 기구의 수와 ⑥ 주요 국제기구의 본부가 해당국에 위치하고 있는 기관의 수를 사용했다. 문화력은 국민호감도, 문화호감도, E&M Market, 하계올림픽 메달수, 그리고 여행 및 관광 경쟁력 지표 등의 자료를 적용하여 분석하였다.

사회자본력은 세계가치조사(World Values Survey) 자료와 정부, 기업, NGO, 그리고 미디어(신문, TV) 등 4개 분야의 기관신뢰를 설문조사한 에델만 신뢰지수(Edelman Trust Barometer: ETB)를 포함하여 조사하였다(WVS, 2010). 변화대처력은 컨설팅사인 KPMG와 Oxford Economics가 2012년에 60개 국가를 대상으로, 2013년에는 90개 국가를 대상으로 발표한 변화대처력(CRI)(KPMG INTERNATIONAL & Oxford Economics, 2013)지표와 복잡적응체제에 중요한 미래탐색 개념을 보완하기 위해 2010년 한국전산원에서 세계 최초로 개발된 미래준비지수(Future Readiness Index) 중 하나의 하위 개념인 미래탐색지표를 추가하였고, 또한 복잡적응체제의 핵심인 자율적 요동 지표를 포함하여 변화대처력 지표

를 수정 보완하였다. 자율적 요동의 창조 수준을 측정하기 위해서는 2013년도 IMD의 국가경쟁력 지표 중 도전에 대한 국민의 유연한 적응력, 시장 변화에 대응한 기업의 적응력, 경제 변화에 대응한 정부정책의 적응력 등 3개 지푯값을 추가하였다.

표 1 _ 소프트파워 세부지표

6개 요인	하위지표	세부지표	비고
국정관리력	시민참여	정치적 위험도	
		정치권리	
		시민권	
		민주적 책임성	
		기업의 의견 표명도	
	정치적 안정성	국내정치 위험도	
	정부효과성	관료제적 지연도	
		공무원 능력	
		정부지출의 낭비	
		관료제 관리 시간	
		정부효과성 인식도	
		관료제의 질	
	규제의 질	행정규제	
		정부개입	
		외국투자	
	법치	계약 강제도	
		조세회피수준	
		사법부 독립성	
		범죄수준에 대한 관심	
		암시장	
		법 준수도	
	부패통제	부패인식지수(CPI)	
정치력		정치 시스템의 안정성과 효과성	
		국회 입법 활동의 효과성	
		국회에 대한 신뢰	
		정당에 대한 신뢰	
		국민들이 정치인들을 중요한 사회지도자라고 생각하는 정도	

		정치인들의 교육수준	
		정치인들의 국제적 경험	
		정치인들의 청렴성	
외교력	영향도	각국의 UN분담금 비율	
		자국민이 기관장으로 있는 주요 국제기구의 수	
		해외 원조 금액	
		UN 상임이사국 여부	
	활성도	주요 국제기구들에 해당 국가가 가입하고 있는 기구의 수	
		주요 국제기구의 본부가 해당 국가에 위치하고 있는 기관의 수	
문화력	국민호감도	국민호감도지수	
	문화호감도	문화호감도지수	
	문화산업 수출	Entertainment & Media Market	
	여행 및 관광 경쟁력	국제 여행 및 관광 경쟁력지수	
사회자본력	대인신뢰	가족, 이웃, 아는 사람, 처음 만난 사람, 종교가 다른 사람, 다른 나라 사람	
	기관신뢰	정부, 기업, NGO, 미디어(신문, TV)	
		종교 · 교회단체	
		스포츠 및 레크레이션	
		예술 · 음악 · 교육문화	
		노동단체	
	네트워크	정당	
		환경보호단체	
		전문가조직	
		인권 혹은 자선 단체	
		소비자 보호단체	
변화대처력	정부의 대처력	거시경제의 뼈대	
		행정과 기업과의 관계	
		규제	
		재정 및 예산	
		법치	
		정부의 전략적 기획과 수평적 탐색	
		환경	
		식량과 에너지 확보	

	기업의 대처력	노동시장	
		경제다양성	
		경제개방성	
		혁신과 연구개발	
		기업환경	
		재정 부분	
		하부구조	
		비공식부문	
	국민의 대처력	인적 자본	
		기업가정신	
		시민사회	
		안전망	
		기술	
		성별	
		성장의 포괄성	
		인구통계	
		정보접근성	
		건강	
	자율적 요동의 창조	도전에 대한 국민 대응력	
		도전에 대한 정부 대응력	
		도전에 대한 기업 대응력	

21세기 지식정보사회는 소프트파워가 주도하는 시대로 전망되며, 세계 각국은 소프트파워를 국가 경쟁력 강화전략으로 활용하고 있다. 한국의 경우 소프트파워는 2009년 12위에서 11위로 한 단계 올라섰다. 소프트파워를 구성하는 각 요소의 2009년도의 국력 순위와 2013년도 순위 변화를 살펴보면 다음과 같다. 국정관리력은 10위에서 9위, 정치력은 14위에서 15위로, 외교력은 12위 유지, 문화력은 13위 유지, 사회자본력도 15위를 유지하였고, 변화대처력은 10위에서 6위로 도약했다. 시민-시장-정부 간의 협치를 통한 국정관리력(9위)과 국제 환경 변화에 대응할 수 있는 변화대처력(6위)이 소프트파워 평균 11위보다는 상대적으로 높은 순위를 기록했다. 그러나 각각 15위를 기록한 정치력과 사회자본력 측면에서는 취약점을 노출하고 있다. 이러한 결과는 향후 발전전략 수립에서 참고할 만하다. 갈등과 대립만이 난무하는 한국 정치와 법치가 실종된 갈등 세력 간의 잦은 충돌이 갉아먹는 사회통합 문제 등은 앞으로 정치력과 사회자본력 등을 향상시켜야

만 풀 수 있는 숙제이다.

표 2 _ 소프트파워 국력 점수 및 순위 요약

국가명	종합국력		소프트파워							
	점수*	순위	국정 관리력	정치력	외교력	문화력	사회 자본력	변화 대처력	소계 점수	소계 순위
ARGENTINA	43.39	19	15	19	9	15	14	20	16.78	18
AUSTRALIA	52.39	5	2	2	15	9	9	3	22.22	4
BRAZIL	45.74	15	12	18	16	11	12	14	17.58	15
CANADA	52.11	6	1	3	11	8	3	8	22.04	5
CHINA	55.92	2	19	1	10	10	2	10	20.66	7
FRANCE	52.01	7	5	7	2	4	8	12	21.65	6
GERMANY	53.20	4	3	4	7	3	11	1	22.25	3
INDIA	48.02	11	16	8	6	16	1	17	19.45	9
INDONESIA	44.07	18	18	14	19	19	5	15	17.43	17
ITALY	47.74	12	10	12	13	6	13	16	18.84	12
JAPAN	51.52	8	7	10	5	5	19	5	19.77	8
KOREA, SOUTH	48.42	9	9	15	12	13	15	6	19.04	11
MEXICO	45.84	14	14	20	4	14	7	11	18.43	13
RUSSIA	46.47	13	20	17	14	12	18	19	16.41	19
SAUDI ARABIA	40.40	20	17	9	8	#N/A	#N/A	7	14.76	20
SOUTH AFRICA	44.15	17	11	16	18	18	10	18	17.59	14
SPAIN	48.21	10	8	11	17	7	16	13	19.14	10
TURKEY	44.85	16	13	13	20	17	17	9	17.54	16
UNITED KINGDOM	53.56	3	4	5	3	2	6	4	22.83	2
UNITED STATES	68.33	1	6	6	1	1	4	2	24.45	1

* 표준점수

다음 [그림 3]의 국력의 적합도 지형상의 순위 변화를 살펴보자. 적합도 지형이란 전체적 최고치(가장 높은 봉우리)와 전체적 최저치(가장 낮은 계곡)의 위치와 그 높이가 적합도의 척도인 울퉁불퉁한 산과 계곡이 어우러진 지형이다. 이러한 적합도 지형에서 국가 간의 치열한 경쟁이 발생한다. 적합도 지형 그 자체는 고정된 것이 아니라 지형상의 행위자들, 즉 국가들이 국가전략에 입각해 행동하고 국제 환경이 변함에 따라 변형된다.

공진화적 복잡계의 적합도 지형상 진화 과정에서는 '붉은여왕가설(Red Queen

Hypothesis)'이 절대적으로 지배한다. 이는 〈이상한 나라의 앨리스〉에 나오는 것처럼 열심히 뛰어야 진화의 여정에서 겨우 생존할 수 있다는 가설이다. 마치 달리던 자전거의 페달을 놓으면 곧 자전거가 쓰러져버리는 현상과 흡사하다. 올해는 한국이 소프트파워 면에서 12위에서 11위로 한 단계 올라섰지만 어느 부문에서 잘한다고 안주하면 바로 뒤처진다. 열심히 노력해야 겨우 현 순위를 유지한다. 그래서 더 많은 노력을 해야 하는 것이다.

미국과 영국이 각각 1, 2위를 유지했고, 4위였던 독일이 3위, 5위였던 호주가 4위로 각각 한 단계씩 떨어졌다. 인도(11위에서 9위)와 스페인(10위 유지)을 추월하지 못한 점은 상당히 충격적이다. 인도와 스페인을 따돌려야만 8위인 일본과 비슷한 순위가 가능하다. 국정관리력이 20위, 변화대처력이 19위로 저조한 러시아는 18위에서 꼴찌에서 두 번째인 19위로 떨어졌다. 이는 국가운영에서 국정관리력과 변화대처력이 얼마나 중요한 요인인가를 극명하게 보여준다.

그림 3 _ 한국을 둘러싼 주변국의 적합도 지형상의 소프트파워 순위 변화(2009~2013)

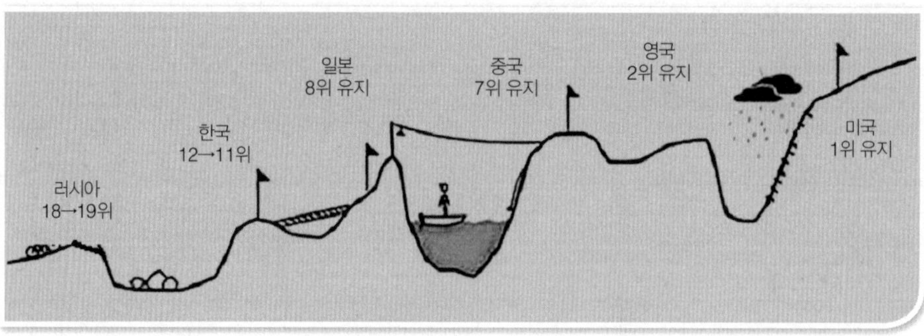

그림 4 _ 소프트파워(SP) 순위: 한국은 어디에?(X=2009, Y=2014)

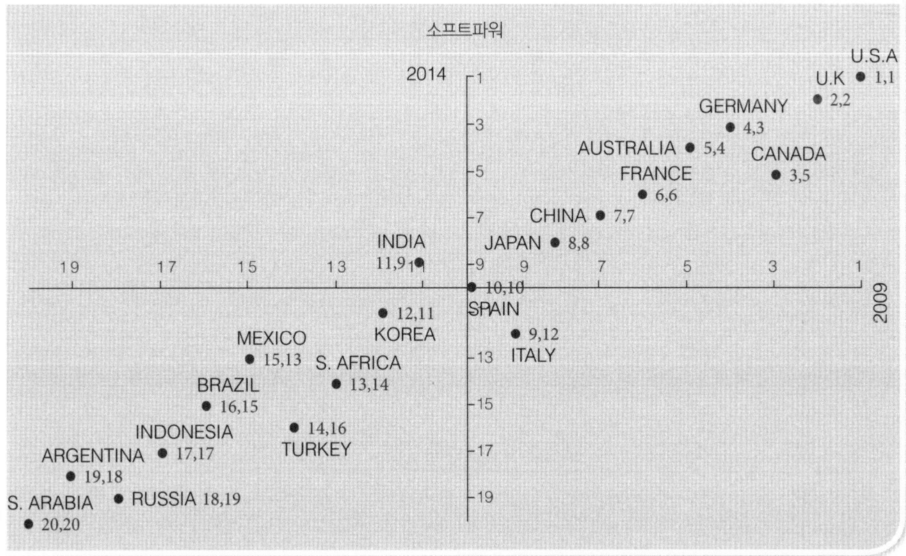

소프트파워

S1. 국정관리력

1. 국정관리력의 개념과 측정

국정관리력(Governance Power)이 중요한 개념으로 대두되고 있지만 기존의 국력 개념은 주로 경제력, 국방력, 인구, 영토 등의 Hard Power적 요소들로 구성되어 있어, 주로 기업, 정부, 시장 부문의 국력을 독립적으로 반영하는 요소들로 이루어져 있다. 그러나 기업, 시장, 정부 간의 상호작용적 시너지 효과를 창조해 줄 수 있는 창발적 능력이라 할 수 있는 협치를 통한 국정관리력은 반영되어 있지 않다. 따라서 이를 반영한 종합적 국력지표의 개발이 매우 중요하다 할 수 있다.

이 글에서는 국정관리력을 6가지 지표로 설명한다(Worldbank, 2013). 이 지표는 1996년도부터 2014년까지 발표되고 있다.

국정관리력 개념은 6개 지표로 나타낼 수 있다. 여섯 가지 지표는 시민의 참여와 책임성(voice and accountability), 정치적 안정성과 무폭력(political stability / no violence), 정부효과성(government effectiveness), 규제의 질(regulatory quality), 법치(rule of law), 부패의 통제(control of corruption)이다(Kaufmann *et al.*, 2002). 첫째, 시민의 참여와 책임성(voice and accountability)이란 시민권(civil liberties)과 정치적 권리(political rights) 등을 측정하는 지표로서 시민의 참여(paticipation)를 강조하는 참여적 정부를 반영하는 지표라 할 수 있다. 여기에서 참여란 모든 남녀가 직접적으로 혹은 자신들의 이해를 대표하며 정통성을 가진 중간 단체들을 통해 정책결정에 목소리를 가져야 한다는 뜻이다. 이 지표를 측정하기 위해서는 정치적

표 1 _ 국정관리력 개념의 지표*

<table>
<tr><th>국정관리력의 구성인자</th><th>국정관리력 지표 (Governance Index)</th><th>내 용</th><th>출 처 (Source/ Institution)</th></tr>
<tr><td rowspan="2">시민의 참여 (citizen participation)</td><td>시민의 참여와 책임성 (voice & accountability)</td><td>시민권(civil liberties)과 정치적 권리(political rights) 등을 측정하는 지표
정치적 위험도(Political Risk Index): 1
정치권리(Political Rights): 2
시민권(Civil Liberties): 2
민주적 책임성(Democratic Accountability): 5
기업의 의견 표명도(Business have voice to express): 9</td><td rowspan="6">1. Business Environment Risk Intelligence

2. Freedom House

3. Gallup International

4. Heritage Foundation / Wall Street Journal

5. Political Risk Service

6. Standard and Poor's DRI McGraw-Hill

7. World Bank

8. World Economic Forum

9. The world Business Environment Survey(WBS)</td></tr>
<tr><td>정치적 안정성과 무폭력 (political stability / no violence)</td><td>정부의 능력이나 힘으로 정치적 불안정, 테러나 폭력 등으로 인한 국민들의 생계나 삶에 대한 안정성을 반영해 주는 지표
국내정치 위험도(Domestic Politcal Risk): 6</td></tr>
<tr><td rowspan="2">정부 정책 (government policy)</td><td>정부 효과성 (government effectiveness)</td><td>정부의 서비스에 대한 인식으로 관료제의 질(quality of bureacracy)을 나타내는 지표
관료제적 지연도(Bureaucratic delays): 1
공무원 능력
(Competence of public sector personnel): 8
정부지출의 낭비
(Wasteful government expenditure): 8
관료제 관리시간
(Management time spent with bureaucracy): 8
정부효과성 인식도
(Percent who believe the government is efficient): 3
관료제의 질(Bureaucratic quality): 5</td></tr>
<tr><td>규제의 질 (regulatory quality)</td><td>규제가 얼마나 발전지향의 모습을 가졌는지 나타내는 지표
행정규제(Administrative regulations): 8
정부개입(Government intervention): 4
외국투자(Foreign investment): 4</td></tr>
<tr><td rowspan="2">법·제도 (law & institution)</td><td>법치 (rule of law)</td><td>법적·제도적 장치가 얼마나 잘 되어 있는가를 반영하는 지표
계약 강제도(Enforceability of contracts): 1
조세회피수준(Extent of tax evasion): 8
사법부 독립성(Independence of the judiciary): 8
범죄수준에 대한 관심(Concern with level of crime): 3
암시장(Black market): 4
법 준수도(Law and order): 5</td></tr>
<tr><td>부패의 통제 (control of corruption)</td><td>사회에 만연해 있는 국민의 부패에 대한 인식(perception of corruption) 지표</td></tr>
</table>

* 자료는 World Bank의 WGI(World Governance Indicators) 2013년도 자료.

위험도(political risk index), 정치권리(political rights), 시민권(civil liberties), 민주적 책임성(democratic accountability), 기업의 의견 표명도(Business have voice to express) 등의 자료가 활용되었다.

둘째로 정치적 안정성과 무폭력(political stability / no violence)이란 그 나라 정부의 능력이나 힘으로 정치적 불안정, 테러나 폭력 등으로 인한 국민들의 생계나 삶에 대한 안정성을 반영해 주는 지표라 할 수 있다. 이 지표를 측정하기 위해서는 국내정치 위험도(Domestic Politcal Risk) 등의 자료가 활용되었다. 이 두 지표는 시민의 참여를 알아볼 수 있는 지표이다.

셋째로 정부효과성(government effectiveness)이란 정부의 서비스에 대한 인식으로 관료제의 질(quality of bureacracy)를 나타내는 지표라 할 수 있다. 이러한 정부효과성은 Osborne과 Gaebler의 10가지 정부 형태 중 결과 지향적 정부의 성격을 가지고 있으며 모든 제도들과 과정들이 자원을 최상으로 이용하면서 욕구를 충족시키는 결과를 생산해야 한다. 이 지표를 측정하기 위해서는 관료제적 지연도(bureaucratic delays), 공무원 능력(competence of public sector personnel), 정부지출의 낭비(wasteful government expenditure), 관료제 관리시간(management time spent with bureaucracy), 정부효과성 인식도(percent who believe the government is efficient), 관료제의 질(bureaucratic quality) 등의 자료가 활용되었다.

넷째로 규제의 질(regulatory quality)이란 시장 지향적 정부의 성격을 가지고 있는데 기존의 관료제적인 규제와 규제의 완화를 통한 자유로운 창의성과 활동성을 지향하는 규제완화형 정부운영모형과 생각을 같이 할 수 있다. 이는 규제가 얼마나 발전지향의 모습을 가졌는지 나타내는 지표라 할 수 있다. 이 지표를 측정하기 위해서는 행정규제(administrative regulations), 정부개입(government intervention), 외국투자(foreign investment) 등의 자료가 활용되었다. 정부효과성(government effectiveness), 규제의 질(regulatory quality) 이 두 가지 지표는 정부의 정책형성 및 집행 능력을 알아볼 수 있는 지표라고 말할 수 있다.

다섯째, 법치(rule of law)는 그 나라의 법적 · 제도적 장치가 얼마나 잘되어 있는 가를 반영하는 지표로서 적절한 법과 제도의 마련은 폭력과 범죄로부터 효과적인 사회의 안정을 가져올 수 있어야 한다. 또한 법 앞에 평등하고 공정한 판결로서 경제와 사회의 발전적인 환경이 조성되도록 해야 한다는 데 인식을 가진 지표이며 법적 준거 틀이 공정하고 특히 인권에 대해서는 편파적이지 않게 집행되어야 한다. 이는 법적 · 제도적 장치가 얼마나 잘되어 있는가를 반영하는 지표라 할 수 있다. 이 지표를 측정하기 위해서는 계약 강제도(Enforceability of contracts), 조세회피수준(Extent of tax evasion), 사법부 독립성(Independence of the judiciary), 범죄수준에 대한 관심(Concern with level of crime), 암시장(Black market), 법 준수도(Law and order) 등의 자료가 활용되었다.

여섯째, 부패의 통제(control of corruption)는 사회에 만연해 있는 국민의 부패에 대한 인식(perception of corruption)의 지표로서 이러한 부패의 정도를 통해 경쟁적 정부에서의 협치가 잘 이루어질 수 있는지를 가늠할 수 있는 지표이다. 또한 투명성이 부패의 통제에 있어 확보되어야 하는데 투명성은 정보의 자유로운 흐름에 기초하는 것으로, 과정, 제도 및 정보가 이것들에 관심을 갖는 사람들에게 직접적으로 접근 가능한 것이 되어야 한다. 법치(rule of law), 부패의 통제(control of corruption) 이 두 가지 지표는 법과 제도에 대한 국가적 능력을 알아볼 수 있는 지표이다(〈표 2〉 참조).

2. 국정관리력의 국가 간 비교

2009년 국력 연구에서는 1위는 캐나다이고, 2위는 호주, 3위는 독일, 4위는 영국, 5위는 미국이다. 6위는 일본, 7위는 프랑스, 8위는 스페인, 9위 터키의 뒤를 이어 한국은 10위이고, 중국은 18위이다. 한국의 경우 정치적 안정성(7위)과 법치(9위), 그리고 정부효과성(9위) 분야는 비교적 국정관리력 중 높은 점수를 보이고 있고, 시민의 참여와 부패의 통제(각 11위)는 낮은 점수를 보이고 있다. 정부규제(10위)는 평균치를 보였다.

2013년 자료로 국정관리를 재평가한 결과 1위는 캐나다(93.87), 2위는 호주(92.29), 3위는 독일(89.07), 4위는 영국(87.18), 5위는 프랑스(84.58)이다. 6위는 미국(84.43), 7위는 일본(83.33), 8위는 스페인(77.65)이고, 9위는 한국(73.34)이다. 중국(34.66)은 19위이다. 러시아(27.16)는 베트남(34.81)과 쿠바(36.54)보다도 낮은 아주 저조한 점수로 20위이다. 한국(73.34)은 2009년도의 10위에서 9위로 1단계 상승했다. 정부효과성(8위), 정부 규제의 질(8위) 부문은 국정관리력 전체 평균 9위보다 1단계 높으나, 반대로 시민참여(10위)는 1단계 낮다. 정치적 안정성(9위), 법치(9위), 부패의 통제(9위) 등은 전체평균과 같은 순위를 보이고 있다. 캐나다, 호주, 독일, 영국은 1위부터 5위까지 순위를 그대로 유지하고 있다. 일본과 중국도 1단계만 달라졌다. 북한(7.07)은 Worldbank에서 발표한 약 213개국 중에서 거의 최하위 국가군에 속해 있다.

표 2 _ 강점지표와 약점지표

구 분	지표
강점지표	정부효과성(9위) -- 8위로 정부 규제의 질(10위) -- 8위로 법치(9위) -- 9위 유지
약점지표	시민의 참여(11위) -- 10위로 정치적 안정성(7위) -- 9위로 부패의 통제(11위) --9위로*

* 부패의 통제는 2009년 11위에서 2013년 9위로 3단계 상승했지만 OECD 국가 중에서는 순위가 하락세를 보여 약점지표로 분류함.

국정관리력이 정부, 시민사회, 시장의 협치라는 점에서 정부주도 위주의 과거보다는 시장부문과 시민사회가 발전해야 하지만 현실은 그렇지 못하다는 점이 아쉽다. 이전에 실시한 국정관리력 평가를 통해 개선되었다고 볼 수 있는 부문은 정부효과성과 정부 규제의 질 부문이다. 2009년 평가보다 다소 낮아진 정치적 안정성, 2009년 평가보다는 한 단계 올랐지만 2013년 국정관리력 평균보다는 한 단계 낮은 시민의 참여는 더욱더 확대될 필요가 있다. 정부 3.0의 핵심 사항이 확장된 민주주의를 바탕으로 한 시민참여 활성화라는 점에서 좀 더 시민참여를 높이는 방안을 강구해야 한다.

특히 한국과 북한과의 각종 지표의 차가 너무 커 북한의 상태를 보다 객관적으로 비교하는 데 도움이 되도록 준거국가군으로 아직도 사회주의 국가인 쿠바, 폐쇄적인 공산주의 국가에서 개방적 국가로 전환한 베트남과 캄보디아, 내전 중인 시리아, 그리고 가장 실패한 국가로 분류되는 소말리아 등의 국가를 포함하여 분석하였다. 공산주의체제에서 체제변환을 한 베트남은 34.81점으로 34.66점의 19위 중국을 제치고 19위에 해당된다. 캄보디아도 24.48점이고, 내전 중인 시리아조차 19.12로 북한보다 국정관리 수준이 높다. 지구상에서 가장 실패한 국가로 나온 소말리아(실패국가지수 1위)의 점수가 0.28점이고, 아프가니스탄이 4.78점이다. 북한이 국정관리 수준을 일정 수준 이상으로 높여야 통일 후의 국정관리에 무리가 없을 것이다.

분석 결과를 바탕으로 50개 국가들의 1인당 GDP(Gross Domestic Product)를 2000달러 미만, 2000~2만 달러 미만, 2만~4만 달러 미만, 4만 달러 이상의 4개의 국가군으로 분류하고, 각각의 국가군별로 시민참여, 정치안정, 법치지표를 비교하였다. 국가군별로 분류한 결과 1인당 GDP 2000달러 미만인 국가는 북한, 소말리아, 아프가니스탄 등 3개국이었고, 2000~2만 달러 미만의 국가는 17개국, 2만~4만 달러 미만은 한국 등의 16개국, 4만 달러 이상 국가는 14개국으로 나타났다. 1인당 GDP에 따른 50개 국가들의 각 변수의 평균을 비교하여 분석한 결과는 다음의 표와 같다.

표 3 _ 1인당 GDP에 따른 국가들 간의 비교 분석 결과

국정관리지수와 성공국가지수	1인당 GDP					한국	북한
	2000달러 미만	2000~2만 달러 미만	2만~4만 달러 미만	4만 달러 이상	전체 (평균)		
대 상 국 가	3개국	17개국	16개국	14개국	50개국		
시민참여 (citizen participation)	3.47	37.63	77.26	88.73	62.01	68.54	0.00
정치적 안정성 (Political Stability)	11.33	33.94	69.69	81.43	57.32	55.00	33.00
법치(Rule of Law)	2.35	40.71	80.63	91.85	65.50	80.75	6.57
국정관리(governance)	4.05	40.62	77.77	88.55	63.73	68.10	13.19
실패국가지수(FSI)	105.23	71.89	41.13	25.53	51.07	35.40	95.10
성공국가지수(113.9-FSI)	8.67	47.19	73.36	85.49	62.00	78.50	18.80

한국은 2만~4만 달러 미만의 16개국 국가군에 속하지만, 시민참여, 정치안정, 법치 지수 중 법치만이 국가군의 평균과 비슷하였다. 시민참여와 정치안정은 2만~4만 달러 미만의 16개국 국가군과 비교하여 낮게 나타났으며, 국정관리력 또한 2만~4만 달러 미만 국가 평균보다 낮았다. 따라서 한국이 4만 달러 이상인 국가로 발돋음하려면 시민참여와 정치적 안정성을 신장시킬 필요가 있다. 북한은 1인당 GDP 2000달러 미만인 3개국 국가군에 속하였다. 소말리아, 아프가니스탄 등 3개국 국가군의 성공국가지수보다는 높은 것으로 나타났지만, 그 이유는 이들 국가보다 상대적으로 정치안정성이 33점으로 2000달러 미만 국가의 평균인

11.33점보다 현저하게 높게 나타났기 때문이었다. 또한 북한은 시민참여가 0으로 가장 낮게 나타나고 있다.

표 4 _ 국정관리력*

	종합점수 및 순위		시민참여		정치적 안정		정부효과성		규제의 질		법치		부패통제	
국가명	점수	순위	점수	순위	점수	순위	점수	순위	점수	순위	점수	순위	점수	순위
ARGENTINA	43.495	15	57.75	14	54	10	49	17	25	20	33.33	18	42	16
AUSTRALIA	92.293	2	95.31	1	74	3	95	2	97	1	96.24	1	97	1
BRAZIL	56.647	12	63.85	12	46	13	55	15	56	14	55.40	14	63	10
CANADA	93.867	1	94.84	2	85	1	97	1	96	2	94.84	2	95	2
CHINA	34.662	19	4.69	19	25	15	61	14	45	16	41.78	16	30	19
FRANCE	84.577	5	88.73	5	67	5	88	6	82	6	90.14	6	91	4
GERMANY	89.067	3	92.49	3	73	4	92	3	93	4	91.55	4	93	3
INDIA	42.388	16	59.15	13	13	20	55	15	40	18	52.58	15	35	17
INDONESIA	35.959	18	46.95	16	21	17	47	18	42	17	30.52	19	28	18
ITALY	67.108	10	74.65	9	66	6	66	10	75	10	63.38	10	57	12
JAPAN	83.326	7	77.93	8	79	2	88	6	78	9	86.85	7	90	6
KOREA, Rep.	73.338	9	68.54	10	55	9	86	8	79	8	80.75	9	70	9
MEXICO	47.781	14	53.52	15	25	15	64	13	61	13	38.50	17	45	15
RUSSIA	27.159	20	22.54	18	21	17	42	19	39	19	25.35	20	13	20
SAUDI ARABIA	39.765	17	3.29	20	37	14	41	20	53	15	56.81	13	48	14
SOUTH AFRICA	60.429	11	65.73	11	48	12	65	11	66	11	58.69	11	59	12
SPAIN	77.653	8	84.04	7	51	11	82	9	82	6	85.92	8	81	8
TURKEY	51.879	13	44	17	18	19	65	11	65	12	58	12	61	11
UNITED KINGDOM	87.181	4	92	4	60	8	92	3	94	3	92	3	91	4
UNITED STATES	84.425	6	86	6	64	7	89	5	92	5	91	5	85	7
KOREA, DPR.	7.073	150−213국	0.00		33		0		0		6.57		3	
CAMBODIA	24.476		24.88		33		26		35		15.49		13	
CUBA	36.539	18위	7.04		58		46		4		35.21		69	
VIETNAM	34.810	19위	8		53		45		29		40		34	

* 순위는 G20만으로 매김. 쿠바는 북한과 같은 독재국가, 캄보디아와 베트남은 이전 공산국가에서 개방체제로 전환한 국가라 북한과 비교하기 위한 참고 국가로 포함.

소프트파워

S2. 정치력

정치능력이란 한 나라에 속한 정치인들과 정치기구들의 우수성과 건전성이라고 정의할 수 있다. 정치의 본질적 기능은 한 국가가 지향해야 할 가치와 방향을 정하고 국가의 자원을 사회의 어느 부분에 얼만큼 배분할 것인지를 결정하는 역할을 하는 것이다. 따라서 이런 역할을 수행하는 한 나라의 정치인들과 정치기구들의 능력은 그 나라 국력의 질과 양을 결정하는 매우 핵심적인 능력이 된다. 로마가 망한 것이나 중국의 수많은 제국들이 망한 것은 백성이 우매해서도 아니고, 참모들이 명석하지 않아서가 아니었다. 국가의 정치 권력을 장악하고 있던 정치인들의 가치 추구가 잘못되었기 때문이고 국가의 방향을 잘못 잡았기 때문이다. 그리고 거기엔 항상 그들의 무능과 나태, 사익과 인기와의 영합, 평안함에의 안주가 있었다. 과거 산업화 시대와는 전혀 다른 삶의 방식과 새로운 질서로의 재편을 야기하는 오늘날과 같은 급격한 구조적 변화의 시대에서는 우수하고 건전한 정치인과 정치기구들의 이런 방향 설정 역할이 대단히 중요하다.

한 국가의 정치능력은 정치시스템, 정치집단, 정치인의 수준으로 파악할 수 있다. 즉, 정치시스템의 작동이 효율적일수록, 정치시스템하에서 활동하는 정치집단에 대한 국민의 신뢰가 클수록, 그리고 정치집단에 속한 정치인들의 수준이 높을수록 한 국가의 정치가 제대로 이루어질 수 있으며, 이때 그 국가의 정치능력이 크다고 할 수 있을 것이다. 따라서 이러한 정치능력을 측정하기 위해 8개의 지표를 설정하였다. 우선 국가의 정치시스템의 전반적인 역량을 평가하기 위해 ① 정치시스템의 안정성과 효과성, ② 국회 입법 활동의 효과성을 지표로 설정하였다. 그리고 정치집단에 대한 국민들의 신뢰를 파악하기 위해 ③ 국회에 대한 신뢰, ④ 정당에 대한 신뢰, ⑤ 국민들이 정치인들을 중요한 사회지도자라고 생각하는 정도 등을 지표로 설정하였다. 마지막으로 정치인들의 수준을 평가하기 위한 지표로 ⑥ 정치인들의 교육 수준, ⑦ 정치인들의 국제적 경험, ⑧ 정치인들의 청렴성 등을 설정하였다.

해당 지표에 대한 자료들을 종합하여 G20 국가들의 정치능력을 산정 · 비교한 결과, 중국이 1위였고 호주와 캐나다가 각각 2위와 3위에 올랐으며, 브라질, 아르헨티나, 멕시코 등 남미 국가들이 18, 19, 20위로 하위권을 이루고 있다. 중국은 정치집단에 대한 신뢰, 즉 국회(1위)와 정당(1위) 및 정치인(1위)에 대한 신뢰도가 매우 높은 것으로 나타났다. 호주의 경우 정치시스템의 역량과 정치인의 수준에 대한 인식이 매우 높았다. 즉 정치시스템 및 국회 입법활동의 효과성과 정치인들의 교육 수준, 국제적 경험, 청렴성에서 모두 1위를 차지했다. 캐나다는 모든 지표에서 2~4위로 고르게 높은 점수를 받았지만 국회와 정당에 대한 신뢰도가 모두 7위로 상대적으로 낮게 나타났다.

우리나라는 하위권인 15위에 불과한 것으로 나타났다. 국민들의 삶과 직결된 민생법안은 외면한 채 국회를 파행으로 몰고 간 것의 당연한 귀결이지만, 세계 10위권의 우리나라 경제력에 걸맞지 않은 정치능력이고, 우리나라 전체 종합국력 순위를 하락시키는 정치능력을 지니고 있다는 것이다. 특히 정치시스템의 불안정성과 비효과성(14위), 국회 입법활동의 비효과성(16위), 정치인들을 사회지도자라고 생각하지 않는 것(16위), 그리고 정치인들의 비청렴성(13위)은 시급한 개선이 필요한 문제로 확인되었다. 오히려 정당에 대한 국민의 신뢰도가 G20 국가들 중 8위로 나타난 것이 이상하게 느껴진다. 그 밖에 국회에 대한 국민의 신뢰도는 12위였고, 정치인들의 교육 수준은 9위로 인식되고 있지만 그들의 국제적 경험 수준은 12위로, 국민들로부터 교육 수준에 미치지 못하는 점수를 받았다.

2009년의 측정 결과와 비교하면, 독일과 사우디아라비아의 엄청난 약진과 스페인, 남아프리카공화국, 멕시코의 큰 약화가 눈에 띈다. 중국, 호주, 캐나다 및 영국은 2009년과 동일하게 1, 2, 3위와 5위를 유지하여 정치 강국으로서의 지위를 안정적으로 유지하고 있고, 러시아는 변함없이 17위로 낮은 정치능력을 벗어나지 못하고 있다. 그리고 프랑스, 인도, 일본, 이탈리아, 터키, 브라질, 아르헨티나의 순위가 1~2위 상승했고 미국, 인도네시아의 순위가 1~2위 하락하였으며 우리나라도 14위에서 15위로 한 계단 하락한 것으로 나타났다. 한편, 2009년 조사에서 7위에 그쳤던 독일은 정치인의 수준에 대한 국민 인식의 개선에 힘입어 본 조사에서는 4위를 차지했다. 특히 정치인의 청렴성이 11위에서 2위로 크게 개선된 것으로 나타났다. 또한 사우디아라비아의 경우 국회 입법활동의 효과성과 정치인의 교육 수준 및 국제적 경험에 대한 인식 개선으로 18위에서 9위로 정치능력이 크게 강화된 것으로 나타났다. 반면, 스페인은 정치인의 수준에 대한 국민 인식의 악화에 기인하여 6위에서 11위로 하락했고, 2009년 8위였던 남아프리카공화국은 정치시스템과 정치인에 대한 국민 인식 악화로 인해, 본 조사에서는 16위로 정치능력이 매우 크게 약화된 것으로 나타났다. 또한 멕시코는 16위에서 20위로 순위가 하락하였다. 우리나라의 경우 정치시스템의 안정성과 효과성이 17위에서 14위로, 정치인들의 국제적 경험이 14위에서 12위로, 정치인의 청렴성이 16위에서 13위로 2009년에 비해서 개선되었으나 나머지 5개 항목은 변함이 없거나 오히려 악화된 것으로 나타났다. 특히 국민들이 정치인들을 중요한 사회 지도자라고 생각하는 정도는 12위에서 16위로 하락하였다.

2009년에 이어 올해도 1위를 차지한 중국은 차치하더라도 인도, 사우디아라비아, 일본, 인도네시아 등 아시아권 국가들 중에서도 최하위를 차지한 우리의 정치능력은 큰 충격이 아닐 수 없다. 우리의 정치권은 역량 증진을 위한 근본적인 구조조정에 들어가야 한다. 여기엔 여야도, 보수와 진보 모두가 대상이 된다. 이들 모두가 그동안 역사의 한 부분으로서 오늘날 대한민국이 정치능력 분야에서 이런 참담한 성적표를 받게 만드는 데 기여했기 때문이다. 철저한 자기반성과 새로운 각오로 자기혁신을 꾀하고자 하는 정치권 내의 건전한 세력과 새로운 정치 비전과 이를 실현해 낼 수 있는 유능한 정치 역량의 출현을 갈망하는 정치권 밖의 새로운 세력들이 힘을 합쳐 대한민국의 정치능력을 상위권으로 끌어올리는 데 최선을 다해야 한다. 그리하여 대한민국의 정치가 이전투구식 패권전투형 정치로부터 벗어나 국가경영형 정치로 거듭날 수 있게 되어야 한다.

이상의 G20 국가 정치능력 평가 조사 결과는 우리에게 이렇게 하기 위한 핵심과제로 특히 다음과 같은 것들에 주목하게 한다. 첫째, 정치시스템의 안정성과 효과성 증진이다. 정당들이 특정 인물이나 집단 이익을 중심으로 부침을 거듭하지 않고, 일정한 공적 가치와 원칙, 그리고 이를 실현하기 위한 정책을 중심으로 형성되고 활동하는 이른바 정책정당으로 거듭나게 하는 과업이 이 시점에 무엇보다 중요하다. 둘째, 국회의 입법 역량이 강화되어야 한다. 국회에 폭력이 난무하고 법적 절차와 일정이 무시되고, 장외투쟁으로 국회의 존재가 무색해지게 되는 일이 더 이상 일어나지 않게 하는 준엄한 법적 · 정치적 · 행정적 조치들이 있어야 한다. 셋째, 정치인들의 청렴성 제고를 위한 특단의 조치들을 강구해야 한다. 부패한 정치인은 정말이지 다시는 정치할 수 없게 만들어 놓아야 할 때가 되었다. 마지막으로, 정치인들의 국제적 식견 수준을 크게 상향시켜야 한다. 세상의 변화는 지금 국내 문제와 국제 문제의 구별을 어렵게 만들고 있다. 지역구의 문제도 이제는 상당한 수준의 세계적 변화 트렌드와 글로벌 스탠더드에 대한 깊은 이해가 있어야 제대로 풀 수 있는 세상이 되었다. 그러나 이것이 국회의원들의 놀이성 외유를 부추기는 것이 되어서는 결코 안 된다. 오히려 그런 식견을 갖춘 보다 많은 사람들이 정계에 새롭게 입문할 수 있게 정치구조를 바꾸는 과제를 추진할 것을 제안하는 것이다. 여기에는 기존의 구태의연한 교육훈련 방식과는 근본적으로 다른 제대로 된 교육훈련 프로그램을 개발하여 정치에 꿈을 둔 많은 젊은이들을 교육하여 그런 식견을 갖춘 정치 신인들을 정계에 입문할 수 있게 하는 과제도 포함된다.

표 1 _ 정치력

	종합점수 및 순위		9.1. 정치시스템의 안정성과 효과성[a]		9.2. 국회 입법활동의 효과성[a]		9.3. 국회에 대한 신뢰[b]		9.4. 정당에 대한 신뢰[b]		9.5. 국민들이 정치인들을 중요한 사회지도자라고 생각하는 정도[a]		9.6. 정치인들의 교육수준[a]		9.7. 정치인들의 국제적 경험[a]		9.8. 정치인들의 청렴성[a]	
국가명	지수	순위	점수	순위	점수	순위	점수	순위	점수	순위	점수	순위	점수	순위	점수	순위	점수	순위
ARGENTINA	38.60	19	3.83	19	3.82	19	3.29	19	3.42	19	4.07	18	5.17	13	3.68	16	2.04	17
AUSTRALIA	61.70	2	7.47	1	7.44	1	2.72	7	3.02	10	6.69	4	7.54	1	7.00	1	7.21	1
BRAZIL	38.77	18	4.56	13	4.09	18	3.11	18	3.23	18	3.81	19	4.33	16	3.28	19	1.19	19
CANADA	60.42	3	7.42	2	7.29	2	2.72	7	2.93	7	6.70	3	7.41	2	6.81	3	5.65	4
CHINA	62.81	1	6.43	5	5.63	8	1.69	1	1.81	1	6.84	1	6.67	7	6.40	5	3.91	10
FRANCE	53.71	7	6.17	7	5.76	7	2.84	11	3.2	16	6.09	6	6.97	4	5.88	7	5.12	7
GERMANY	58.72	4	7.06	3	6.94	3	3.02	16	3.21	17	6.83	2	7.40	3	6.85	2	6.91	2
INDIA	51.36	8	5.89	9	5.94	6	2.21	2	2.54	2	5.57	8	4.32	18	3.92	15	2.89	15
INDONESIA	46.12	14	4.41	15	4.17	17	2.7	6	2.8	4	4.97	13	5.02	14	4.44	11	3.20	14
ITALY	47.77	12	4.79	12	5.00	11	2.83	10	3.11	13	4.78	15	5.61	11	5.21	8	4.32	8
JAPAN	48.34	10	5.07	11	5.15	10	2.97	15	3.06	12	5.34	9	6.40	8	4.27	13	4.05	9
KOREA	45.86	15	4.49	14	4.40	16	2.93	12	2.98	8	4.59	16	6.28	9	4.34	12	3.21	13
MEXICO	38.46	20	3.66	20	4.50	15	3.08	17	3.12	14	2.59	20	4.66	15	4.10	14	1.04	20
RUSSIA	44.71	17	4.35	16	3.64	20	2.95	14	3.13	15	5.11	12	5.84	10	5.03	10	2.78	16
SAUDI ARABIA	49.54	9	5.70	10	4.92	13	N/D		N/D		4.53	17	5.53	12	5.06	9	5.23	6
SOUTH AFRICA	45.09	16	4.00	18	4.53	14	2.26	3	2.7	3	5.20	11	4.25	19	2.89	20	2.00	18
SPAIN	48.03	11	6.06	8	5.53	9	2.53	5	2.85	5	4.85	14	4.21	20	3.30	18	3.76	11
TURKEY	46.95	13	4.32	17	5.00	11	2.35	4	2.87	6	5.33	10	4.33	16	3.61	17	3.48	12
UNITED KINGDOM	57.00	5	6.42	6	6.27	5	2.76	9	3.05	11	6.37	5	6.79	6	6.70	4	6.24	3
UNITED STATES	55.93	6	6.80	4	6.34	4	2.93	12	2.98	8	6.08	7	6.90	5	6.23	6	5.39	5

a) 한국산업정책연구원(IPS) & 국제경쟁력연구원(NaC), *National Competitiveness Research*(2013~2014).

b) *World Values Survey*(2010).

소프트파워

S3. 외교력

외교란 한 국가가 자국이 원하는 바를 실제로 실현하기 위해 그 나라의 국력을 구성하는 여타 요소국력들을 국제무대에서 실제로 행사하는 행위라고 할 수 있다. 외교력이란 바로 이런 행위를 효과적으로 해 낼 수 있게 하는 한 나라의 힘이다. 외교력이 좋으면 실제 하드웨어적 국력의 크기가 작더라도 국제무대에서 상대를 효과적으로 설득하고 이겨낼 수 있다.

역사적으로 볼 때 한반도 주변에 패권적 국제 관계가 형성되었을 때 한반도는 예외 없이 고통을 당했었다. 이런 파국을 미연에 방지하고, 한반도 주변에 평화와 협력, 상생의 국제 관계가 조성되도록 하는 것은 향후 대한민국의 생사가 걸린 대단히 중요한 과제다. 대한민국의 특수한 지정학적 조건으로부터 야기되고 있는 이런 근본적 제약점을 고려할 때 외교력은 대한민국 종합국력 측정에서 매우 중요한 위치를 차지한다.

외교력이 좋다는 것은 '외교 활동의 영향도', 즉 상대 국가를 설득하여 지원이나 동의, 양해와 협조를 잘 받아낼 수 있다는 것을 의미한다. 본 연구에서는 외교 활동의 영향도를 측정하는 지표로 ① 각국의 UN분담금 비율, ② 자국민이 기관장으로 있는 주요 국제기구의 수, ③ 해외 원조 금액, ④ UN 상임이사국 여부 등 네 가지를 사용하였다. 외교 활동의 활성도를 측정하는 지표로는 ⑤ 주요 국제기구들에 해당 국가가 가입하고 있는 기구의 수와 ⑥ 주요 국제기구의 본부가 해당국에 위치하고 있는 기관의 수를 사용했다.

G20 국가들의 외교력을 측정해 본 결과 대한민국의 외교력은 12위로서 중하위권에 속하는 것으로 나타났다. 그리고 외교활동 영향도와 활성도가 각각 11위

와 15위로서, 외교 활동의 활성도가 영향도를 따라가지 못하는 것으로 나타났다. 종합적으로 전체 1등은 미국, 2위는 프랑스, 3위는 영국이었고 남아공, 인도네시아, 터키가 각각 18, 19, 20위로 확인되었다[1]. 2009년과 비교하면, 멕시코, 인도, 사우디의 큰 상승과 이탈리아, 러시아, 터키의 큰 하락이 부각된다. 2009년 14위였던 멕시코는 4위에 올랐으며 2009년 19위였던 인도는 6위로 나타났다. 이들 국가의 외교력 강화는 주요 국제기구의 자국인 기관장 증가와 국제기구 가입 증가에 기인한다. 또한 사우디아라비아는 외교 활동의 활성도 지표의 상승으로 인해 2009년 16위에서 8위로 외교력이 크게 강화된 것으로 나타났다. 반면 2009년 6위였던 이탈리아는 외교 활동 활성도 지표의 하락으로 인해 13위로 순위가 낮아졌고 전 부문에서 약화를 보인 스페인은 2009년 10위에서 17위로 하락한 것으로 나타났다.

우리나라의 외교력은 2009년과 동일한 12위였으나 영향도는 13위에서 11위로 소폭 상승한 반면 활성도는 7위에서 12위로 크게 하락한 것으로 나타났다. 2009년 조사에서는 영향도가 활성도에 미치지 못하는 것으로 나타났으나 본 조사에서는 외교 활동의 활성도가 영향도에 미치지 못하는 불균형이 발생하고 있는 것으로 나타났다. 즉 영향도 측정 지표인 주요 국제기구 기관장의 자국인 수는 8위에서 3위로, 해외원조금액은 12위에서 8위로 상승하였으나 활성도 측정 지표인 주요 국제기구 가입수는 7위에서 13위로 크게 하락하였고 주요 국제기구 본부 유치수 순위는 10위에서 9위로 상승하였으나 여전히 유치 실적이 '0'인 상태로 나타났다.

이러한 특성은 향후 중장기 국가 전략 과제 수립 시 반드시 해결하고 넘어가야 할 과제다. 특히 외교 활동의 활성도 측면에서 국익과 관련된 주요 국제기구 가입을 확대하여 우리나라의 목소리를 낼 수 있는 기회를 증대시켜야 하며, 경제 유발 효과가 큰 주요 국제기구 본부를 우리나라에 유치하는 일에도 전략을 가지고 노력해야 할 것이다.

---

1 중국의 순위는 실제보다 하향 측정되었을 개연성이 크다. 상당히 오랜 기간에 걸쳐 중국이 아프리카와 중앙아시아, 동남아시아의 수많은 나라들에 막대한 규모의 재정 원조를 했다는 것이 주지의 사실이지만, 관련 자료를 구하기 쉽지 않아 이를 결측치로 처리할 수밖에 없었다. 만일 중국의 실제 해외원조금액을 반영하는 경우 중국의 외교력 순위는 크게 상향될 개연성이 높다.

표 1 _ 외교력

국가명	종합점수 및 순위		10.1. 외교 활동의 영향도										10.2. 외교 활동의 활성도					
			10.1.1. UN 분담금 비율 (%)		10.1.2. 주요 국제기구 기관장의 자국인수		10.1.3. 해외원조금액 (million$)		10.1.4. UN 상임 이사국		소계		10.2.1. 주요 국제기구 가입수		10.2.1.주요 국제기구 본부유치수		소계	
	지수	순위	점수	순위	점수	순위	점수	순위	점수	순위	지수	순위	점수	순위	점수	순위	지수	순위
ARGENTINA	49.48	9	0.287	19	2	3	N/D		0	6	48.29	10	21	3	0	9	51.87	9
AUSTRALIA	46.72	15	1.933	12	1	7	4673	6	0	6	46.24	13	19	7	0	9	47.69	10
BRAZIL	46.54	16	1.611	13	0	15	N/D		0	6	43.01	18	20	4	1	5	53.60	7
CANADA	47.42	11	3.207	7	0	15	3364	7	0	6	44.15	17	22	2	0	9	53.96	6
CHINA	48.15	10	3.189	8	0	15	N/D		1	1	51.51	7	16	18	0	9	41.43	18
FRANCE	57.02	2	6.123	5	1	7	11399	4	1	1	55.95	3	19	7	3	2	59.15	3
GERMANY	50.66	7	8.018	3	0	15	12253	3	0	6	49.20	9	20	4	1	5	53.60	7
INDIA	51.58	6	0.534	17	4	1	N/D		0	6	54.56	4	18	13	0	9	45.60	15
INDONESIA	43.87	19	0.238	20	0	15	N/D		0	6	42.14	20	17	15	1	5	47.34	14
ITALY	46.91	13	4.999	6	1	7	852	11	0	6	46.52	12	19	7	0	9	47.69	10
JAPAN	52.83	5	12.53	2	2	3	17270	2	0	6	57.49	2	17	15	0	9	43.52	17
KOREA	47.06	12	2.26	11	2	3	1753	8	0	6	47.79	11	18	13	0	9	45.60	15
MEXICO	53.02	4	2.356	10	2	3	N/D		0	6	49.60	8	23	1	1	5	59.86	2
RUSSIA	46.74	14	1.602	14	1	7	N/D		1	1	53.57	6	12	20	0	9	33.08	20
SAUDI ARABIA	50.10	8	0.83	15	1	7	N/D		0	6	45.57	15	19	7	3	2	59.15	3
SOUTH AFRICA	44.05	18	0.385	18	0	15	N/D		0	6	42.23	19	19	7	0	9	47.69	10
SPAIN	46.39	17	3.177	9	1	7	1141	10	0	6	45.74	14	19	7	0	9	47.69	10
TURKEY	43.53	20	0.617	16	1	7	1330	9	0	6	44.58	16	16	18	0	9	41.43	18
UNITED KINGDOM	56.71	3	6.604	4	1	7	5785	5	1	1	54.44	5	20	4	3	2	61.24	1
UNITED STATES	67.97	1	22	1	3	2	25766	1	1	1	72.56	1	17	15	4	1	58.80	5

자료: *The Statesman's Yearbook*(2012)에 수록된 해당 자료를 토대로 숫자 계산.

소프트파워

S4. 문화력

1. 문화력의 개념과 정의

문화는 인간 상호 간의 소통의 핵심이자 인간의 삶의 질과 행복에 큰 영향을 끼치는 유무형의 환경이자 활동이다. 문화는 인간의 삶과 의식과 밀접한 관계를 형성하고 있다. 뿐만 아니라 문화는 복지, 지역교류, 평생교육, 국제외교, 산업 진흥의 필요조건으로서 우리 사회의 통합과 성장을 위한 중심 동력으로 부각되고 있다. 최근에는 문화의 중요성이 더욱 부각되고 있다. 왜냐하면 문화의 가치는 문화 창의성을 북돋고, 국민 모두가 문화를 누리는 문화 복지를 달성하며 각종 사회 갈등을 문화로 치유하여 경제 · 사회 · 일상의 가치 곳곳에 문화경쟁력을 만들어 이미지를 만들기 때문이다. 따라서 문화의 융성 측면에서 문화력이란, 문화산업 · 예술 · 관광 · 체육 등 문화 분야 역량이 향상되고, 문화 창작의 자유, 문화를 누리는 권리가 확대되며 문화콘텐츠의 성장 여건을 조성하는 개념의 포함은 물론 다른 사회 분야에 확산되고 발전에 기여하며, 문화의 인적 · 물적 자원이 창조적 국가성장의 중요한 동력으로 활용되는 것을 의미한다(최창현 · 박정배 · 김종근, 2014).

2. 문화력과 종합국력의 연계성

국력이란 한 국가가 실현코자 하는 것을 실현해 내는 능력을 의미한다. 보다 구체적으로는 한 국가가 강제적이든 평화적이든 다양한 설득 수단과 방법을 동원하여 다른 나라들로부터 지원과 협력을 얻어 자국의 정책과 전략을 실천에 옮겨 소기의 국가 목표와 비전을 실현해 내는 국가의 능력이라고 정의한다. 문화력과 연계하여 기 소르망(Guy Sorman, 2008)은 문화혁신을 통해 문화 · 관광 · 창조산업을 성장시키는 전략을 추진해야 목표치 수준의 성장을 이룰 수 있고, 앞으로는 문화경쟁력이 국가발전을 결정짓는 주요 변수로, 조지프 나이(J. Nye, 2010)는 "지식분야를 많이 소유한 국가도 연성권력(Soft Power) 관점에서 강대국이 될 것이다"라고 주장하고 있다. 결국 문화는 그 국가와 그 국민이 갖는 '매력'이고 그것이 곧 국가의 브랜드 파워가 될 것이다. 즉, 문화력은 국가와 그 국민이 갖는 매력이고, 국가의 브랜드 파워이다. 또한 보이는 것보다 보이지 않는 부분에서 국가발전을 결정짓는 주요 변수이다.

3. 해당 세부 지표에 대한 설명

조사는 The Anholt-GFK NBI(2009), PWC Global Entertainment and Media Outlook 2012-2017, Olympic Games London 2012, World Travel & Tourism Council 2013 자료를 적용하여 분석하였다. 그러나 대부분의 국가가 문화 자체에 대한 포괄적인 조사가 없고, 그 측정범위도 넓고 다르기 때문에 계량화되어 있지 않은 평가항목이나 자료는 객관적 평가지표로 사용하기 어렵다. 따라서 본 연구에서는 문화체육관광부, 국제경영개발연구원(IMD), 산업정책연구원(IPS), 국가브랜드위원회와 삼성경제연구소 등의 발표와 자료를 분석하고, 위에 제시한 조사 자료를 활용하였다. 평가지표는 2009년과 비교를 위해 국가 및 문화호감도, 문화산업(E&M), 체육, 여행 및 관광 분야로 설정하여 그대로 적용하여 분석하였다.

4. 주요 발견

조사대상 20국 중(사우디 제외)에서는 미국 2위→1위로, 영국 5위→2위, 일본

10→5위로 상승하고, 중국 1위→10위로, 이탈리아 4위→6위, 프랑스 4위→6위로 추락했고 한국은 지난 조사와 같은 13위로 분석되었다. 한국의 경우는 문화산업에서 K-pop과 싸이 등 한류의 영향이 관광경쟁력을 높이는 선순환의 효과와 영향을 받은 것으로 보인다. 조사대상국의 순위의 변화도 지표 중 문화산업과 여행 및 관광 경쟁력에서의 변동과 차이에 있어 영향을 준 것으로 나타나며, 상호 높은 상관관계(r=.42)가 있음을 알 수 있다.

한국의 문화력은 13위로 G20 국가 평균에는 미달하지만 지난 조사와 같은 순위로 변동은 없으나 상승기조에 접어든 것으로 예상되었다. 왜냐하면 문화산업의 경우 3단계 상승하였고, 체육과 관광 분야는 선전하는 것으로 나타났고, 최근 국가의 문화융성정책에 따라 관광 진흥확대회의 개최로 관광 진흥법 마련, 콘텐츠산업 세계 5위 지표 설정, 평창 동계올림픽 개최 등의 국내 여건으로 고려한다면 향후 상승세가 가속화될 것으로 기대된다. 이를 토대로 하여 지속적인 연계 전략이 절실하며 상대적으로 취약한 부문인 국가 및 문화 호감도 분야에서 보다 전략적인 국가이미지 노력이 요구된다.

5. 국가 전략 및 정책적 함의

문화는 우리 사회의 통합과 성장을 위한 중심 동력이다. 사회가 갖는 문화경쟁력은 국가이미지를 표출한다는 점에서 우리는 아직 선진국에 비해 상대적은 부족한 부분이 많다. 유럽 대부분의 국가를 포함한 상위그룹은 비교적 각 분야별로 고른 평가를 받았음을 알 수 있다. 한국의 문화경쟁력은 문화예술 및 콘텐츠산업 분야에서 강점을 부각하면서 스포츠 분야와 관광 분야가 선전하고 있다.

문화산업 분야 세계 10위, 스포츠 분야는 런던올림픽 세계 5위, 관광 분야의 국제회의 유치실적은 세계 6위 등으로 상당한 경쟁력을 보이며 지난 조사와 순위는 13위로 선전하며 가능성을 표출하였다. 그러나 분야별 편차로 인해 균형 발전을 이루지는 못하는 것으로 보인다. 특히 국가에 대한 호감도 17위, 문화에 대한 호감도 18위로 국민과 문화에 대한 호감도에 대한 이미지 개선이 필요하다. 폭력과 분신, 남북의 대치상황, 갈등이 고조되어 있는 우리 사회의 문제점은 언제나 자연스럽게 노출되기 때문에 우리 사회의 내부적 변화가 선행되어야 할 것이다.

표 1 _ 문화력

국가명	종합점수 및 순위		해당 국가 국민호감도		해당 국가 문화호감도		문화산업(E&M) 경쟁력지수		체육 경쟁력지수		관광(T&T) 경쟁력지수		순위비교(연도)	
	지수	순위	점수	순위	점수	순위	점수	순위	점수	순위	점수	순위	2009	2013
ARGENTINA	38.06	15	46.58	11	44.06	13	43.97	19	42.53	17	38.70	15	15	15
AUSTRALIA	46.90	9	62.89	2	48.48	11	46.48	11	47.02	10	57.89	7	8	9
BRAZIL	41.99	11	52.01	10	47.27	10	47.27	8	44.33	11	42.42	14	12	11
CANADA	47.52	8	65.30	1	47.41	12	47.41	7	42.83	15	59.87	6	7	8
CHINA	43.27	10	35.71	18	55.02	9	55.02	3	69.98	2	44.01	12	1	10
FRANCE	50.11	4	56.04	8	50.22	1	50.22	6	50.01	7	60.50	5	6	4
GERMANY	50.53	3	58.25	5	52.18	4	52.18	4	50.31	6	62.00	1	3	3
INDIA	37.50	16	44.16	13	45.56	14	45.56	14	42.08	18	37.49	18	16	16
INDONESIA	32.50	19	35.71	18	29.63	19	44.47	16	41.93	19	35.97	19	19	19
ITALY	48.47	6	60.47	3	63.06	2	47.23	9	47.54	8	52.61	10	4	6
JAPAN	50.05	5	58.05	6	55.40	8	60.88	2	47.32	9	57.00	8	10	5
KOREA	38.99	13	37.72	17	37.14	18	46.72	10	51.28	5	52.87	9	13	13
MEXICO	38.91	14	45.77	12	42.59	15	44.99	15	42.68	16	44.14	11	14	14
RUSSIA	41.11	12	41.75	14	55.99	7	45.60	13	59.51	4	38.43	16	11	12
SOUTH AFRICA	35.28	18	39.13	15	37.58	17	44.19	17	44.03	13	37.91	17	18	18
SPAIN	48.17	7	58.05	6	57.47	6	45.71	12	44.33	11	61.89	2	9	7
TURKEY	36.48	17	38.32	16	38.91	16	44.16	18	43.06	14	43.81	13	17	17
UNITED KINGDOM	51.38	2	58.86	4	60.26	3	50.68	5	63.25	3	61.81	3	5	2
UNITED STATES	58.70	1	55.23	9	59.97	5	87.27	1	75.97	1	60.68	4	2	1

소프트파워

S5. 사회자본력

1. 사회자본력의 측정

사회자본력(social capital power)은 한마디로 사람들 간의 관계에서 발생하는 힘 등의 무형자산을 의미한다. 사회자본은 사람들이 서로 만나서 대화하고 행동하는 가운데 발생하는 신뢰, 사회단체에의 참여(네트워크), 사회의 규범, 사회구조 등 그게 4개의 인간의 사회적 관계를 통합한 개념이다(이동원 · 장갑영 외, 2009). 세계은행에서는 지역사회와 국가 등이 발전되기 위해서 사회자본이 형성되어야 한다는 것을 전제로 사회자본에 관한 각종 연구를 지원하고 있다.

세계은행의 "국부는 어디서 창출되나"라는 보고서에 따르면 선진국들은 사회적 자본의 국부 창출 기여도가 81%에 달한다. 석유 · 천연가스 등 자연자본이나 기계 등 돈으로 만들어 내는 자본보다도 사회적 신뢰에서 나오는 사회적 자본에서 국부 중 80% 이상이 창출되고 있다는 분석이다. 반면 한국의 사회적 자본 기여도는 선진국의 3분의 1 수준에 불과한 것으로 조사됐다. 이 보고서는 왜 세계경제 10위권인 한국이 선진국으로 대접을 받지 못하고 있는가를 통계치로 여실히 보여주고 있다.

이동원 · 장갑영 외(2009)가 사용한 4개의 사회자본 지표 중 부패와 법치 등의 사회규범과 관련된 지표는 국정관리력 지표와 중복되고, 사회구조 지표 중 정부역량 역시 국정관리력과 유사한 개념이라 배제하고, 신뢰와 네트워크를 측정하였다. 사회자본은 측정하기가 쉽지 않지만, 전 세계 국가를 대상으로 2005년부터 2008년까지 실시한 세계가치조사(World Values Survey) 자료와 정부, 기업, NGO,

그리고 미디어(신문, TV) 등 4개 분야의 기관신뢰를 설문조사한 에델만 신뢰지수(Edelman Trust Barometer: ETB)를 포함하여 조사하였다.

신뢰는 ① 이웃신뢰, 아는 가족 신뢰, 사람 신뢰, 처음 만난 사람에 대한 신뢰, 종교가 다른 사람에 대한 신뢰, 다른 나라 사람에 대한 신뢰 등의 대인신뢰와 ② 정부, 기업, NGO, 그리고 미디어(신문, TV) 등 4개 분야의 기관신뢰를 설문조사한 에델만 신뢰지수를 이용하여 기관신뢰, ③ 종교나 교회단체, 스포츠 및 레크레이션, 예술, 음악, 교육문화, 노동단체, 정당, 환경보호단체, 전문가 조직, 인권 혹은 자선단체, 소비자 보호단체 등의 사회단체 가입률로 측정된 사회단체 참여(네트워크)로 측정되었다. 2009년도 조사에서는 WVS의 대인신뢰와 기관신뢰만을 사용하였으나, 이번 조사에서는 사회단체 참여를 추가하고 WVS의 기관신뢰를 좀 더 최신 자료인 2012년도판 에델만 신뢰지수로 대치하였다.

2. 사회자본력의 국가 간 비교

G20 국가를 대상으로 조사된 정부기관신뢰와 대인신뢰를 비교하면 다음과 같다. 일본의 대인신뢰도는 응답수가 적어 조사결과에서 빠져 제외하였다. 사람들 간의 관계를 증진하고 협력을 발생시키는 점에서 정부기관신뢰와 대인신뢰 모두 중요한 사회자본력을 구성하는 요소이다. 기관신뢰가 높다는 것은 한 국가의 국민들이 정부의 리더십을 신뢰하고 국가공동체의 발전을 위해 함께 노력한다는 의미가 있으며, 대인신뢰는 이전에 네트워크가 없는 사람 간에도 새로운 인간관계를 설정할 수 있도록 한다는 의미에서 국가공동체 발전에 중요하다.

사회자본력의 경우 2009년도와 비교해 보면 한국은 15위를 유지한 반면, 일본은 10위에서 19위로, 중국은 1위에서 2위로 떨어졌다. 중국의 경우는 기관신뢰 부문은 1위이나 대인신뢰(15위)와 사회단체 참여(16위) 분야의 낮은 순위 때문이다. 캐나다는 2위를 유지하여 중국과 공동 2위이다.

일반적으로는 소득수준이 높은 선진국이 사회자본력도 높다. 그러나 사회자본력의 한 지표인 기관신뢰는 소득수준이 낮은 후진국이 높다. 한국도 후진국이었을 때 기관신뢰가 높았다. 한국이나 일본은 소득수준에 비해 사회자본이 취약한 국가로 분류되어 왔다. 일본의 경우는 기관신뢰(16위)와 사회단체 참여(15위)의 낮은 순위 때문이다. 인도는 6위에서 1위로, 미국은 그대로 4위이고, 인도네시아가 12위에서 5위로 상승했다. 1위부터 5위까지 상위권 국가들 중 특기할 만한 사항은 인도, 인도네시아, 그리고 중국 등의 국가는 소득 수준이 높은 선진국이 아님에도 불구하고 기관신뢰와 사회단체 참여(네트워크) 부문에서 공히 높은 점수를 얻어 사회적 자본 상위권 국가가 되었다.

브라질이나 아르헨티나 등의 소득 수준이 낮은 남미 국가들은 전통적으로 사회적 자본이 낮은 국가로 알려져 왔다. 그러나 이태리가 13위를 한 이유는 남부

표 1 _ 사회자본력

국가명	종합		대인신뢰		기관신뢰		네트워크	
	지수	순위	지수	순위	지수	순위	지수	순위
ARGENTINA	45.98	14	54.95	6	42.05	15	44.64	13
AUSTRALIA	53.37	9	58.94	4	46.51	13	55.89	6
BRAZIL	47.23	12	41.75	17	50.97	7	51.86	9
CANADA	61.05	3	60.00	3	57.22	4	57.58	4
CHINA	61.05	2	46.60	15	73.28	1	41.32	16
FRANCE	54.83	8	62.78	1	50.08	9	45.16	12
GERMANY	49.50	11	50.65	10	50.97	7	44.12	14
INDIA	66.89	1	51.61	9	65.25	2	76.96	1
INDONESIA	56.26	5	49.89	11	57.22	4	57.26	5
ITALY	46.26	13	47.66	13	47.41	12	45.81	11
JAPAN	25.62	19	17.47	19	38.48	18	41.84	15
KOREA, SOUTH	44.43	15	48.37	12	43.84	14	46.20	10
MEXICO	55.28	7	41.29	18	62.58	3	55.69	7
RUSSIA	36.01	18	47.46	14	34.02	19	38.79	18
SAUDI ARABIA	N/D		N/D		N/D		N/D	
SOUTH AFRICA	51.89	10	52.72	8	47.63	11	58.82	2
SPAIN	42.55	16	53.53	7	39.37	16	40.15	17
TURKEY	37.83	17	46.25	16	39.37	16	34.63	19
UNITED KINGDOM	55.44	6	60.36	2	49.19	10	54.72	8
UNITED STATES	58.53	4	57.73	5	54.54	6	58.56	3

출처: World Values Survey 2005 Official Data File(www.worldvaluessurvey.org)

* 4점 만점: 1 전혀 신뢰 않음/ 2 신뢰 않음/ 3 약간 신뢰/ 4 매우 신뢰

일본의 경우 대인신뢰 부문의 응답수가 적어 배제됨. 기관신뢰도 2013년 자료인 에델만 신뢰지수(Edelman Trust Barometer: ETB)로 대체 사용함.

이탈리아에 만연해 있는 불신을 악용한 마피아가 조직 내부의 신뢰는 공고히 한 반면, 다른 집단은 배척했기 때문으로 해석할 수 있다.

한국은 G20 평균인 2.057보다 낮은 1.925로 15위를 차지했다. 인도나 중국처럼 사회적 자본 수준을 높이려면 입법, 사법, 행정부, 경찰, 교회, 그리고 대기업 등의 각종 기관에 대한 신뢰를 높이고, 또한 정당, 스포츠, 예술, 음악 등의 각종 사회단체에의 참여율을 높일 필요가 있다.

18개 국가를 대상으로 비교된 대인신뢰는 다음 〈표 2〉와 같다. 대인신뢰 부문에서 12위이다. 대인신뢰에 있어서는 프랑스가 1위이며, 영국(2위), 캐나다(3위), 호주(4위), 미국(5위)의 순으로 나타났다. 전통적인 서구 자유주의 국가의 대인신뢰가 높다. 한국은 18개 국가 중에서 10위를 기록하고 있다. 대인신뢰가 가장 낮은 국가는 멕시코(18위)이며, 브라질(17위), 터키(16위), 중국(15위)이다. 국가의 체제가 안정적이지 못한 곳에서는 대인신뢰가 낮다는 학자들의 견해를 받아들일

표 2 _ 대인신뢰

국가	가족신뢰	이웃신뢰	아는 사람 신뢰	처음 만난 사람	종교가 다른 사람	다른 나라 사람
Argentina	3.87(4)	2.84(13)	3.18(7)	2.07(7)	2.67(6)	2.62(6)
Australia	3.82(10)	2.89(8)	3.4(4)	2.39(2)	2.76(5)	2.78(3)
Brazil	3.59(18)	2.48(18)	2.68(18)	1.64(18)	2.4(8)	1.85(16)
Britain	3.84(8)	2.96(5)	3.48(2)	2.35(3)	2.85(2)	2.84(2)
Canada	3.82(10)	3.05(4)	3.43(3)	2.4(1)	2.81(4)	2.74(5)
China	3.87(4)	3.12(2)	3.02(12)	1.91(13)	1.89(18)	1.79(18)
France	3.74(15)	3.12(2)	3.62(1)	2.32(4)	2.99(1)	3.01(1)
Germany	3.77(14)	2.86(10)	3.18(7)	2.03(9)	2.29(13)	2.27(10)
India	3.83(9)	3.21(1)	3.04(10)	2.03(9)	2.36(10)	2.12(14)
Indonesia	3.79(13)	2.89(8)	3.05(9)	2(11)	2.32(12)	2.2(11)
Italy	3.86(7)	2.73(15)	2.72(17)	1.93(12)	2.26(14)	2.31(9)
Korea	3.87(4)	2.76(14)	2.97(14)	1.87(14)	2.35(11)	2.13(13)
Mexico	3.68(17)	2.5(17)	2.84(16)	1.68(17)	2.01(16)	1.84(17)
Russia	3.9(3)	2.73(15)	3.03(11)	1.75(16)	2.16(15)	2.2(11)
South Africa	3.82(10)	2.86(10)	3.01(13)	2.04(8)	2.66(7)	2.42(7)
Spain	3.91(2)	2.92(6)	3.25(6)	2.11(6)	2.37(9)	2.41(8)
Turkey	3.95(1)	2.86(10)	2.93(15)	1.77(15)	2.01(16)	2.01(15)
USA	3.71(16)	2.9(7)	3.26(5)	2.3(5)	2.85(2)	2.78(3)

수 있을 것이다.

전반적으로 한국은 가족에 대한 신뢰는 높고, 모르는 사람에 대한 신뢰는 낮은 경향을 보인다. 한국인의 가족신뢰(3.87)는 터키(3.95)와 스페인(3.90), 러시아(3.91) 다음으로 4위에 해당된다. 이웃신뢰, 아는 사람 신뢰, 처음 만난 사람 신뢰 모두 18개 국가 중에서 14위, 다른 나라 사람 신뢰는 13위, 종교가 다른 사람 신뢰는 11위를 나타내고 있다.

19개 국가를 대상으로 정부 및 사회기관에 대한 신뢰도를 비교하면 다음과 같다. 기관신뢰 부문은 14위이다. 정부기관신뢰에 있어서는 중국이 1위를 기록하였다. 최근 지속적인 발전을 하고 있는 중국에서 정부기관이 국민들로부터 신뢰를 받는 것은 당연한 결과일 것이다.

다음 〈표 3〉은 19개 국가(사우디 제외)를 대상으로 조사된 사회단체 참여를 비교한 것이다. 우리나라는 사회단체 참여 부문에서 10위이다. 사회참여 부문은 인도(1위), 남아공(2위), 미국(3위) 순이다. 터키가 19위로 가장 낮은 순위를 보이고 있고, 러시아가 18위이다. 전반적으로 한국은 19개 국가 중 종교단체 참가율에서 8위, 예술 · 음악 · 교육문화단체 참가율이 9위를 기록하고 있다. 전문가조직(17위), 인권 또는 자선단체(17위), 소비자 보호단체(16위) 등에서도 단체참여 및 활동이 대단히 저조하다. 그 외 부진한 참여율을 기록한 단체는 노동단체(19개 국가 중에서 공동 15위), 정당(공동 13위), 환경보호단체(13위) 등이다. 전반적으로 한국보다 사회단체 참여가 저조한 국가는 터키, 러시아, 스페인, 중국, 독일의 순으로 나타났다.

국가 간 사회자본 비교 결과, 한국은 가족을 비롯한 사적신뢰와 사회단체신뢰가 상대적으로 높은 반면, 국가기관신뢰는 바닥권이다. 사회단체신뢰가 국가기관신뢰보다 높은 것은 국가를 신뢰하지 못해 사회단체에 의지하고 있다고 볼 수도 있을 것이다. 또한 사적신뢰가 높고 국가기관신뢰가 낮은 것은 한국의 각종 제도가 아직 정착되지 않았다는 것을 암시하고 있다.

표 3 _ 사회단체 참여(네트워크)

국가	종교나 교회단체	스포츠, 레크레이션	예술, 음악/ 교육문화	노동 단체	정당	환경 보호 단체	전문가 조직	인권 혹은 자선단체	소비자 보호단체
Argentina	1.57(10)	1.29 (15)	1.25 (13)	1.11 (15)	1.13 (11)	1.12 (11)	1.14 (13)	1.21 (12)	1.08 (12)
Australia	1.62 (9)	1.83 (1)	1.51 (3)	1.3 (3)	1.13 (11)	1.19 (8)	1.47 (2)	1.47 (5)	1.11 (9)
Brazil	2.28 (2)	1.31 (14)	1.25 (13)	1.28 (5)	1.15 (8)	1.11 (12)	1.23 (10)	1.34 (8)	1.06 (14)
Britain	1.56 (11)	1.7 (3)	1.51 (3)	1.28 (5)	1.15 (8)	1.23 (4)	1.37 (6)	1.53 (2)	1.12 (8)
Canada	1.81 (7)	1.65 (4)	1.54 (2)	1.37 (2)	1.21 (5)	1.21 (6)	1.43 (3)	1.52 (3)	1.15 (5)
China	1.12 (18)	1.23 (17)	1.2 (16)	1.17 (10)	1.19 (7)	1.15 (10)	1.09 (17)	1.11 (16)	1.13 (7)
France	1.15 (16)	1.53 (7)	1.29 (10)	1.17 (10)	1.08 (15)	1.21 (6)	1.16 (12)	1.3 (9)	1.09 (10)
Germany	1.5 (12)	1.56 (5)	1.21 (15)	1.14 (13)	1.08 (15)	1.06 (16)	1.11 (15)	1.14 (14)	1.02 (18)
India	1.9 (6)	1.8 (2)	1.77 (1)	1.79 (1)	1.84 (1)	1.7 (1)	1.72 (1)	1.68 (1)	1.67 (1)
Indonesia	2.05 (4)	1.34 (13)	1.47 (5)	1.11 (15)	1.21 (5)	1.57 (2)	1.43 (3)	1.51 (4)	1.15 (5)
Italy	1.32 (13)	1.46 (10)	1.27 (11)	1.17 (10)	1.14 (10)	1.09 (14)	1.24 (9)	1.3 (9)	1.09 (10)
Japan	1.17 (15)	1.46 (10)	1.26 (12)	1.12 (14)	1.09 (13)	1.07 (15)	1.19 (11)	1.07 (17)	1.04 (16)
Korea	1.66 (8)	1.51 (9)	1.35 (9)	1.11 (15)	1.09 (13)	1.1 (13)	1.12 (14)	1.12 (15)	1.08 (12)
Mexico	2.11 (3)	1.52 (8)	1.38 (8)	1.22 (8)	1.29 (4)	1.19 (8)	1.27 (7)	1.38 (7)	1.24 (2)
Russia	1.13 (17)	1.2 (18)	1.15 (17)	1.21 (9)	1.06 (18)	1.05 (18)	1.09 (17)	1.07 (17)	1.04 (16)
South Africa	2.35 (1)	1.54 (6)	1.41 (6)	1.29 (4)	1.45 (3)	1.27 (3)	1.26 (8)	1.28 (11)	1.23 (3)
Spain	1.30 (14)	1.24 (16)	1.15 (17)	1.10 (18)	1.06 (18)	1.06 (16)	1.10 (16)	1.15 (13)	1.05 (15)
Turkey	1.04 (19)	1.06 (19)	1.05 (19)	1.04 (19)	1.07 (17)	1.02 (19)	1.04 (19)	1.03 (19)	1.01 (19)
USA	2.03 (5)	1.44 (12)	1.41 (6)	1.24 (7)	1.69 (2)	1.22 (5)	1.38 (5)	1.47 (5)	1.16 (4)

* 19개 국가: 사우디아라비아는 조사되지 않음/ EU 제외.

소프트파워

S6. 변화대처력

1. 변화대처력의 개념과 측정

세계화 시대의 국가 생존 전략으로서 현상 유지, 특히 위기 상황에서 이전의 안정적 평형상태로 이동하려는 전략은 실패로 귀결될 가능성이 크다. 과거의 성장과 성공사례에 안주해 기존 전략을 반복하는 전략은 개인과 조직의 자만, 나아가 국가 전체의 위기의식 결여로 이어져 국가는 균형을 잃고 오히려 위기를 악화시킬 수 있기 때문이다. 예측가능성과 안정성을 특징으로 하는 과거 산업화 시대의 국가 운영 전략으로는 모든 면에서 경계가 없어지고 예측 불가한 국제 환경 변화를 수반하는 미래사회에 대처할 수 없다.

앞으로의 국가발전 전략은 안정적 질서 회복을 목표로 하는 전통적인 국가전략에서 과감히 탈피해야 한다. 정부가 배양해야 할 변화대처력과 국정관리력도 조직 내의 창조적 파괴를 기반으로 한 '자율적 요동'을 핵심으로 해야 한다. 자율적 요동이란 조직이나 체제가 위기에 맞닥뜨렸을 때 종전의 안정적 상황으로 돌아가는 데 안주할 게 아니라 스스로 안정을 깨는 창조적 파괴와 같은 충격을 줌으로써 새로운 변화를 이끌어 낼 수 있다는 것이다.

국가 간의 경쟁과 국제화 등의 급격한 환경적 변화로 인해 혼돈과 복잡성, 그리고 불안정성이 가중되는 위기점, 즉 분기점에서 이에 적응치 못하는 국가는 파산할 것이며 이에 적응하면 엄청난 성장의 기회를 잡을 것이다. 이러한 분기점에 직면하기 전에 국가들은 국가의 효과성을 제고하기 위한 자율적 요동을 통한 변화대처력이 필요하다. 한 국가의 변화대처력(CRI: Change Readiness Index)은 기업의 능력(enterprise capability), 정부의 능력(government capability), 시민사회의 능력(civil society capability) 등 세 가지 부분으로 구성될 수 있다.

2009년도 조사에서는 IMD의 국가경쟁력 지표 중 도전에 대한 국민의 유연한 적응력, 시장 변화에 대응한 기업의 적응력, 경제 변화에 대응한 정부정책의 적응력 등 주로 거시적 변화대처력과 연관된 지표들을 사용하였다. KPMG와 Oxford Economics는 2012년에 60개 국가를 대상으로, 2013년에는 90개 국가를 대상으로 변화대처력(CRI)을 조사하였다. 다음 〈표 1〉은 변화대처력을 측정하는 데 활용된 지표이다(KPMG INTERNATIONAL & Oxford Economics, 2013). 비록 CRI 지표 그 자체가 상당히 포괄적인 변화대처력의 지표이기는 하나, 미래탐색 개념을 보완하기 위해 2010년 한국전산원에서 세계 최초로 개발된 미래준비지수(Future Readiness Index) 중 하나의 하위 개념인 미래탐색지표를 추가하였고, 또한 복잡적응체제의 핵심인 자율적 요동 지표를 포함하여 변화대처력 지표를 수정 보완하였다.

2009년의 연구에서는 지표들이 주로 거시적, 장기적 변화대처력과 관련되어 있어 거시변화대처력이라는 용어를 사용하였으나, 2013년도 연구에서는 미시적, 단기적 변화대처력 지표들도 고루 포함되어 변화대처력이라는 개념을 사용했다.

표 1 _ 변화대처력(CRI: Change Readiness Index)의 지표

<table>
<tr><th>기업의 능력</th><th>정부의 능력</th><th>시민사회의 능력</th></tr>
<tr><td>개인 및 국영기업의 광범위한 능력에 관한 지표</td><td>정부 및 공공규제기관의 능력에 관한 지표</td><td>개인적, 사회적, 문화적 결정요인에 관한 지표</td></tr>
<tr><td>노동시장</td><td>거시경제의 뼈대</td><td>인적 자본</td></tr>
<tr><td>경제 다양성</td><td rowspan="2">행정과 기업의 관계</td><td>기업가정신</td></tr>
<tr><td>경제 개방성</td><td>시민사회</td></tr>
<tr><td>혁신과 연구개발</td><td>규제</td><td>안전망</td></tr>
<tr><td>기업환경</td><td>재정 및 예산</td><td>기술</td></tr>
<tr><td>재정부분</td><td>법치</td><td>성별</td></tr>
<tr><td>하부구조</td><td rowspan="2">정부의 전략적 기획과 수평적인 탐색</td><td>성장의 포괄성</td></tr>
<tr><td>비공식부문</td><td>인구통계</td></tr>
<tr><td></td><td>환경</td><td>정보 접근성</td></tr>
<tr><td></td><td>식량과 에너지 확보</td><td>건강</td></tr>
<tr><td colspan="3">변화대처력</td></tr>
</table>

2. 변화대처력의 국가 간 비교

G20(Group of 20)에 속하는 20개국 중 공식적인 수치가 공개되지 않은 캐나다를 제외하고 측정하였다. G20란 세계 경제를 이끌던 G7과 유럽연합(EU) 의장국에 12개의 신흥국, 주요 경제국들을 더한 20개 국가의 모임을 나타내는 말이다.

현재 G20 구성원들의 인구를 합치면 전 세계 인구의 3분의 2에 달한다. 또 이들 국가의 국내총생산(GDP)을 모두 합한 값은 전 세계의 85%에 해당하며, 세계 교역량의 80%를 차지하고 있는 만큼, G20를 기준으로 한 통계나 수치, 결정현안이 국제적으로 끼치는 영향력은 크다고 할 수 있다. 또한, 대한민국도 G20에 포

표 2 _ 기업능력(8)

국가	평균	노동 시장	경제 다양성	R&D 혁신 및 R&D	기업 환경	재무 시장	경제 인프라	비공식적 부문	무역정책 및 경제개방도
ARGENTINA	.36	.21	.50	.35	.39	.29	.29	.44	.41
AUSTRALIA	.65	.49	.67	.65	.72	.76	.63	–	.65
BRAZIL	.48	.44	.65	.43	.42	.50	.33	.62	.45
CANADA									
CHINA	.62	.64	.69	.57	.55	.59	.62	.80	.53
FRANCE	.50	.38	.61	.55	.61	.49	.78	–	.62
GERMANY	.69	.47	.81	.77	.72	.60	.81	–	.64
INDIA	.50	.62	.72	.28	.57	.46	.42	.46	.48
INDONESIA	,56	.52	.69	.49	.54	.54	.41	.80	.55
ITALY	.41	.27	.58	.33	.42	.26	.51	–	.52
JAPAN	.72	.70	.81	.80	.76	.69	.77	–	.53
KOREA, SOUTH	.64	.57	.71	.70	.69	.45	.75	–	.58
MEXICO	.54	.47	.53	.48	.55	.65	.48	.54	.59
RUSSIA	.43	.51	.54	.38	.45	.25	.45	.47	.38
SAUDI ARABIA	.71	.80	.60	.69	.76	.81	.67	–	.64
SOUTH AFRICA	.52	.16	.50	.56	.65	.73	.46	.53	.55
SPAIN	.56	.32	.62	.52	.61	.49	.73	–	.62
TURKEY	.61	.59	.79	.53	.66	.49	.58	.70	.55
UNITED KINGDOM	.68	.78	.69	.64	.69	.54	.74	–	.71
UNITED STATES	.68	.77	.64	.73	.66	.62	.76	–	.59

*비공식적 부문 수치가 공개되지 않은 국가의 경우 비공식적 부문을 제외하고 평균을 도출.

함되어 있어 G20를 기준으로 한 통계는 우리나라의 지표 위치를 파악하고 다른 국가와 수치를 비교하기에 유리하다.

CRI는 자연 재해, 국제경쟁, 경제적 위기, 인구 변화 등과 같은 변화에 대처하는 능력을 평가한 지수다. CRI는 기업능력을 평가하는 8가지 요소, 정부능력을 평가하는 8가지 요소, 시민능력을 평가하는 10가지 요소를 통해 나온 세 능력의 평균값을 구한 것이며, 국가의 소득 수준이 CRI 점수와 비례하는 것은 아니다.

표 3 _ 정부능력(8)

국가	평균	거시경제틀	행정과 기업관계	규제	재정 예산	법치 존중	환경	정부전략 기획	식량에너지 확보
ARGENTINA	.35	.45	.28	.34	.42	.48	.46	.06	.33
AUSTRALIA	.70	.75	.81	.85	.64	.89	.53	.58	.58
BRAZIL	.54	.69	.48	.54	.41	.57	.65	.47	.50
CANADA									
CHINA	.57	.81	.45	.59	.63	.51	.46	.61	.53
FRANCE	.62	.74	.68	.75	.42	.77	.75	.36	.49
GERMANY	.77	.84	.79	.85	.59	.87	.93	.61	.66
INDIA	.44	.61	.47	.51	.42	.54	.23	.44	.30
INDONESIA	.49	.67	.45	.58	.51	.39	.42	.48	.43
ITALY	.44	.67	.40	.47	.26	.56	.63	.20	.30
JAPAN	.70	.77	.73	.70	.29	.77	.85	.85	.65
KOREA, SOUTH	.66	.73	.59	.63	.57	.73	.67	.74	.60
MEXICO	.61	.71	.49	.57	.59	.38	.59	.77	.78
RUSSIA	.43	.62	.25	.41	.58	.38	.42	.30	.40
SAUDI ARABIA	.78	.84	.59	.71	.96	.75	.56	.88	.97
SOUTH AFRICA	.49	.60	.46	.77	.54	.50	.29	.33	.45
SPAIN	.55	.71	.59	.66	.31	.77	.56	.32	.46
TURKEY	.53	.60	.60	.63	.58	.50	.35	.54	.47
UNITED KINGDOM	.65	.68	.75	.88	.38	.80	.71	.54	.45
UNITED STATES	.62	.75	.67	.79	.38	.71	.53	.54	.59

표 4 _ 시민능력(10)

국가	평균	인적 자원	기술흡수 활용	성	성장 포괄성	인구 통계	시민 사회	안전망	기업가 정신	정보 접근도	건강
ARGENTINA	.54	.48	.49	.69	.51	.31	.51	.39	.45	.75	.85
AUSTRALIA	.75	.65	.90	.76	.74	.44	.70	.72	.72	.90	.97
BRAZIL	.52	.52	.41	.60	.44	.30	.57	.43	.41	.67	.81
CANADA											
CHINA	.51	.54	.51	.75	.46	.27	.40	.48	.61	.25	.81
FRANCE	.66	.60	.66	.70	.68	.26	.63	.52	.68	.88	.97
GERMANY	.72	.68	.80	.73	.77	.27	.77	.60	.74	.93	.95
INDIA	.39	.48	.32	.43	.42	.39	.29	.16	.41	.41	.54
INDONESIA	.51	.53	.36	.54	.56	.34	.65	.47	.53	.42	.70
IALY	.59	.46	.56	.63	.68	.21	.61	.46	.48	.80	.98
JAPAN	.69	.62	.56	.69	.90	.19	.73	.50	.78	.89	1.00
KOREA	.68	.64	.70	.66	.74	.31	.74	.44	.73	.90	.96
MEXICO	.56	.47	.39	.63	.46	.46	.67	.46	.66	.50	.86
RUSSIA	.49	.44	.49	.66	.49	.25	.42	.38	.36	.63	.76
SAUDI ARABIA	.61	.59	.48	.40	.69	.72	.52	.56	.81	.53	.84
SOUTH AFRICA	.46	.48	.29	.64	.21	.27	.65	.38	.57	.65	.41
SPAIN	.66	.51	.66	.72	.70	.30	.61	.58	.69	.85	.97
TURKEY	.49	.44	.43	.44	.56	.36	.53	.28	.56	.44	.83
UNITED KINGDOM	.73	.74	.96	.76	.67	.24	.72	.59	.72	.99	.95
UNITED STATES	.72	.71	.80	.71	.63	.34	.81	.66	.74	.91	.91

표 5 _ 국가의 변화대처능력 지수(CRI)

국가	CRI 평균	CRI 순위	기업능력 평균	정부능력 평균	시민능력 평균
ARGENTINA	.417	19	.36	.35	.54
AUSTRALIA	.70	3	.65	.70	.75
BRAZIL	.513	14	.48	.54	.52
CANADA					
CHINA	.566	11	.62	.57	.51
FRANCE	.593	8	.50	.62	.66
GERMANY	.727	1	.69	.77	.72
INDIA	.443	18	.50	.44	.39
INDONESIA	.52	13	.56	.49	.51
ITALY	.48	16	.41	.44	.59
JAPAN	.703	2	.72	.70	.69
KOREA, SOUTH	.66	7	.64	.66	.68
MEXICO	.57	10	.54	.61	.56
RUSSIA	.45	17	.43	.43	.49
SAUDI ARABIA	.70	3	.71	.78	.61
SOUTH AFRICA	.49	15	.52	.49	.46
SPAIN	.59	9	.56	.55	.66
TURKEY	.543	12	.61	.53	.49
UNITED KINGDOM	.687	5	.68	.65	.73
UNITED STATES	.673	6	.68	.62	.72

* 기업능력 평균, 정부능력 평균, 시민능력 평균은 각각 소수점 둘째자리까지 반올림하여 구한 값을 기준으로 하였으며, CRI 평균은 최대한 순위가 일렬로 나열될 수 있도록 소수점 셋째자리까지 반올림한 값을 기준으로 하였음.

국제적 환경 변화에 대응하는 변화대처력의 경우 독일이 1위이고, 2위는 미국, 3위는 호주, 4위는 영국, 5위는 일본, 6위는 한국, 7위는 사우디, 8위는 캐나다, 9위는 터키이다. 그 뒤를 이어 중국이 10위고, 멕시코가 11위, 그리고 러시아는 19위이다.

2009년도 순위와 비교하면 한국은 10위에서 6위로 4단계 올랐지만 국가 흥망성쇠의 분기점에서 성공국가로 가려면 5위권 이내로 상승할 필요성은 아무리 강조해도 지나치지 않을 것이다. 일본은 9위에서 5위로 올라섰고, 중국은 12위에서 10위로 올라섰다. 5위였던 독일은 1위로 뛰어올랐다. 사우디아라비아의 경우

2009년에는 자료가 입수 불가능하였으나, 2013년도 자료로는 7위를 기록하였다.

국가의 변화대처력이 중요한 이유는 복잡계이론에서 말하는 분기점에서의 자율적 요동의 창조를 통한 새로운 질서로 들어가는 관건이 바로 변화대처력에 달려 있기 때문이다. 세계화 시대의 국가 생존 전략으로서 현상 유지, 특히 위기 상황에서 이전의 안정적 평형상태로 이동하려는 전략은 실패로 귀결될 가능성이 크다.

과거의 성장과 성공사례에 안주해 기존 전략을 반복하는 전략은 개인과 조직의 자만, 나아가 국가 전체의 위기의식 결여로 이어져 국가는 균형을 잃고 오히려 위기를 악화시킬 수 있기 때문이다. 예측가능성과 안정성을 특징으로 하는 과거 산업화 시대의 국가 운영 전략으로는 모든 면에서 경계가 없어지고 예측 불가한 환경 변화를 수반하는 미래사회에 대처할 수 없다.

앞으로의 국가발전 전략은 안정적 질서 회복을 목표로 하는 전통적인 국가전략에서 과감히 탈피해야 한다. 정부가 배양해야 할 변화대처력도 국가 내의 창조적 파괴를 기반으로 한 자율적 요동을 핵심으로 해야 한다. 자율적 요동의 창조란 국가나 체제가 위기에 맞닥뜨렸을 때 종전의 안정적 상황으로 돌아가는 데 안주할 게 아니라 스스로 안정을 깨는 창조적 파괴와 같은 충격을 줌으로써 새로운 변화를 이끌어낼 수 있는 변화대처력의 중요한 요소이다.

산업혁명이라는 거대한 분기점에 다다르기 전에 자율적 요동의 창조 등을 통

그림 1 _ 분기점(위기점)에서의 국가 변화대처력

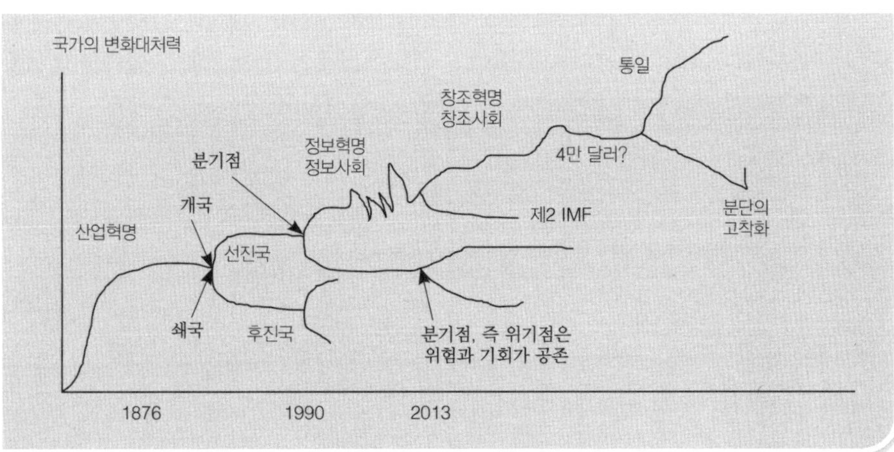

표 6_ 변화대처력

국가명	종합점수 및 순위		기업대처력		정부대처력		시민대처력		미래탐색		도전국민적응력		기업적응력		정부적응력	
	지수	순위	점수	순위	점수	순위	점수	순위	점수	순위	점수	순위	점수	순위	점수	순위
ARGENTINA	34.56	20	0.36	20	0.35	20	0.54	13	9.01	19	7.38	4	7.45	1	2	18
AUSTRALIA	64.42	3	0.65	6	0.7	3	0.75	1	21.8	1	6.68	9	6.14	8	4.45	11
BRAZIL	45.06	14	0.48	17	0.54	13	0.52	14	11.87	13	7.54	2	6.76	5	3.89	13
CHINA	50.17	10	0.62	8	0.57	11	0.51	15	11.71	14	7.21	5	5.63	13	6.6	1
FRANCE	47.29	12	0.5	15	0.62	7	0.66	7	19.87	4	3.76	20	4.56	18	1.97	19
GERMANY	64.79	1	0.69	3	0.77	2	0.72	3	18.84	5	6.06	14	7.11	4	4.67	9
INDIA	38.33	17	0.5	15	0.44	17	0.39	20	11.44	15	7.15	6	6.33	6	3.44	14
INDONESIA	42.43	15	0.56	11	0.49	15	0.51	15	8.36	20	6.58	11	5.81	11	5.35	5
ITALY	41.32	16	0.41	19	0.44	17	0.59	10	17.23	6	6.23	13	5.52	15	1.9	20
JAPAN	58.63	5	0.72	1	0.7	3	0.69	5	17.2	7	5.73	17	5.29	16	4	12
KOREA	57.33	6	0.64	7	0.66	5	0.68	6	15.53	9	6.64	10	6.12	9	4.79	8
MEXICO	48.63	11	0.54	13	0.61	9	0.56	12	11.15	17	6.89	8	6.22	7	5.17	6
RUSSIA	34.70	19	0.43	18	0.43	19	0.49	17	11.21	16	5.87	16	4.53	19	3.17	16
SAUDI ARABIA	56.72	7	0.71	2	0.78	1	0.61	9	14.69	11	5.97	15	3.75	20	5.44	4
SOUTH AFRICA	37.85	18	0.52	14	0.49	15	0.46	19	10.13	18	5.67	18	5.56	14	3.3	15
SPAIN	47.08	13	0.56	11	0.55	12	0.66	7	15.54	8	5.39	19	4.74	17	2.88	17
TURKEY	51.01	9	0.61	9	0.53	14	0.49	17	12.1	12	7.57	1	7.41	2	6.33	2
UNITED KINGDOM	61.88	4	0.68	4	0.65	6	0.73	2	20.15	3	6.51	12	5.78	12	4.65	10
UNITED STATES	64.74	2	0.68	4	0.62	7	0.72	3	21.22	2	7.43	3	7.28	3	4.8	7
CANADA	53.05	8	0.58	10	0.58	10	0.58	11	15	10	7.08	7	6.08	10	5.88	3

* IMD 1개 단일 지표 가중치 = 0.5로 한 순위(변화대처력의 각 요소는 8~10개 지표)

** 캐나다는 CRI 조사에서 누락된 국가이기 때문에 CRI 지표 평균치로 결측치를 대체하였음. 순서도 예외적으로 맨뒤로 배치함.

*** 기업능력 평균, 정부능력 평균, 시민능력 평균은 각각 소수점 둘째자리까지 반올림하여 구한 값을 기준으로 하였으며, CRI 평균은 최대한 순위가 일렬로 나열될 수 있도록 소수점 셋째자리까지 반올림한 값을 기준으로 하였음.

그림 2 _ 중국과 일본의 소프트파워(SP) 변화(2009~2014)

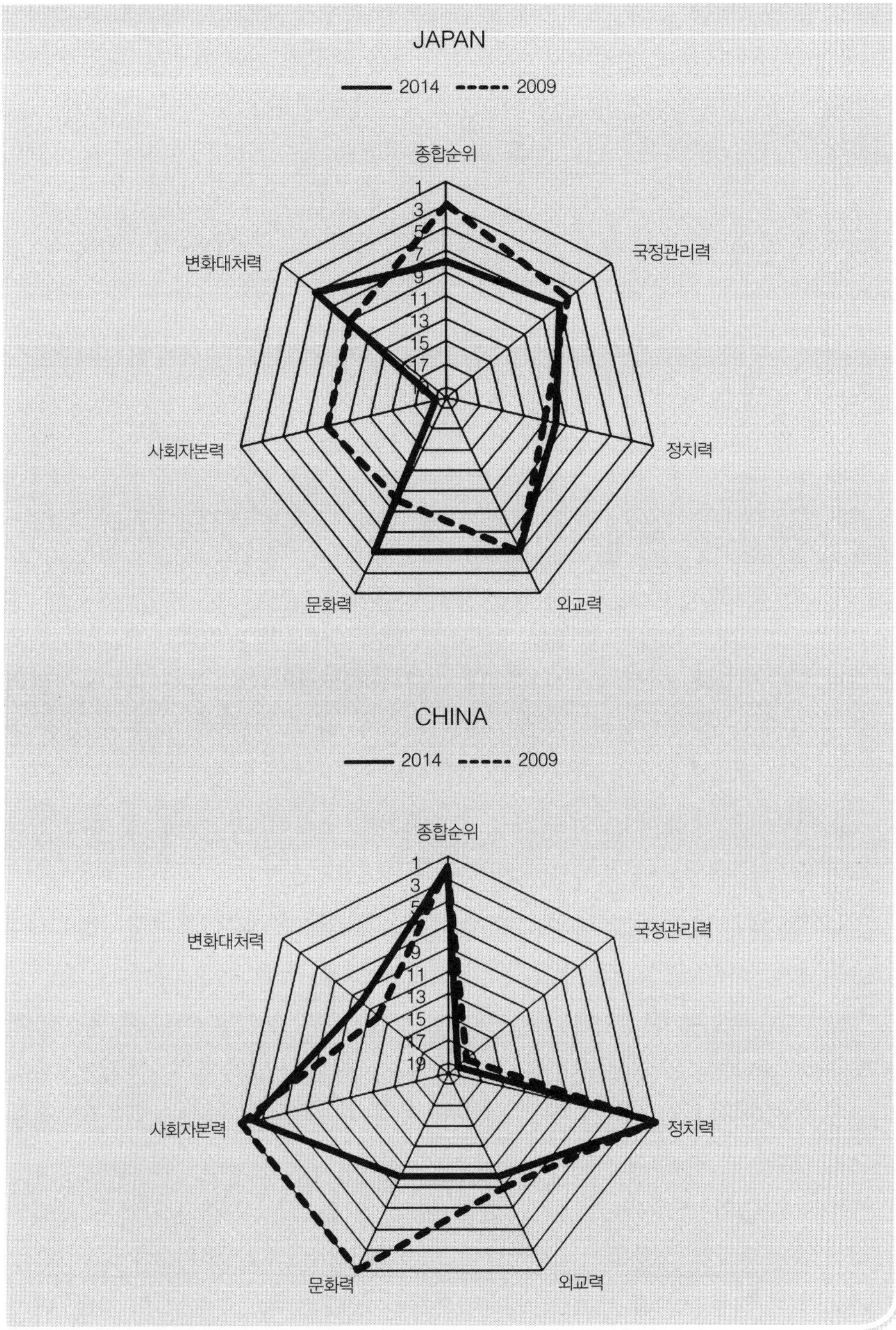

해 급변하는 국제 환경의 흐름에 대처할 수 있는 변화대처력을 길러온 국가는 산업화를 통해 선진국으로 진입했고, 변화대처력을 키우지 못한 구 한말 조선이라는 국가는 후진국으로 전락했다. 다행히 제 3의 물결인 정보혁명에 대한 변화대처력을 키운 덕분에 산업사회 시대의 후진국에서 탈피해 정보사회에서는 선진국의 문턱에 접근하였다. 앞으로 닥칠 제 4의 물결인 창조혁명에 여하히 대처하느냐에 따라 4만 달러를 달성해 통일 한국으로서 선진국에 진입할지 아니면 분단의 고착화로 제 2의 IMF를 맞을지가 결정되는 또 다른 분기점에 직면하게 될 것이다.

한국의 주변국을 살펴보면 일본은 변화대처력은 좋아졌지만, 사회자본력과 국정관리력 분야가 하락세이다. 중국은 국정관리력 분야가 하락세이다.

3. 국가발전 전략에의 시사점

정치력과 국정관리력의 관계를 보면 상관관계 $r = 0.48$($p < 0.05$)로 비교적 높은 상관관계를 보인다. 이 결과가 함축하는 것은 만일 정치력이 신장되면 국정관리력도 좋아질 것이라는 점이다. 그 반대의 경우도 마찬가지이다. 이렇게 되면 변화대처력도 시너지 효과로 더 좋아질 가능성이 있다([그림 3] 참조).

소프트파워 11위에서 G8의 국가로 진입하려면 정치력, 국정관리력, 그리고 변화대처력 등이 동반 상승해야 할 것이다([그림 4] 참조).

어느 한 국가의 국력(national power)을 말할 때 군사적 제국주의(military imperialism) 시대에는 군사력이, 경제적 제국주의(economic imperialism) 시대에는 경제력이 중요한 요인이었다. 문화 제국주의(cultural imperialism) 시대에는 문화력(cultural power)이 주요한 요인이라 할 수 있다. 따라서 앞으로의 국력연구는 창의력이 중요한 사회가 될 것이므로 창의력 등의 지표를 추가하는 것을 고려해 볼 필요가 있다.

세계화 시대의 국가 생존 전략으로서 현상 유지, 특히 위기 상황에서 이전의 안정적 평형상태로 이동하려는 전략은 실패로 귀결될 가능성이 크다. 과거의 성장과 성공사례에 안주해 기존 전략을 반복하는 전략은 개인과 조직의 자만, 나아가 국가 전체의 위기의식 결여로 이어져 국가는 균형을 잃고 오히려 위기를 악화

그림 3 _ G20 국가의 정치력과 국정관리력의 관계

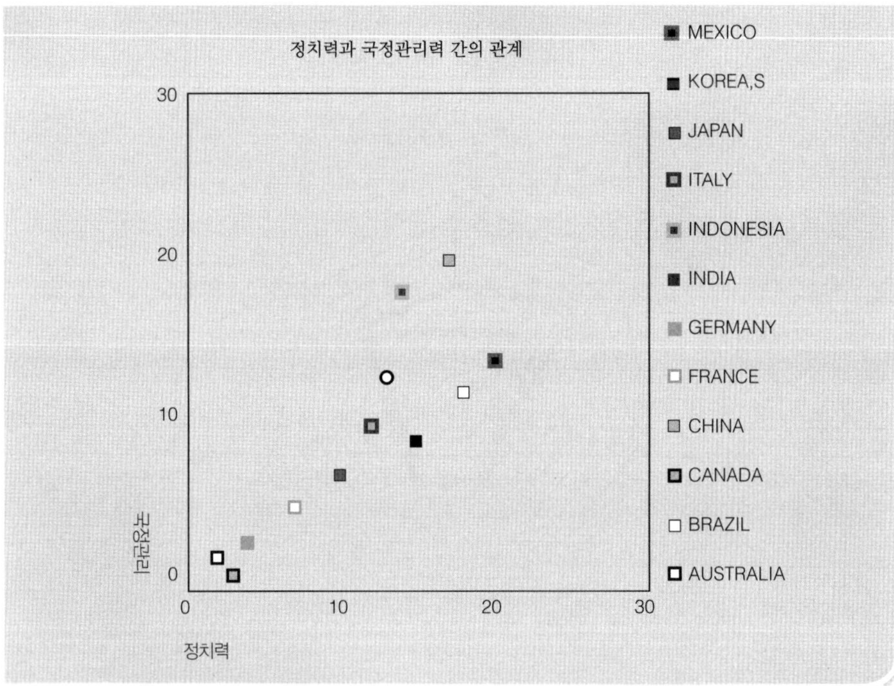

시킬 수 있기 때문이다. 예측가능성과 안정성을 특징으로 하는 과거 산업화 시대의 국가 운영 전략으로는 모든 면에서 경계가 없어지고 예측 불가한 환경 변화를 수반하는 미래사회에 대처할 수 없다.

앞으로의 국가발전 전략은 안정적 질서 회복을 목표로 하는 전통적인 국가전략에서 과감히 탈피해야 한다. 정부가 배양해야 할 거시 변화 대처력과 국정관리력도 조직 내의 창조적 파괴를 기반으로 한 '자율적 요동'을 핵심으로 해야 한다. 자율적 요동이란 조직이나 체제가 위기에 맞닥뜨렸을 때 종전의 안정적 상황으로 돌아가는 데 안주할 게 아니라 스스로 안정을 깨는 충격을 줌으로써 새로운 변화를 이끌어 낼 수 있다는 것이다.

이런 관점에서 우리의 국가전략도 사회체계의 유연성과 변화적응력, 개방성, 개혁지향성, 지식창출력 등의 강화를 통한 자율적 요동의 극대화에 초점이 맞춰져야 한다. 이 과정에서 정부-시민-시장, 중앙-지방 간의 기성 질서를 뛰어넘는 협치(協治)가 중요하다. 세계화 시대에는 중앙정부 단독으로 국가의 장기적 방

그림 4 _ 소프트파워 11위에서 8위 내의 국가로 진입하려면?

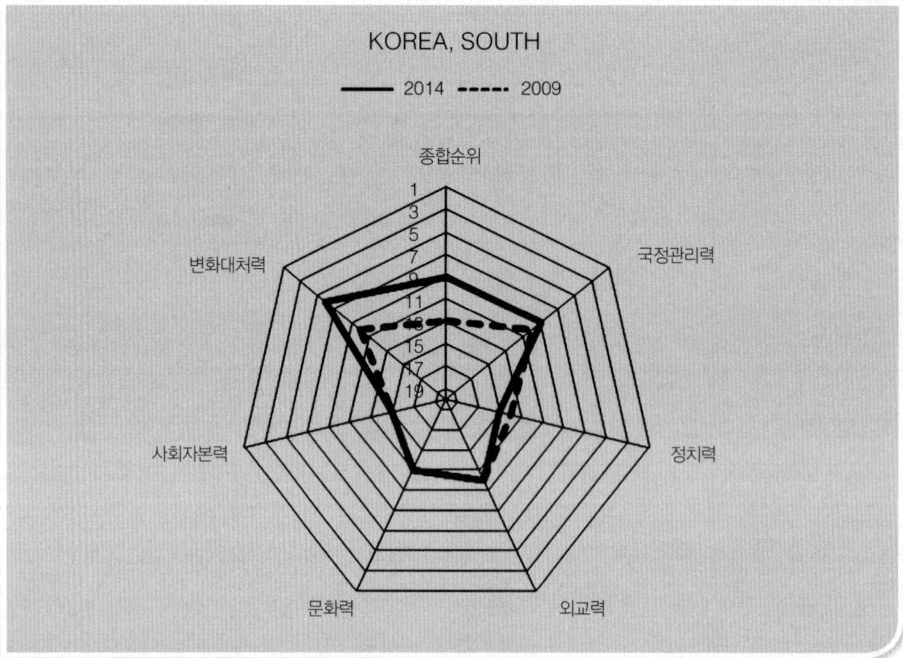

향과 결과를 선택 · 계획 · 의도할 수 없다.

종합국력 참고문헌

국방부. (2012). 『국방백서』. 서울: 국방부

김권혁. (2007). 『국가정보공학 인력육성 및 지원점검』. 서울: 국회입법조사처

박세일. (2009). 『대한민국 국가전략』. 서울: 21세기북스

______. (2010). 『창조적 세계화론』. 서울: 서울대학교출판문화원

박세일 공저(2006). 『공동체자유주의란 무엇인가』. 서울: 나남

사회자본연구소. (2009). 『한일 신뢰조사』. 서울: 사회자본연구소

산업정책연구원. (2008). 『IPS National Competitiveness Research 2008-2009』. 서울: 산업정책연구원

____________. (2011). 『IPS National Competitiveness Research 2011-2012』. 서울: 산업정책연구원

____________. (2008). 『SERI 한반도안보지수 조사: 2008년 4/4분기 KPSI 조사결과』. 서울: 산업정책연구원

쇤버거, 빅토르 마이어 · 케네스 쿠기어. (2015). 『빅데이터가 만드는 세상』. 서울: 21세기북스

신건철 역. (2008). 『국가이미지와 기업경쟁력』. 서울: 한국경제신문

왕링(王玲). (2006). "세계 주요국 종합 국력 비교(世界主要大國綜合國力比較)," 리션밍(李慎明) · 왕이저우(王逸周) 편, 『세계 정치와 안전보고(全球政治與 安全報告) 2006년』. 北京: 社會科學文獻出版社. pp 240-268

에너지관리공단 신재생에너지센터. (2008). 『2007 신재생에너지 통계』. 경기: 에너지관리공단

외교통상부. (2009). "2009 잠정치 순위, 국제사회의 ODA현황." 외교통상부 내부자료

이동원 · 장갑영 외. (2009). 『제3의 자본: 사회적 자본은 어떻게 증진되는가?』. 서울: 삼성경제연구소

자카리아, 파리드. (2008). 『흔들리는 세계의 축』. 서울: 베가북스

정정숙. (2006). 『OECD 주요국가의 문화경쟁력 분석』. 서울: 한국문화관광연구원

조일신문사(朝日新聞社). (2008). 『民力 2008』. 동경: 조일신문사

지식경제부 · 에너지관리공단 신재생에너지센터. (2009). 『2012 신재생에너지 백서』. 경기: 에너지관리공단

최창현. (2005). 『복잡계로 바라본 조직관리』. 서울: 삼성경제연구소

최창현 · 김명하. (2014). "국정관리가 국가성공에 미치는 영향 분석: 한국과 북한을 중심으로 한 50개 국가의 비교 분석," 『한국보훈논총』 13(1): 31-55

최창현 · 박정배 · 김종근. (2014). "국력요소 중, 소프트파워로서의 문화경쟁력 비교 분석," 『디지털정책학회지』 12(6): 55-68

코리아데이터뱅크. (2007). 『2008 세계에너지산업자원 연감』. 서울: 코리아데이타뱅크

한국교육개발원. (2011a). 『지표로 본 세계 속의 한국교육』. 서울: 한국교육개발원

____________. (2011b). 『통계로 본 한국과 세계교육: 교육경쟁력』. 서울: 한국교육개발원

한국국가정보학회. (2013). 『국가정보학』. 서울: 박영사

한국정보화진흥원. (2009). 『ICT를 활용한 소프트파워 강화전략』. 서울: 한국정보화진흥원

한반도선진화재단. (2009). 『국가선진화 지수 2009』. 서울: 한반도선진화재단

황성돈 외. (2009). 『종합국력 측정에 관한 연구: 교육 · 과학기술력을 중심으로』. 서울: 한국외국어대학교

황성돈 · 최창현 외. (2014). 『대한민국의 종합국력은 어디까지 왔나?』. 한선정책심포지엄자료집

小林陽太郎 · 小峰隆夫 編. (2004). 『人口減少と 綜合國力: 人的資源立國をめざして』. 東京: 日本經濟評論社

Acemoglu, Daron, Simon Johnson, and James A. Robinson. (2005). "Institutions as a Fundamental Cause of Long-run Growth," in Philippe Aghion and Steven N. Durlauf, eds. *Handbook of Economic Growth*. Volume 1A, Amsterdam: Elsevier

Barnett, M. and R. Duvall. (2005). "Power in International Politics," *International Organization* 59(1): 39-75

CIA. (2014a) . "Distribution of Family Income – Gini index,"https://www.cia.gov/library/publications/the-world-factbook/rankorder/2172rank.html

___. (2014b) . The World Factbook. https://www.cia.gov/library/publications/the-world-factbook

Cline, R. (1977). *World Power Assessment*. Boulder, CO: Westview Press

Kaufmann, Daniel, Aart Kraay, and Massimo Mastruzzi. (2010). "The Worldwide Governance Indicators : A Summary of Methodology, Data and Analytical Issues." World Bank Policy Research Working Paper No. 5430

EPI, Country Profile: South Korea, http://epi.yale.edu/epi/country-profile/south-korea

___, Our Methods, http://epi.yale.edu/our-methods

Farson, Stuart. *et al.* (2008). *PSI Handbook of Global Security and Intelligence*. PSI

Federation of American Scientists. (2014). "Status of World Nuclear Force." http://www.fas.org/programs/ssp/nukes/nuclearweapons/nukestatus.html

Forbes. (2009). "The Forbes Global 2000." www.forbes.com

Foreign Policy. (2009). "2009 Failed States Index." http://fsi.fundforpeace.org/rankings-2009-sortable

G20 Report. Center for International Governance Innovation(CIGI). http://www.cigionline.org

GFP(Global Firepower). (2014). "Countries Ranked by Military Strengths." http://www.globalfirepower.com/countries-listing.asp

Grossman, Gene M. and Alan B. Krueger. (1995). "Economic Growth and the Environment," *Quarterly Journal of Economics* 110(2): 353-377

Hart, Jeffrey. (1976). "Three Approach to the Measurement of Power in International Relations," *International Organization* 30: 289-305

Heritage Foundation. (2014). "Index of Economic Freedom." http://www.heritage.org/index/explore

Hughes, Barry B. and Evan E. Hillebrand. (2006). *Exploring and Shaping International Futures*. Abingdon: Paradigm Publishers

IISS(2009), "The Military Balance 2009." www.iiss.org

IMD(2009). *World Competitiveness Yearbook*. Lausanne : IMD World Competitiveness

Center

____(2010). *World Competitiveness Yearbook*. Lausanne : IMD World Competitiveness Center

____(2011). *World Competitiveness Yearbook*. Lausanne : IMD World Competitiveness Center

____(2012). *World Competitiveness Yearbook*. Lausanne : IMD World Competitiveness Center

____(2013). *World Competitiveness Yearbook*. Lausanne : IMD World Competitiveness Center

International Institute of Strategic Studies. (2013). *Military Balance 2013: The Annual Assessent of Global Military Capabilities and Defence Economics*. London : Routledge

International Monetary Fund. (2013). "World Economic Outlook Database, October 2013."http://www.imf.org/external/pubs/ft/weo/2013/02/weodata/download.aspx

Isaac, Jeffrey C. (1987). "Beyond the Three Faces of Power: A Realist Critique," *Polity* 20(1): 4-31

Jones, Charles I. and Paul M. Romer. (2009). "The New Kaldor Facts: Ideas, Institutions, Population, and Human Capital." NBER Working Paper 15094

KPMG INTERNATIONAL, Oxford Economics. (2013). *2013 Change Readiness Index: Assessing Countries'Ability to Manage Change and Cultivate Opportunity.* KPMG INTERNATIONAL

Lowenthal, Mark M. (2006). *Intelligence: From Secrets to Policy*. CQ Press

Morgenthau, H. (1973). *Politics among Nations: The Struggle Power and Peace*. 5th ed., New York: Alfred A. Knopf.

National Intelligence Council. (2012). *Global Trends 2030 : Alternative Worlds*. Texas: Center for the Study of the First American

NIRA. (2009), "人口減少と総合国力に関する研究."

Nye Jr., Joseph S. (2004), *Soft Power: The Means to Success in World Politics*. New York: Public Affairs

____________. (2008). "Smart Power and the 'War on Terror'," *Asia-Pacific Review* 15(1): 1-8

____________. (2011). *The Future of Power*. New York, NY: Public Affairs. 윤

영호 역.『권력의 미래』. 서울: 세종서적
OECD. (2009~2013). *Education at a Glance*. www.oecd.org
_____. (2009~2013). *OECD Factbook*. www.oecd.org.
_____. (2011). "OECD Environmental Data Compendium." www.oecd.org.
_____. (2012). "OECD Social Indicators 2009." www.oecd.org.
QS. www.topuniversities.com
Russet, B. and H. Starr. (1985). *World Politics: The Menu for Choice*. 2nd ed., New York, NY: W. H. Freeman
Stockholm International Peace Research Institute. (2013). *SIPRI yearbook : Armaments, Disarmament and International Security*. Oxford : Oxford University Press
Tellis, A. J., Janice Bailly, Christopher Layne, and Melissa McPherson. (2000). *Measuring National Power in the Postindustrial Age*. CA: RAND's Arroyo Center
TI. (2009). "Corruption Perceptions Index 2009." www. tranparancy.com
Treverton, Gregory F. and Seth G. Jones. (2005). "Measuring National Power." RAND National Security Research Division Conference Proceedings
UNDP. (2009~2013). Human Development Index(HDI). http://hdr.undp.org/en/data
UNESCO. (2009~2013). *Global Education Digest*. www.unesco.org
WEF. (2008/2009~2012/2013). *The Global Competitiveness Report*. www.weforum.org
Wikipedia. "List of Countries by Income Equality." http://en.wikipedia.org/wiki/List_of_countries_by_income_equality
World Bank. (2013). "Doing Business: Measuring Business Regulations, June 2013." http://www.doingbusiness.org/rankings
WVS. (2010). "World Values Survey 2009." Official Data File. www.worldvaluessurvey.org
Yale Center for Environmental Law and Policy(YCELP), Yale University and Center for International Earth Science Information Network(CIESIN), Columbia University. (2014). *2014 ENVIRONMENTAL PERFORMANCE INDEX*. http://epi.yale.edu/files/2014_epi_report.pdf
Zarghani, Seyed H. (2010). *Measurement of National Power : Definitions, Functions, Measurement*. Saarbrücken, Germany : Lambert Academic Publishing

[저자약력]

황성돈
미국 미네소타대학교 정치학 박사
(전)대통령비서관(정책기획, 사회정책), (전)대통령자문 정책기획위원회 위원
(전)한국개발연구원(KDI) 감사, (전)한반도선진화재단 정책위원장
(현)한국외국어대학교 행정학과 교수, (현)세계실크로드대학연맹 사무총장

신도철
미국 시카고대학교 경제학 박사
(전)한국개발연구원(KDI) 연구위원, (전)한국법경제학회 회장
(현)지역발전위원회 위원, (현)국민연금기금관리위원회 위원
(현)숙명여자대학교 경제학부 교수

김권혁
미국 퍼듀대학교 토목공학과 박사
(전)서강대학교 국제대학원 연구교수
(현)한국국가정보학회 이사

박정배
성균관대학교 예술경영전공 박사
(현)한국이벤트컨벤션학회 회장, (현)(사)한국이벤트연구소 소장
(현)한국커뮤니케이션학회 운영위원장 (현)한국산업기술평가관리위원
(현)청운대학교 공연기획경영학과 교수

박휘락
육군사관학교, 경기대 국제정치학 박사
(현)육군/합참 정책자문위원
(현)국민대학교 정치대학원장

이용환
성균관대학교 행정학 박사
(전)전경련 국제경영원 전무(부원장), (전)최저임금심의위원회 위원
(전)국민연금심의위원회 위원, (전)동국대 사법경찰대학원 객원교수
한반도선진화재단 사무총장 겸 이사

정성철
미국 하와이주립대학교 경제학 박사
(전)과학기술정책연구원 연구위원, (전)과학기술정책연구원 원장
(전)대통령자문 정책기획위원회 위원, (전)국가과학기술자문회의 자문위원
(현)과학기술연합대학원대학교 초빙교수

정재한
한국외국어대학교 행정학 박사
(전)한국정책분석평가원 선임연구원, (전)한국부패학회 연구이사
(전)한국외국어대학교 정치행정언론대학원 국제항공행정전공 지도교수
(현)한국외국어대학교 국정관리연구소 선임연구원

조영기
건국대학교 경제학 박사
(전)통일부 정책자문위원, (전)민주평화통일자문회의 상임자문위원
(현)자유민주연구학회 회장, (현)한반도선진화재단 선진통일연구회 회장
(현)고려대학교 북한학과 교수

천세영
서울대학교 교육학 박사
(전)대통령실 교육비서관, (전)한국교육학술정보원장
(전)한국교육정책학회 회장, (전)한국교육재정경제학회 회장
(현)충남대학교 교육학과 교수, (현)스마트교육학회 회장

최창현
미국 뉴욕주립대 록펠러행정대학원 행정 및 정책학 박사
(전)미국 뉴욕주립대 록펠러행정대학원 객원교수, (전)미국 RPI 테크노경영대학원 초빙교수
(전)한국조직학회 회장, (전)한국공공관리학회 편집위원장
(현)가톨릭관동대학교 행정학과 교수

종합국력 -국가전략기획을 위한 기초 자료-

2016년 8월 25일 제1판 1쇄 인쇄
2016년 8월 30일 제1판 1쇄 발행

저자와의 협의에 의해 인지첨부를 생략합니다

저 자 황성돈 · 신도철 외 공저
발행인 강 희 일 · 박 은 자

발행처 **다 산 출 판 사**
서울특별시 마포구 용강동 494-85
등 록 1979. 6. 5. 제 3-86 호(윤)
전 화 717-3661~2, 718-1751~2
FAX 716-9945
조 판 민 하 디 지 탈 아 트

정가 13,000원 파본은 바꾸어 드립니다.

http://www.dasanbooks.co.kr
ISBN 978-89-7110-520-7 93300